요한과 더불어

열 번째 산책

요한복음 설교집 10

요한과 더불어

Along with John

지은이 이재철
펴낸곳 주식회사 홍성사
펴낸이 정애주
국효숙 김의연 김준표 박혜란 손상범 송민규
오민택 임영주 주예경 차길환 허은

1998. 6. 18. 초판 발행   2021. 9. 23. 18쇄 발행

등록번호 제1-499호 1977. 8. 1.
주소 (04084) 서울시 마포구 양화진4길 3   전화 02) 333-5161   팩스 02) 333-5165
홈페이지 hongsungsa.com   이메일 hsbooks@hongsungsa.com   페이스북 facebook.com/hongsungsa
양화진책방 02) 333-5161

ⓒ 이재철, 1998

ISBN 978-89-365-0462-5 (04230)
ISBN 978-89-365-0518-9 (세트)

요한복음 설교집 (요 21장)

요한과 더불어

열 번째 산책

이재철

요한과 더불어

-열 번째 산책

이 설교집은
주일 낮예배 설교 중 98년 1월부터 98년 6월까지의 내용을 정리한 것입니다.

또 나타내셨으니

그 후에 예수께서 디베랴 바다에서
또 제자들에게 자기를 나타내셨으니
나타내신 일이 이러하니라.
시몬 베드로와 디두모라 하는 도마와
갈릴리 가나 사람 나다나엘과 세베대의 아들들과
또 다른 제자 둘이 함께 있더니
시몬 베드로가 “나는 물고기 잡으러 가노라” 하매
저희가 “우리도 함께 가겠다” 하고 나가서 배에 올랐으나
이 밤에 아무것도 잡지 못하였더니
날이 새어 갈 때에 예수께서 바닷가에 서셨으나
제자들이 예수신 줄 알지 못하는지라.
예수께서 이르시되 “얘들아, 너희에게 고기가 있느냐?”
대답하되 “없나이다.”
가라사대 “그물을 배 오른편에 던지라. 그리하면 얻으리라”
하신대, 이에 던졌더니 고기가 많아 그물을 들 수 없더라.
예수의 사랑하시는 그 제자가 베드로에게 이르되 “주시라” 하니
시몬 베드로가 벗고 있다가 주라 하는 말을 듣고

겉옷을 두른 후에 바다로 뛰어내리더라.
다른 제자들은 육지에서 상거가 불과 한 오십 간쯤 되므로
작은 배를 타고 고기 든 그물을 끌고 와서
육지에 올라 보니 숯불이 있는데
그 위에 생선이 놓였고 떡도 있더라.
예수께서 가라사대 "지금 잡은 생선을 좀 가져 오라" 하신대
시몬 베드로가 올라가서 그물을 육지에 끌어올리니
가득히 찬 큰 고기가 일백쉰세 마리라.
이같이 많으나 그물이 찢어지지 아니하였더라.
예수께서 가라사대 "와서 조반을 먹으라" 하시니
제자들이 주신 줄 아는 고로
당신이 누구냐 감히 묻는 자가 없더라.
예수께서 가셔서 떡을 가져다가 저희에게 주시고
생선도 그와 같이 하시니라.
이것은 예수께서 죽은 자 가운데서 살아나신 후에
세 번째로 제자들에게 나타나신 것이라.

요한복음 21:1~14

"안녕하세요! 53구역의 신성숙 집사입니다. 1989년 10월 주님의교회에 등록을 하였고, 그 때까지 뜨뜻미지근하게 신앙생활을 해 왔던 저는 하나님께 체험적인 신앙을 달라고 간절히 기도하였습니다.

저는 새벽기도회에 가면서 차 안에서 찬송가를 불렀습니다. 교회에 가서 앉자마자 목사님께서 제가 부르면서 왔던 그 찬송을 펴라고 하셨습니다. 그리고 그 날 저녁 수요예배 시간에는 몇 장 찬송을 부르자고 하셔서 찬송가를 펴는데 한 번 펴자마자 그 찬송이 나왔습니다. 그리고 설교 후 부르자고 하시는 찬송가 페이지에는 그 전날 꽂아 두었던 볼펜이 꽂혀 있었습니다. 그 때 이것이 우연이 아니라는 생각에 왈칵 눈물이 쏟아졌으며, 하나님께서 '내가 여기 있다. 나는 항상 너와 함께하고 있단다' 라고 말씀하시는 것 같았습니다.

　그 이후 저는 6년 동안 하나님을 열심히 증거하는 삶을 살았고, 그 결과 하나님께서는 1995년까지 계속 전도상을 받는 영광을 안겨 주셨습니다.

　2년 전부터 저는 세상적인 일로 바빠서 하나님과 교제하는 삶을 살지 못했고, 겨우 주일만 지키는 신앙생활을 하게 되었습니다.

　작년 11월 둘째 아들인 성수가 수능시험을 치를 때 모의고사 성적이 가고자 하는 대학에는 넉넉할 것 같다는 교만한 생각에 빠져 수능시험 당일 다른 고3 어머니들은 기도원이나 교회에서 기도를 하며 보냈지만 저는 집에서 기도하면 된다는 생각으로 집에서 잠시 기도를 하다가 하루 종일 잠만 잤습니다. 수능시험이 끝날 때쯤 깨어서 성수를 데리러 갔는데, 시험을 치르고 나오는 성수의 표정이 밝지 않았습니다. 그리고 결과는 모의고사 때 등수보다 10배나 떨어지는 성적이 나왔습니다.

　저는 성수에게 너무 미안했습니다. 꼭 저 때문에 그렇게 된 것 같다는 생각이 들어서였습니다. 그래서 남은 논술·면접·실기 고사를 보는 나흘 동안은 시험 치를 동안 교회에 가서 그 시간 내내 기도를 하겠다고 서원을 했습니다.

　처음 논술고사를 치르는 날 2시간 반 동안 예배실에서 기도를 드렸습니다. 둘째 날 면접고사 날이 되었습니다. 면접 일정은 수험생들이 모두 아침 9시 30분에 집합을 해서 함께 고사장으로 들어가 면접이 끝나는 오후 1시쯤 같이 나오게 되는데 개인 면접 시간은 5분이라고 학교에서 일러 주었습니다.

　생각해 보니 성수 면접 시간이 몇 시가 될 줄도 모르겠고, 5분 면접을 위해 3시간 반 동안 기도를 해야 된다고 생각하니 꾀가

났습니다. 또 감기가 든 것 같아 감기약을 먹었더니 졸립기도 했습니다.

그래서 면접은 면접 점수가 있기는 하지만 비중이 별로 크지 않으니 집에서 잠시 기도하고 쉬기로 하였습니다. 9시 30분부터 잠시 기도를 드린 뒤 잠이 푹 들었습니다. 한참 자고 있으니 누가 제 팔을 톡톡 두드렸습니다. 얼른 일어나 사방을 살펴보니 아무도 없었습니다. 꿈결이려니 생각하고 또 잠을 청했습니다. 조금 있으니 또 사람의 손길로 저를 톡톡 두드렸습니다. 또 일어나 사방을 살펴보니 여전히 아무도 없었습니다. 이상하긴 했지만 또 잠을 청하려고 눈을 감았을 때 또 누군가 저의 팔을 톡톡 두드렸습니다.

이 때 갑자기 하나님께서 저를 깨우시고 계신다는 생각이 들어 얼른 일어나 시계를 보니 11시 40분이었습니다. 저는 즉시 기도를 했고, 기도가 끝났을 때 전화 벨이 울렸습니다. 성수가 지금 방금 면접이 끝나고 나왔다는 전화였습니다. 면접이 끝나는 순서대로 나왔다는 것이었습니다. 저는 순간 숨이 막혀 죽을 것만 같았습니다. 저에게도 이런 기적이, 여태까지 하나님께서 저를 지켜보시며 저와 함께하셨다는 기쁨과, 또한 그 동안 저의 나태한 삶을 보고 계셨다는 두려움이 몰려왔습니다. 저는 무릎을 꿇고 회개 기도를 하였고 감사 기도를 드렸습니다. 조금 있으니 성수가 도착했는데, 정확하게 11시 40분에 면접실에 들어갔다는 것이었습니다.

저는 이런 신령한 체험을 하나님께 구한 적도 없으며, 그런 종류의 간증을 들어도 마음에 와 닿은 적이 없었습니다. 그런 저를 느낌이 아닌, 실제 사람의 손길로써 잠에서 깨워 주셨을 뿐만 아니라, 2년여 동안 잠들어 있었던 저의 신앙을 깨워 주셨습니다. 저는 이런 체험이 결코 성수를 대학에 합격시켜 주시겠다는 하나님의 응답이라고는 생각지 않습니다.

그러나 합격·불합격을 초월해서 어떤 결과가 나오든지 그것은 하나님께서 성수를 위하여 준비하신 최선의 길일 것을 확신하면서, 제가 주님을 잊었을 때에도 늘 저와 함께해 주셨던 주님께 진심으로 감사드리고 있습니다.

앞으로는 어떤 경우에도 흔들리지 않고, 항상 나와 함께하고 계시는 주님을 기쁘시게 해 드리는 삶을 살며, 신앙생활도 더욱 열심히 할 것을 새로이 다짐합니다. 주님, 감사합니다.”

본문 1절은 언제 어디에서 무슨 일이 있었는지를 다음과 같이 증거하고 있습니다.

> 그 후에 예수께서 디베랴 바다에서
> 또 제자들에게 자기를 나타내셨으니
> 나타내신 일이 이러하니라.

첫째, ‘언제’는 ‘그 후’라고 밝혀져 있습니다. ‘그 후’가 정확하게 언제인지를 파악하기 위해서는 ‘그 전’에 무슨 일이 있었는지를 알아야 합니다. ‘그 전’이란 요한복음 20장이요, 요한복음 20장은 부활장입니다. 부활하신 예수님께서 예수님의 무덤을 찾아온 막달라 마리아에게 가장 먼저 나타나셨고, 그 날 저녁 두려움에 떨던 제자들의 다락방에 나타나셨으며, 그로부터 여드레 후 다시 다락방으로 제자들을 찾아오셨습니다. 따라서 본문의 시기는 '그 후'가 되는 것입니다.

둘째로 '어디에서'는 '디베랴 바다'였습니다. 여기에서 말하는 '바다'란 갈릴리 호수를 가리키는데, 그 호수가 워낙 광활하여 이스라엘 사람들은 호수란 말 대신 '바다'라 즐겨 불렀습니다. 그런데 갈릴리 호숫가에는 로마의 디베랴 황제를 기념하기 위하여 그의 이름을 붙인 도시가 세워져 있었으므로, 사람들은 갈릴리 호수를 '디베랴 바다'라고도 불렀던 것입니다.

마지막으로 '그 후에' '디베랴 바다에서' 무슨 일이 있었는지를 본문은, '예수께서 또 제자들에게 자기를 나타내셨다'고 밝히고 있습니다. 이에 대하여 본문 14절은 이렇게 증거하고 있습니다.

이것은 예수께서 죽은 자 가운데서 살아나신 후에
세 번째로 제자들에게 나타나신 것이라.

마가의 다락방에서 두 번, 그리고 갈릴리 호수에서 한 번, 도합 세 번째 제자들에게 나타나신 것이요, 막달라 마리아를 포함하면 부활하신 주님께서 사람들 앞에 네 번째 자기를 나타내신 셈이었습니다.

예수께서 또 제자들에게 자기를 나타내셨으니

본문은 부활하신 주님께서 그저 한 번 나타나 보셨다는 것이 아니라, 적극적으로 당신 자신을 나타내 보이셨음을 강조하고 있습니다. 제자들의 요구나 요청에 의해서가 아니라, 당신 스스로 그렇게 행하셨다는 의미입니다.

　그렇다면 우리는 여기에서 제자들이 이 때 왜 갈릴리에 있었는지, 갈릴리에서 무엇을 하고 있었는지를 규명해 볼 필요성을 느끼게 됩니다. 그것이 규명되어야 예수님께서 제자들에게 세 번씩이나 현현(顯現)하신 의미를 바로 파악할 수 있는 것입니다.
　제자들이 이 때 갈릴리에 있었던 것은 예수님의 명령에 의해서였습니다. 마가복음 14장 28절을 보면, 주님께서는 십자가에 못 박히시기 전 제자들에게 당신의 죽음과 부활을 예고하시면서, 부활하신 뒤에는 갈릴리에서 제자들을 만나실 것임을 밝히고 계십니다. 그리고 마가복음 16장 7절에 의하면, 부활하신 주님께서는 주님 부활의 첫 증인이 된 막달라 마리아에게 천사를 통하여 이렇게 명령하셨습니다.

> "가서 그의 제자들과 베드로에게 이르기를
> '예수께서 너희보다 먼저 갈릴리로 가시나니
> 전에 너희에게 말씀하신 대로
> 너희가 거기서 뵈오리라' 하라."

　왜 부활하신 주님께서는 제자들에게 갈릴리로 가라 하셨습니까? 주님께서 제자들을 부르셨음은 땅 끝까지 이르게 하시어 복음의 증인으로 삼으시기 위함이었습니다. 그렇다면 예루살렘에서 곧바로 땅 끝을 향해 보내시지 않고 왜 제자들을 갈릴리로 되돌아가게 하셨습니까? 제자들에게 있어서 갈릴리란 삶의 터전이요 생존의 현장이었습니다. 바로 그 삶의 터전, 생존의 현장에서 주님을 믿는다는 것이 무엇을 의미하는 것인지, 부활하신 주님의 증인이 된다는 것은 또 무엇을 뜻하는 것인지 새롭게 정립하고 새로이 시작하라는 의미였습니다. 실존의 현장으로부터 벗어난 믿음이란 참 믿음일 수 없는 까닭이었습니다.

그런데 갈릴리로 돌아간 제자들은 그 곳에서 무엇을 했습니까? 진리 위에 그들의 가정을 바로 세우기 위하여 애를 썼습니까? '진리 안에서 먹고 삶'의 의미가 무엇인지를 알려 했습니까? 구원의 복음을 알지 못한 채 욕망의 포로 된 갈릴리 사람들에게 복음의 증인이 되기 위해 땀 흘렸습니까? 불행히도 본문 3절은 이렇게 증거하고 있습니다.

> 시몬 베드로가 "나는 물고기 잡으러 가노라" 하매
> 저희가 "우리도 함께 가겠다" 하고 나가서 배에 올랐으나
> 이 밤에 아무것도 잡지 못하였더니

그들은 아무 생각 없이 고기를 잡으러 나가고 말았습니다. 잡은 고기로 이웃과 더불어 살기 위함이거나, 잡은 고기를 판 돈으로 진리를 증거하기 위함이 아니라, 예전에 어부였기에 단순히 옛 삶으로 회귀해 버리고 말았던 것입니다. 왜 고기를 잡아야 하는지, 그것이 진리와 무슨 상관이 있는지 아무도 생각하려 하지 않았습니다. 밤이 맞도록 한 마리의 고기도 건져 올리지 못했건만 그 실패의 의미가 무엇인지를 숙고해 보려 하지도 않았습니다. 그들은 이유 없이 그저 물고기만을 잡으려 했습니다. 잡되 한 마리라도 더 잡기 위해 혈안이 되어 있었습니다. 그들이 얼마나 맹목적으로 물고기에만 집착하고 있었던지, 민망스럽게도 본

문 4절이 이렇게 증거하고 있습니다.

날이 새어 갈 때에 예수께서 바닷가에 서셨으나
제자들이 예수신 줄 알지 못하는지라.

그들이 왜 갈릴리로 갔습니까? 주님께서 명령하셨기 때문입니다. 주님께서 그 곳에서 만나자고 하셨기 때문입니다. 그렇다면 그들은 언제 주님을 뵈올지 깨어 기다려야만 했습니다. 그러나 수치스럽게도 그들은 그들 앞에 주님께서 이미 나타나 계셨음에도 불구하고 주님이신 줄을 전혀 알아보지 못했습니다. 그 순간 주님은 그들의 안중에도 없었던 것입니다. 그들이 밤을 새워 가며 추구했던 것은 물고기로 대변되는 세상의 재물, 세속적 부(富)뿐이었습니다. 바로 그 순간 주님께서는 제자들에게 "애들아 너희에게 고기가 있느냐?" 물으시면서 당신 자신을 적극적으로 나타내 보이셨습니다. 그리고 제자들은 그 곳에서 그들과 함께하고 계시는 주님을 또다시 확인함으로써, 그들이 왜 갈릴리에 있는지, 갈릴리에서 무엇을 해야 하는지, 그들의 생이 갈릴리에서부터 어디로 향해야 하는지를 확연히 알게 되었던 것입니다.

'그 후에 예수께서 디베랴 바다에서 또 제자들에게 자기를 나타내셨다'는 이 본문 속에서 우리는 무엇을 배울 수 있습니까? 신앙의 연륜이 아무리 길다 해도, 이 이전에 아무리 많은 체험을 했다 할지라도, 지금 나와 함께하고 계신 주님을 인식하지 못한다면 우리의 삶 속에는 진정한 변화가 있을 수 없다는 것입니다. 그 경우 우리의 신앙이란 신앙이랄 것도 없이 원점에서 의미 없이 맴돌 뿐이라는 것입니다. 제자들은 이 땅에 오신 예수 그리스도와 2~3년이나 함께 살았던 자들입니다. 그들은 주님으로부터 직접 진리를 배웠고 주님께서 행하시는 표적을 자신들의 눈으로 목격했습니다. 그뿐만 아니라 부활하신 주님을 직접 만나 뵙기까지 했고, 그리고 부활하신 주님의 명령에 따라 지금 갈릴리에 가 있습니다. 그럼에도 불구하고 지금 함께하고 계시는 주님을 인식치 못했을 때, 그들의 삶은 3년 전 주님을 만나기 이전으로 되돌아가 버리고 말았습니다. 앞에 계신 주님을 알아보지도 못한 채 고기잡이에만 열중하고 있는 그들의 모습은 영락없이 3년 전의 모습과 똑같았습니다. 실로 어처구니없는 일이었습니다. 주님과 함께 살았던 제자들이 이 지경이었다면 하물며 우리야 두 말 해 무엇하겠습니까? 우리가 우리와 함께하고 계시는 주님을 의식치 못할 때 우리가 어찌 진리를 알지 못하는 자들과 구별될 수 있으며, 어찌 세상을 밝히고 맑히는 빛과 소금이 될 수 있겠습니까? 우리 역시 세상의 이전투구(泥田鬪拘) 속에 빠져, 헛되이 빈 그물만을 의미 없이 반복해 던지는 욕망의 포로 이상일 수는 없을 것입니다. 참된 믿음은 '주님이 늘 나와 함께하심'에 대한 믿음으로부터 출발하는 것입니다.

주님께서 부활하신 뒤 제일 먼저 막달라 마리아에게 나타나셨습니다. 그것은 주님의 시신이 장사 지낸 바 되었던 무덤가에서였습니다. 막달라 마리아는 주님께서 부활하실 것이란 사실을 알지 못했습니다. 그렇기에 그녀가 주님의 무덤을 찾을 때 그 무덤의 의미는 절망과 탄식일 수밖에 없었습니다. 그러나 모든 것이 끝났다고 생각되는 그 절망의 밑바닥 속에서 주님은 막달라 마리아와 함께하고 계셨던 것입니다. 그 주님을 깨달았을 때 막달

라 마리아에게 무덤은 더 이상 벼랑 끝이 아니라 찬란한 새 생
명의 진원지가 되었습니다. 그 다음 주님께서 다락방 속에 있는
제자들에게 두 번씩이나 나타나셨습니다. 제자들이 실내에, 집
안에 있을 때에 주님께서는 그 곳에서 제자들과 함께하고 계셨
던 것입니다. 그 주님을 제자들이 깨달았을 때에 두려움과 망설
임의 다락방은 환희와 감탄의 도가니로 변했습니다. 그리고 오
늘 주님께서 맹목적으로 고기잡이에 나선 갈릴리 호수의 제자들
에게 다시 나타나셨습니다. 갈릴리 호수란 집 밖이요 생존의 현
장입니다. 그 생존의 현장에서 자신들과 함께하고 계시는 주님
을 만났을 때, 제자들을 단순히 생계의 볼모로 잡고 있던 갈릴리
는 만인 구원의 역사적인 시발점이 되었던 것입니다.

　이 모든 과정을 통하여 주님께서는 우리에게 무엇을 일깨워 주
고 계십니까? 주님께서는 내가 인생의 벼랑 끝에 서 있을 때에
도, 집 안에 있을 때에도, 집 밖 삶의 현장에 있을 때에도, 언제
나 나와 함께하고 계신다는 것입니다. 이 사실을 깨닫지 못할 때
우리의 삶은 절망과 미래에 대한 두려움과 맹목적으로 반복되는
삶의 무의미성으로부터 벗어날 수 없지만, 그 사실을 믿고 나아
가는 순간부터 우리의 삶에는 참된 변화가 계속되고, 그 당연한
결과로 우리 삶의 현장의 변화가 수반된다는 것입니다.

　우리는 오늘 신성숙 집사님으로부터 은혜로운 간증을 들었습
니다. 신 집사님이 주님께서 자신과 늘 함께하고 계신다는 사실
을 망각했을 때, 신 집사님의 신앙은 더 이상 진전하지 못한 채
오히려 그 이전의 상태로 회귀해 버리고 말았습니다. 매일 자기
나름대로 최선을 다해 살았지만, 그것은 맹목적으로 그물 던지

기에 열심이었던 갈릴리 제자들의 삶과 다를 바가 없었습니다. 그러나 자신과 함께하시는 주님을 다시 한 번 분명하게 인식하였을 때 신 집사님에게는 두 가지의 분명한 변화가 나타났습니다. 첫째는 아들에게 어떤 결과가 주어지든지 그 속에 전능하신 하나님의 섭리하심이 있음을 깨달아 감사함으로 받아들이겠다는 것이요, 둘째는 자신과 함께하시면서 자신을 늘 바른 길로 인도해 주시는 주님의 뜻에 더 충실한 삶을 살겠다는 것입니다. 만약 주님께서 당신을 신 집사님에게 또다시 나타내 보여 주시지 않았더라면 당장 기대할 수 없는 변화였습니다.

나와 늘 함께하시는 주님을 믿을 때에만 상황에 따라 일희일비하지 않는 의연한 구도자가 될 수 있고, 변함없는 진리의 증인이 될 수 있습니다. 그렇다고 해서 우리가 모두 신 집사님의 체험과 똑같은 체험, 주님께서 내 몸을 툭툭 쳐 주시기를 고대한다면 그것은 어리석은 일입니다. 갈릴리에서 제자들에게 당신을 또 나타내 보이셨던 주님, 신 집사님에게 전혀 예기치 않았던 방법으로 당신을 나타내 보이셨던 주님께서는 우리 각자의 형편과 수준에 맞게 이미 우리와 함께하심의 증거를 날마다 보여 주시고 계시기 때문입니다.

우리는 지난 1월 첫째 수요예배 시간에 시편 3편을 배웠습니다. 시편 3편은 다윗이 아들 압살롬의 쿠데타를 피하여 황급히 도망가며 지은 시입니다. 아들의 칼날을 피해 맨발로 도망하는 아비의 심정이 얼마나 처참했겠습니까? 그래서 다윗의 시는 처절한 울부짖음으로 시작됩니다.

하나님이여! 나를 대적하는 자가 어찌 이다지도 많습니까?

도처에 일어나 나를 치려는 사람들뿐입니다.
많은 사람들이 나의 영혼을 가리켜
"저는 하나님으로부터 저주를 받았다" 하고 있사오니,
하나님이여, 이것이 과연 사실입니까?

참으로 비탄의 절규입니다. 벼랑 끝에 선 인생이요, 절망의 심연에 빠진 몰골이 아닐 수 없습니다. 그런데 다윗의 시는 놀랍게도 갑자기 이렇게 반전됩니다.

천만인이 나를 둘러 치려 하여도 나는 두려워 아니 하리이다.

맨발로 정신 없이 도망가면서 이제 방금 전까지 '나의 대적이 어찌 이다지도 많으냐'고 울부짖던 다윗에게 어찌 이와 같은 대반전이 일어날 수 있었습니까? 그 해답은 한 가지—지금 비록 패장이 되어 도망가지만, 그러나 그 순간에도 자신과 함께하고 계시는 하나님을 깨달았기 때문입니다. 다윗에게 있어서 하나님께서 자신과 함께하신다는 증거는 무엇이었습니까? 다윗은 시편 3편 5절을 통하여 이렇게 고백하고 있습니다.

나는 잠자리에 누웠습니다. 그리고 나는 잠이 들었습니다.
그런데 내가 깨어난 것입니다.
왜냐하면 하나님께서 나를 견고하게 붙들어 주고 계시기
때문입니다.

얼마나 경이로운 깨달음입니까? 자신은 그저 곤하게 곯아떨어져 잤을 뿐인데 아침에 일어나 새날을 맞이하게 된 것 자체가 하나님께서 자신과 함께하시기 때문이라는 것입니다. 하나님께서 자신을 버리시고 저주하셨다면 어제 밤 잠자리에서 이미 호흡이 끊어져 버렸어야 했을 터인데, 잠자는 동안 자신이 아무런 노력을 기울이지 아니하였음에도 오늘 심장과 오장육부가 살아 움직인다는 것보다 하나님께서 함께하심의 더 큰 증거가 없다는 것입니다. 이 사실을 믿을 때 다윗은 도망갈망정 두려울 것이 없었습니다. 정변의 모든 결과를 자신과 함께하시는 하나님께 온전히 맡기고, 그는 하나님을 믿는 자답게 하나님의 사랑으로 패역한 아들 압살롬에게 마음속으로부터 용서를 선포하였습니다. 마침내 왕좌를 되찾은 다윗에게 있어서 그 정변은 결과적으로, 다윗으로 하여금 남은 여생을 더더욱 하나님의 뜻에 충실하게 살도록 이끌어 준 촉진제가 된 셈이었습니다. 다윗이 3,000년이 지난 지금까지도 참된 신앙의 표상으로 존경받는 것은, 어떤 상황 속에서도 자신과 함께하고 계시는 하나님을 믿었던 결과였습니다.

생각해 보십시오. 주님께서 우리와 함께하고 계시지 않는다면 어찌 우리가 오늘 새날을 맞아 호흡하고 있겠습니까? 우리의 노력이나 의지와는 상관없이 어제 밤에도 우리의 심장과 오장육부가 살아 움직였다는 것이야말로 주님께서 당신의 손으로 우리를 견고히 붙들고 계심의 증거가 아닙니까? 주님께서 잠든 우리의 영혼을 흔들어 쳐 주시지 않았다면 우리가 어찌 이 시간 이 곳에 앉아 있을 수 있겠습니까? 주님께서 성령의 빛으로 우리의 영혼을 비추어 주시지 않았더라면 어찌 우리가 오늘 아침에도 우리의 입으로 주님을 믿는다는 신앙고백을 행할 수 있었겠습니까? 오늘 살아 있는 우리 자신들이야말로 주님께서 우리와 함께하고 계신다는 가장 확실한 증거 아니겠습니까? 그러므로 문제가 있다면 주님께서 당신을 우리에게 나타내 보이지 않으심이 아니라, 이미 당신을 우리에게 보이시고 계시는 주님을 보지 못하는 우리의 믿음 없음인 것입니다.

사랑하는 교우 여러분! 참된 믿음은 나와 함께하시는 주님에 대한 믿음으로부터 시작됩니다. 이 사실을 믿는다면 작금 우리에게 주어진 경제 위기를 두려워하지 맙시다. 이 사태의 결과를 합력하여 선을 이루시는 주님께 맡기고, 지금 그리스도인으로서 그릇된 우리 삶의 자세를 바로 가다듬는 자들이 됩시다. 이 현실 속에서 믿음으로 살아간다는 것이 무엇을 의미하는지 생각하며 살아가는 자들이 됩시다. 그 때 이 위기야말로 이 민족을 새롭게 세우시는 하나님의 은총의 기회가 될 것입니다. 그러나 지금 우리와 함께하고 계시는 주님을 믿지 못한다면, 온 국민이 합심하여 이 경제 위기를 극복하고 좀더 큰 경제적 부를 누리게 된다고 할지라도, 갈릴리 호수를 향해 언젠가는 해어지고 말 헛된 그물을 반복해서 던지는 삶의 무의미성과 무가치성으로부터 탈피하지는 못할 것입니다. 삶의 참된 가치와 의미는, 머지않아 공동묘지 속에 드러눕게 될 우리 속에는 절대로 없습니다. 그것은 오직 무덤으로부터 부활하신 주님, 영원한 생명으로 우리와 함께하고 계시는 주님 안에만 있습니다. 이것을 아는 것이 지혜요, 이것을 알고 사는 것이 믿음입니다.

내가 인생의 벼랑 끝에 서 있을 때에도

주님께서는 나와 함께하고 계셨습니다.
내가 집 안에서 잠자고 있을 때에도
주님께서 나를 견고히 붙들어 주고 계셨습니다.
내가 생존의 현장에서 땀 흘리고 있을 때에도
주님께서는 내 곁에 계셨습니다.
그러나 이 사실을 깨닫지 못했기에,
아니 전혀 깨달으려 하지 않았기에,
우리의 삶은 텅 빈 갈릴리를 향해 빈 그물만을 던지는
삶의 무의미성으로부터 벗어나지 못했습니다.
그럼에도 불구하고 주님께서 우리를 변함없이 사랑하시어
우리의 영혼을 쳐 이 곳으로 인도하시사,
우리와 함께하고 계심을 다시 확인시켜 주시니
감사합니다.
내 곁에 계신 주님을 늘 의식함으로
상황에 따라 일회일비하지 않는
의연한 구도자가 되게 하옵시고,
날이 갈수록 더더욱 주님의 뜻에
우리의 삶을 일치시켜 가는
참된 진리의 증인이 되게 하여 주옵소서.
그리하여 우리 모두 우리와 함께하고 계시는 주님 안에서
참된 삶의 의미를 찾게 하옵시고,
작금 우리에게 닥친 경제 위기가 이 민족으로 하여금
참되고 의로운 민족으로 거듭나게 하는
은총의 기회가 되게 하옵소서.
우리 모두 이 경제 위기로 인하여 오히려 우리와

함께하시는 주님 안에서
이 시대를 밝히는 영원한 진리의 등불이 되게 하옵소서.
아멘.

2

우리도 가겠다

그 후에 예수께서 디베랴 바다에서
또 제자들에게 자기를 나타내셨으니
나타내신 일이 이러하니라.
시몬 베드로와 디두모라 하는 도마와
갈릴리 가나 사람 나다나엘과 세베대의 아들들과
또 다른 제자 둘이 함께 있더니
시몬 베드로가 "나는 물고기 잡으러 가노라" 하매
저희가 "우리도 함께 가겠다" 하고 나가서 배에 올랐으나
이 밤에 아무것도 잡지 못하였더니
날이 새어 갈 때에 예수께서 바닷가에 서셨으나
제자들이 예수신 줄 알지 못하는지라.
예수께서 이르시되 "얘들아, 너희에게 고기가 있느냐?"
대답하되 "없나이다."
가라사대 "그물을 배 오른편에 던지라. 그리하면 얻으리라."
하신대, 이에 던졌더니 고기가 많아 그물을 들 수 없더라.
예수의 사랑하시는 그 제자가 베드로에게 이르되 "주시라" 하니
시몬 베드로가 벗고 있다가 주라 하는 말을 듣고

겉옷을 두른 후에 바다로 뛰어내리더라.

다른 제자들은 육지에서 상거가 불과 한 오십 간쯤 되므로

작은 배를 타고 고기 든 그물을 끌고 와서

육지에 올라 보니 숯불이 있는데

그 위에 생선이 놓였고 떡도 있더라.

예수께서 가라사대 "지금 잡은 생선을 좀 가져 오라" 하신대

시몬 베드로가 올라가서 그물을 육지에 끌어올리니

가득히 찬 큰 고기가 일백쉰세 마리라.

이같이 많으나 그물이 찢어지지 아니하였더라.

예수께서 가라사대 "와서 조반을 먹으라" 하시니

제자들이 주신 줄 아는 고로

당신이 누구냐 감히 묻는 자가 없더라.

예수께서 가셔서 떡을 가져다가 저희에게 주시고

생선도 그와 같이 하시니라.

이것은 예수께서 죽은 자 가운데서 살아나신 후에

세 번째로 제자들에게 나타나신 것이라.

요한복음 21:1~14

　신앙인이 된다는 것은 '깨어 있는 사람'이 되는 것입니다. 깨어 있다는 것은 바른 분별력을 지니고 있는 상태입니다. 그러므로 사리에 대한 바른 분별력이 결여되어 있는 사람이라면, 비록 1.5의 시력으로 눈을 부릅뜨고 있다 할지라도 그가 진정 깨어 있는 자일 수는 없습니다. 오늘 양식 아닌 것을 위하여 생명을 고갈시키고, 결코 관 속에 넣어 갈 수 없는 것을 위해 인생을 탕진하는 인간들을 보십시오. 그런 사람일수록 잠자는 시간보다 깨어 있는 시간이 더 많습니다. 그러나 그렇다고 해서 그들을 가리켜 깨어 있는 사람이라고 부르지 않음은, 그들이 바른 분별력을 상실하고 있기 때문입니다. 그들이 진정 깨어 있는 자라면 천하와도 바꿀 수 없는 귀한 생명을 그처럼 어이없이 소진해 버리지는 않을 것입니다.

　십자가에 못 박히시기 전 주님께서는 제자들과 함께 겟세마네 동산을 찾아 기도하셨습니다(마 26장). 베드로와 요한 그리고 야고보에게 깨어 기도할 것을 부탁하신 주님 역시 그 동산에 엎드리어 하나님께 기도드리셨습니다. 그러나 주님께서 기도하시는 동안 제자들은 깨어 있기는커녕, 그만 잠에 곯아떨어지고 말았습니다. 같은 동산 위에서 잠자는 제자들과 깨어 기도하는 예수님의 모습은 얼마나 대조적입니까? 그러나 여기에서 단지 잠들거나 깨어 있는 육체의 상태에만 관심을 갖는다면, 그것은 성경이 우리에게 주고자 하는 참된 의미를 간과한 것입니다.

주님께서는 그 깊은 밤중에 깨어 기도하셨습니다. 처음에는 십자가의 고난을 피하게 해 달라고 시작된 기도가 아버지의 뜻에 승복하겠다는 기도로 끝을 맺었습니다. 기도하시는 중에 죽어야 살고, 살기 위해서는 반드시 죽어야 한다는 진리의 분별력을 재확인하셨던 것입니다. 이처럼 주님께서는 늘 바른 분별력을 지니고 계셨기에, 설령 주무시는 동안이라 할지라도 그분은 변함없이 깨어 있는 분이셨습니다. 반면에 제자들은 주님께서 깨어 기도하시는 그 순간 잠에 곯아떨어지고 말았습니다. 이제 곧 그들 앞에 닥칠 예수 그리스도의 죽음이라는 위기 속에서 참되고 영원한 것이 무엇인지를 분별할 능력을, 기도를 통해 하나님으로부터 얻기를 포기해 버리고 말았습니다. 그 결과 주님께서는 영원한 진리와 참된 생명인 십자가의 길을 스스로 취하신 것에 반하여, 제자들은 가장 결정적인 순간에 진리의 길을 뿌리치고 다함께 도망가 버리는 배신자들이 되고 말았습니다. 수적으로는 제자들이 월등 우세하였습니다. 주님께서 홀로이셨던 데 비해 제자들의 수는 무려 10배나 되었습니다. 그러나 진리는 절대 다수 속에 있지 않았습니다. 진리는 깨어 있는 외로운 소수 속에 있었습니다. 이것이 주님께서 이렇게 말씀하신 이유입니다.

"좁은 문으로 들어가라.
멸망으로 인도하는 문은 크고 그 길이 넓어
그리로 들어가는 자가 많고,
생명으로 인도하는 문은 좁고 길이 협착하여
찾는 이가 적음이니라." (마 7:13~14)

멸망으로 인도하는 넓은 문과 생명으로 인도하는 좁은 문이란 두말 할 것도 없이, 분별력 없는 다수와 깨어 있는 소수를 의미합니다. 누가 넓은 문으로 들어가는 분별력 없는 다수입니까? 무엇이든 하고 싶어하는 사람들입니다. 그러므로 내가 원하는 일이라면 정의의 소리에는 언제나 귀 막을 준비가 된 사람들입니다. 무엇이든 필요하기 때문에 행하는 사람들입니다. 따라서 내게 필요한 것이라면 수단과 방법을 가리지 않고 덤벼드는 사람들입니다. 무엇이든 득이 되기 때문에 행동하는 사람들입니다. 그렇기에 내게 득이 되기만 한다면 불의라도 언제나 벗할 태세를 갖춘 사람들입니다.

그와는 반대로 누가 좁은 문으로 들어가는 깨어 있는 소수입니까? 내가 하고 싶어하는 것이 아니라 해야 할 일이기 때문에 행하는 자입니다. 내게 필요하기 때문이 아니라 그것이 바른 일이기 때문에 행하는 자입니다. 내게 득이 되기 때문이 아니라 진리가 요구하는 까닭에 행동하는 자입니다. 한마디로 진리 위에서 바른 분별력을 지니고 진리를 따라 살아가는 자입니다. 그렇기에 넓은 문은 언제나 문전성시를 이루나 그것은 멸망의 문일 수밖에 없고, 좁은 문은 늘 외롭지만 그것은 생명의 관문일 수밖에 없습니다.

그렇다면 우리는 오늘 이 아침 과연 어떤 문 앞에 서 있는지, 어디에 속해 있는지 우리 자신을 성찰해 보아야겠습니다. 우리가 서 있는 곳은 넓은 문 앞입니까, 아니면 좁은 문 앞입니까? 분별력을 상실한 잠든 다수 속입니까, 혹은 깨어 있는 소수 속입니까? 분별력을 지닌 자 편입니까, 아니면 상실한 자 편입니까? 본문은 이렇게 증거하고 있습니다.

> 시몬 베드로와 디두모라 하는 도마와
> 갈릴리 가나 사람 나다나엘과 세베대의 아들들과
> 또 다른 제자 둘이 함께 있더니
> 시몬 베드로가 "나는 물고기 잡으러 가노라" 하매
> 저희가 "우리도 함께 가겠다" 하고 나가서 배에 올랐으나
> 이 밤에 아무것도 잡지 못하였더니 (21:2~3)

예루살렘에서 예수님의 죽음과 부활을 목격한 제자들은 갈릴리로 되돌아가 있었습니다. 그 곳에서 다시 만나자는 주님의 말씀을 따르기 위함이었습니다. 그렇다면 그들은 응당 그 곳에서 주님을 기다리는 자들이어야만 했습니다. 그들의 삶의 터전이요 생존의 현장이었던 갈릴리에서 이제껏 잘못되었던 그들의 삶을 성찰하면서, 진리의 증인으로서 새로이 자신들을 정립하는 자들이어야만 했습니다. 바로 그것이 주님께서 그들로 하여금 갈릴리에서 주님을 기다리게 하신 진정한 이유였습니다. 그러나 그들은 그 기다림의 의미를 알려 하지 않았습니다. 인내의 가치를

분별해 보려 하지 않았습니다. 제자들 중에서 가장 성질이 급한, 그렇기에 늘 제자들의 좌장 격이었던 베드로는 더 이상 인내할 수가 없었습니다. 아니 인내의 필요성을 느끼지 못했습니다. 그는 자리를 박차고 일어나며 외쳤습니다.

"나는 물고기 잡으러 가노라."

그리고 그는 주저함 없이 갈릴리 바다로 향했습니다. 여기에서 중요한 것은 베드로 혼자 나간 것이 아니었다는 것입니다. 베드로를 본 제자들이 이렇게 말했습니다.

"우리도 함께 가겠다."

그들은 한 사람씩 베드로를 따라 나섰습니다. 그리고 그들은 모두 함께 배를 타고 바다 한가운데로 나갔습니다.

하늘과 해면이 맞닿은 갈릴리 바다에서 천지를 창조하신 하나님을 호젓하게 만나기 위함이 아니었습니다. 그 바다 위에서 그물을 던지며 이제껏 먹고 삶의 노예 되었던 자신들의 어리석은 삶을 반성하기 위함도 아니었습니다. 3년 전 그 바다에서 주님을 처음 만났을 때, 그물과 배를 버려 둔 채 사심 없이 주님을 따라 나서던 그 티 없이 맑은 마음을 되찾기 위함도 아니었습니다. 단지 고기를 잡고 싶었기 때문에 나갔을 뿐이었습니다. 무료하게 앉아 기다리기보다는 고기를 잡는 것이 현실적으로 더 필요한 일이요, 득이 되는 일이기에 배를 타고 바다로 나갔던 것입니다. 그들 중 아무도 그것이 분별 없는 짓임을 지적하는 자는 없었습니다. 그들이 절대 다수였기에 자신들의 정당함을 믿어 의심치 않았던 것입니다. 그러나 그 결과는 참담한 실패였습니다. 절대 다수가 밤이 맞도록 함께 그물을 던졌으나 단 한 마리의 고기도 건져 올리지 못한 것입니다. 주님께서 그 절대 다수 속에 계시지 않았기 때문입니다. 본문 4절에 의하면, 주님 역시 그 날 분명히 그 곳에서 그들과 함께 계셨으나 그들 속이 아니라 그들이 버리고 떠나온, 그들이 등돌렸던 바닷가 뭍에 계셨습니다. 바닷가 뭍에 홀로 서 계시는 예수 그리스도, 그리고 주님께 등을 돌린 채 바다 한가운데에서 헛되이 땀을 흘리고 있는 절대 다수의 제자들—이것은 얼마나 상징적인 메시지입니까? 주님 홀로 서 계시는 뭍이 좁은 문이라면, 절대 다수의 제자들이 함께 엉켜 있는 바다는 넓은 문입니다. 생명으로 인도하는 좁은 문을 선택한 제자들은 한 명도 없었습니다. 그들은 모두 분별력을 상실한 채 자신의 욕구를 따라 넓은 문을 선택하고 말았습니다. 그것은 분별을 잃은 그들이 가장 쉽게 선택할 수 있는 안이하고 안일한 문이었습니다. 그리고 그 결과는 철저한 실패뿐이었습니다. 그러나 마침내 주님의 음성을 들은 그들이 깨어, 넓고 넓은 갈릴리 바다를 버리고 뭍에 서 계신 예수 그리스도, 다시 말해 진리란 이름의 좁은 문의 가치를 분별하고 선택했을 때 그들은 그들 자신과 세상을 동시에 살리는 생명의 도구, 생명의 통로들이 되었습니다.

이것이야말로 깨어 있다는 것, 분별력이 있다는 것보다 더 중요한 것이 있을 수 없음을 일깨워 주고 있습니다. 오직 깨어 있는 자, 분별력을 가진 자만, 넓은 문의 허망함과 좁은 문의 영원함을 바르게 가릴 수 있는 까닭입니다.

작금의 경제 위기 속에서 신문사라고 해서 무풍지대인 것은 아닙니다. 중앙 일간지 중에서 직원들의 급여를 한 푼도 지불하지 못하는 신문사가 있는가 하면, 한두 곳을 제외하고는 거의 모든 신문사가 부도 위기에 몰려 있는 것으로 알려지고 있습니다. 사정이 이 지경이 되자 신문사들 사이에는 모 재벌에 속해 있는 신문사를 원망하는 소리가 날로 비등해지고 있다 합니다. 그 신문사가 그룹으로부터 지원받은 수천억 원의 자금으로 사세 확장과 시설 증대를 무한정으로 주도했기 때문에, 여타 신문사들 역시 기존 시장 점유율을 빼앗기지 않기 위하여 무한 경쟁을 벌이지 않을 수 없었다는 것입니다. 발행 부수를 조작하기 위하여 찍는 즉시 폐지로 버려야 할 무가지를 산더미처럼 찍어야만 했고, 시설 확장을 위하여 작년까지 저마다 수천만 불에 달하는 윤전기를 도입할 수밖에 없었는데, 환율의 폭등으로 가만히 앉아서 환차손만 수백억 원씩 본 터에 설상가상으로 신문 용지 값의 급등과 광고의 격감으로 더 이상 버텨 내기가 어렵다는 것입니다.

참으로 딱한 일입니다. 그러나 과연 이 모든 원인이 소문대로 어느 특정 신문사에게만 있겠습니까? 아닙니다. 거의 모든 신문사들이 예외 없이 분별력을 상실한 결과입니다. 왜 신문사들이 출혈을 해 가면서까지, 과도한 부채를 지면서까지, 배달원의 칼부림을 불사하면서까지, 무분별한 과잉 설비를 해 가면서까지 무한 경쟁을 벌였습니까? 남이 하는 것을, 다수가 하는 것을, 모두가 하는 것을 분별 없이 서로 따라 했기 때문입니다. 외로운 소수에 불안하게 남기보다는 절대 다수에 안이하게 합류하는 길을 예외없이 선택했던 것입니다. 말하자면 주범 종범이 따로 있는 것이 아니라, 분별력을 상실한 모든 신문사의 공동 책임인 것입니다. 오늘날 한국 경제가 과장된 거품 속에서 추락하게 된 배경에는 분별력을 상실한 언론 기관들의 일조가 있음을 아무도 부인하지 못할 것입니다. 그럼에도 불구하고 이 땅의 신문사들은 이 위기 속에서 아무런 자기 반성 없이 이 파국의 원인을 외부에서만 찾기 위해 동분서주하고 있습니다.

오늘 언론 기관들의 이 민망한 모습이야말로, 실은 이 나라 전반에 걸친 우리 모두의 실상이 아닐 수 없습니다. 정치권은 이 파국의 이유를 정부의 무능에서 찾고 있고, 정부는 기업의 방만한 경영에서, 기업은 고임금을 받고서도 저효율밖에 내지 못한 시민 근로자에게서, 그러나 서민들은 특권층 속에서 그 이유를 찾느라 서로 분주하기 짝이 없습니다. 이와 같은 파국의 재발을 막기 위해서도 책임 소재 규명은 대단히 중요합니다. 그러나 이것은 누가 뭐라 해도 분별력을 상실했던 우리 모두의 공동 책임일 수밖에 없음을 간과한다면, 설사 이 위기를 순간적으로 모면할 수 있을지라도 근본적으로 치유할 수는 없을 것입니다. 분별력을 상실한 광란의 이 시대에 살았다는 것만으로도 우리 모두는 공범이 되기에 충분한 조건을 이미 지니고 있습니다. 무엇보다도 깨어 있는 소수에 속해 있어야 함에도 불구하고 욕망에 눈먼 다수 속에 안주하고 있었던 우리 그리스도인들이야말로 이 파국의 공범이 아니라 주범임을 통감해야만 합니다. 무엇이 참되고 바르고 영원한 것인지 분별치 못한 채 그저 모두가 가는 길을 생각 없이 따라가다가 위기를 맞은 우리의 모습은, 절대 다수가 나서기에 안이하게 주님을 등지고 넓고 넓은 바다 가운데로 함께 나아갔다가 파국을 맞이한 제자들의 모습과 너무나 흡사합니다. 오늘 이 나라의 현실은 본문 속 갈릴리 바다의 재판이 아닐 수 없습니다.

그러나 우리의 상황이 절대 다수의 제자들이 파국을 맞이한 갈릴리 바다와 똑같기 때문에 우리에게 말할 수 없는 소망이 생기는 것입니다. 우리의 현실이 정녕 갈릴리 바다라면, 이 바다 한 가운데서 파국을 맞이한 우리의 등 뒤에는 지금 예수 그리스도께서 서 계시기 때문입니다. 그 주님께서 지금 우리를 부르고 계시기 때문입니다. 주님께서 파국을 맞이한 제자들에게 말씀하셨습니다.

"얘들아, 너희에게 고기가 있느냐?"

고기가 있을 턱이 없음에도 불구하고 그 사실을 누구보다도 더 잘 아셨을 주님께서 고기가 있느냐고 물으셨다면, 본문 속에서 그 의미는 무엇이겠습니까? 그 의미는 분별력인 것입니다. 주님께서 제자들에게 물으셨습니다.

"얘들아, 너희에게 분별력이 있느냐?"

정말 분별력이 있다면, 결국엔 파국으로 이를 수밖에 없는 넓은 문 언저리에서 더 이상 배회하지 말고, 좁은 문 그러나 영원한 생명이 있는 진리를 향하여 돌아서라는 것입니다. 참된 삶의 가치는 길이요 생명이신 예수 그리스도 안에서만 얻을 수 있다는 것입니다. 그 말씀을 듣고 분별력을 회복한 제자들은 무엇을 했습니까? 넓고 넓은 갈릴리 바다를 버리고 주님이 계신 곳을 향하여 배에서 뛰어내려 달려갔습니다. 그리고 그리스도 안에서 참된 분별력을 얻은 그들은 인류를 비추는 진리의 등불이 되었습니다.

그렇다면 이번에는 우리 차례입니다. 넓은 문을 지향하던 삶을 버리고 주님을 향해 돌아서는 것입니다. 진리 안에서 바른 분별력을 회복하는 것입니다. 진리 위에 서서 시선을 멀리 두는 것입니다. 그 때 이 시대는 정녕 새로워지는 것입니다. 다른 사람들이 다 넓은 문을 향한다 할지라도 개의치 마십시오. 나 한 사람이라도 좁은 문을 향한다는 것이 중요합니다. 제자들이 주님을 등지고 넓고 넓은 바다로 함께 나아갈 때, 적어도 갈릴리 바다에서는 그들이 절대 다수였습니다. 그러나 그 넓은 갈릴리 바다를 버리고 주님께로 뛰어와 무릎을 꿇을 때, 그 순간 주님 앞에 무릎 꿇은 자는 전 이스라엘에서 그들뿐이었습니다. 나머지 모든 사람들은 잠자리에서 잠들어 있었습니다. 그 순간 잠들어 있던 모든 인간들과 비교해 볼 때 그들은 절대 소수에 불과했습니다. 그러나 인류의 역사를 새롭게 한 자는 그 시간 넓은 문 언저리에서 잠들어 있던 절대 다수가 아니라, 깨어 주님 앞에 무릎 꿇고 있던 절대 소수들이었습니다. 빛이요 진리요 생명이신 주님께서 그 소수들을 통하여 친히 역사하셨음입니다. 문제는 절대로 수(數)가 아닙니다. 내가 깨어 있는 소수의 편에 서 있느냐, 분별력을 갖추고 있느냐 아니냐의 문제일 뿐입니다.

세상이 온통 경제, 경제 하다 보니 아이들의 화두 역시 경제가 되었습니다. 막내가 종이에 그림을 그리다가 실수를 했는지 셋째에게 지우개를 빌려 달라고 했습니다. 그러자 셋째가 막내에게 점잖게 타이르는 것이었습니다.

"야, 경제도 어려운데 왜 지우개를 쓰려 하니?"

여기까지는 좋았는데 그 다음이 엉뚱했습니다.

"지우개를 쓸 바에야 차라리 종이를 찢어 버려!"

경제를 생각하는 것까지는 좋았는데, 셋째에게는 남의 종이보다 자기의 지우개가 더 중했던 것입니다.

사랑하는 교우 여러분! 우리가 이 철없는 아이들처럼 바른 분별력을 상실한 채 살아온 결과가 오늘의 파국임을 아십니까? 불면증에 시달리는 사람에게 밤은 끝없이 길듯이, 지친 나그네에게 갈 길은 한없이 멀듯이, 진리에 우둔한 자에게 인생 길이 피곤하기 짝이 없는 것은, 설령 억만금을 가졌다 한들 그 결국은 언제나 죽음이요 파국일 수밖에 없는 연고입니다. 그러나 진리 안에 깨어 분별력을 지닌 자가 비록 빈손이라 할지라도 그의 인생 길이 영원한 가치를 지니고 또 발할 수 있음은, 그가 선택한 그 좁은 문에서부터 길이요 진리요 생명이신 예수 그리스도께서 친히 그를 인도해 주시기 때문입니다.

주님!
깨어 있으라 명령하셨건만 잠들어 있었습니다.
분별력 없이 살아왔습니다.
오직 욕구만을 쫓아 넓은 문만을 마구 드나들었습니다.
그 결과 우리의 인생은 파국을 맞아 지치고
곤하기 짝이 없습니다.
그러나 주님을 등진 채 넓은 바다를 향해 나간
제자들을 포기치 않으셨던 주님께서,
오늘 우리를 찾아오시어 우리 모두를 일깨워 주시니
감사합니다.
분별력을 상실한 채 잠든 다수 속에 안주하려는
어리석음을 과감히 떨쳐 버리고,
진리 안에서 깨어나 기꺼이 좁은 문을 지향하는
분별력과 지혜와 믿음과 용기를 주옵소서.
그리하여 이 땅의 분별력 있는 그리스도인들로 인하여
이 나라가, 주님 없는 파국의 갈릴리가 아니라,

그리스도 안에서 영원한 진리의 갈릴리로
그 빛을 발하게 하옵소서. 아멘.

3

고기가 있느냐

그 후에 예수께서 디베랴 바다에서
또 제자들에게 자기를 나타내셨으니
나타내신 일이 이러하니라.
시몬 베드로와 디두모라 하는 도마와
갈릴리 가나 사람 나다나엘과 세베대의 아들들과
또 다른 제자 둘이 함께 있더니
시몬 베드로가 "나는 물고기 잡으러 가노라" 하매
저희가 "우리도 함께 가겠다" 하고 나가서 배에 올랐으나
이 밤에 아무것도 잡지 못하였더니
날이 새어 갈 때에 예수께서 바닷가에 서셨으나
제자들이 예수신 줄 알지 못하는지라.
예수께서 이르시되 "얘들아, 너희에게 고기가 있느냐?"
대답하되 "없나이다."
가라사대 "그물을 배 오른편에 던지라. 그리하면 얻으리라."
하신대, 이에 던졌더니 고기가 많아 그물을 들 수 없더라.
예수의 사랑하시는 그 제자가 베드로에게 이르되 "주시라" 하니
시몬 베드로가 벗고 있다가 주라 하는 말을 듣고

겉옷을 두른 후에 바다로 뛰어내리더라.
다른 제자들은 육지에서 상거가 불과 한 오십 간쯤 되므로
작은 배를 타고 고기 든 그물을 끌고 와서
육지에 올라 보니 숯불이 있는데
그 위에 생선이 놓였고 떡도 있더라.
예수께서 가라사대 "지금 잡은 생선을 좀 가져 오라" 하신대
시몬 베드로가 올라가서 그물을 육지에 끌어올리니
가득히 찬 큰 고기가 일백쉰세 마리라.
이같이 많으나 그물이 찢어지지 아니하였더라.
예수께서 가라사대 "와서 조반을 먹으라" 하시니
제자들이 주신 줄 아는 고로
당신이 누구냐 감히 묻는 자가 없더라.
예수께서 가셔서 떡을 가져다가 저희에게 주시고
생선도 그와 같이 하시니라.
이것은 예수께서 죽은 자 가운데서 살아나신 후에
세 번째로 제자들에게 나타나신 것이라.

요한복음 21:1~14

에덴 동산에 살던 아담과 하와는 사단의 유혹을 이기지 못하여 하나님께서 먹지 말라 명하셨던 금단의 열매를 먹고 말았습니다. 하나님의 말씀을 어기고 죄를 짓고 만 것이었습니다. 그리고 그들은 죄가 수반하는 두려움에 사로잡혀 동산 숲 속에 숨어 버리고 말았습니다. 질식할 것 같은 공포와 후회의 시간이 한참 지난 뒤였습니다. 동산의 정적을 깨고 아담을 부르시는 하나님의 음성이 울려 펴졌습니다.

"아담아! 네가 어디 있느냐?"

하나님께서는 무소부재의 하나님이시기에 그 시각 아담이 어디에 있는지 모르실 까닭이 없었습니다. 그럼에도 불구하고 하나님께서 아담을 향하여 구태여 "네가 어디 있느냐?"고 부르시는 이유가 무엇이겠습니까?

내일 시험을 치러야 할 아들이 오락실에서 정신 없이 놀고 있는 것을 발견한 어머니가 아들을 향해 "너 지금 어디 있니?" 하고 말했다면, 그것은 어머니가 아들의 소재를 알지 못해서 하는 말이 아닙니다. 지금 있어서는 안 될 곳에 있는 아들의 잘못을 일깨워 주려는 역설적 강조법입니다. 따라서 "너 지금 어디 있니?"라는 말의 참뜻은 이런 의미가 됩니다.

'네가 지금 있어야 될 곳은 오락실이 아니잖니? 네가 있어야 할 곳은 네 공부방이지 않니? 네가 지금 할 일은 오락이 아니라 시험 준비 하는 것 아니니?'

"아담아! 네가 어디 있느냐?"고 부르신 하나님의 말씀도 이와 똑같습니다.

'아담아! 네가 있어야 할 곳은 죄와 어둠의 나락 속이 아니잖니? 네가 거할 곳은 빛 가운데요 하나님 존전이잖니? 더 이상 흑암의 공포 속에서 떨지 말고 지금 당장 나오렴!'

죄를 짓고서도 무엇이 죄였는지, 두려움에 떨면서도 왜 두려운지, 숲 속에 숨어 있으면서도 무슨 까닭으로 숨어야 하는지조차 알지 못한 채, 그저 죄의 무게에 짓눌려 아무것도 할 수 없었던 아담과 하와는 하나님의 그 음성을 듣고서야 비로소 숲 속 어둠으로부터 빛 가운데로, 하나님 앞으로 나아올 수 있었습니다.

아담을 부르셨던 하나님께서는 오늘 아침 우리에게도 똑같은 질문을 던지고 계십니다.

"네가 어디 있느냐?"

그렇다면 우리 각자에게, 바로 내게, 그 질문의 의미는 과연 무엇이겠습니까? 내가 지금 지켜야 할 자리를 바로 지키고 있음으로 인한 칭찬의 의미이겠습니까? 아니면 있어서는 안 될 곳에 거함으로 인한 질책의 의미이겠습니까?

갈릴리에서 만나자는 주님의 말씀을 따라 제자들은 갈릴리로 되돌아갔건만, 그러나 갈릴리에 도착한 그들은 주님을 까맣게 잊어버리고 말았습니다. 그들이 그 곳에서 해야 할 일이 무엇인지조차 망각한 채 그들은 단지 그들의 필요에 따라, 그들의 욕구를 쫓아, 모두 갈릴리 바다를 향해 고기잡이에 나서고 말았습니다. 그들이 땀 흘리며 그물을 던지는 그 바닷가에 주님께서 나타나 계셨음에도 불구하고, 제자 중 단 한 사람도 그들과 함께하고 계시는 주님을 알아보지 못할 정도로 그들은 자신들의 욕구에만 사로잡혀 있었습니다. 그러나 그 결과는 참담한 실패였습니다. 밤이 맞도록 수도 없이 그물을 던졌건만 단 한 마리의 물고기도 얻지 못했습니다. 하지만 그 실패의 의미가 무엇인지, 그들에게 지금 무엇이 잘못 되어 있는지를 한번 짚어 보려는 사람도 없었습니다. 그들은 아무런 의미도 없이 빈 그물만을 기계적으로 반복해 던질 뿐이었고, 지칠 대로 지친 그들은 여전히 빈손이었을 따름입니다. 마침내 뭍에 서 계시던 예수님께서 제자들을 부르시면서 하신 말씀을 본문 5절은 이렇게 밝히고 있습니다.

"얘들아, 너희에게 고기가 있느냐?"

이것 역시 "아담아, 네가 어디 있느냐?"고 물으신 하나님의 질문과 똑같은 의미였습니다. 주님께서 제자들에게 고기가 있는지 없는지를 모르셨기 때문이 아니라, 헛되이 시간을 낭비하고 있는 제자들에게 바른 분별력을 일깨워 주시기 위한 말씀이었습니다.

'얘들아, 너희들에게 분별력이 있니? 분별력이 있다면 지금은 욕구에 사로잡혀 이런 짓을 하고 있을 때가 아니지 않니? 너희들이 나를 등진 채 밤새워 수고한 대가로 얻은 것이 도대체 무엇이니?'

제자들이 입을 모아 대답했습니다.

"없나이다."

주님의 질문 앞에서야 제자들은 비로소 자신들의 손을 내려다보았습니다. 아무것도 없었습니다. 밤이 맞도록 헛수고하였음을 그제서야 뼈저리게 깨달았던 것입니다. 다시 말해 주님의 음성을 듣고서야 그들은 욕구에 사로잡힌 자에게 되돌아오는 것은 허망한 공허함뿐임을 바르게 분별할 수 있었던 것입니다. 이것은 참으로 중요한 교훈입니다. 진리의 말씀 앞에 서기 전까지는, 진리의 말씀에 진정으로 귀 기울이기 전까지는, 욕망에 눈먼 인간의 헛된 행진은 결코 멈추어질 수 없다는 것입니다. 진리에 의하지 않고서는, 허망한 헛수고를 헛수고로 바르게 인식조차 할 수 없는 까닭입니다.

"얘들아, 너희에게 고기가 있느냐?"

오늘 아침 우리를 향하신 주님의 이 질문 속에서 우리는 방대한 성경 가운데 유독 본문에서만 유일회적으로 사용된 두 단어에 유의해야만 합니다.

첫째, '고기'란 단어입니다. 물고기를 의미하는 헬라어 단어는 'ikthus'로써 신약 성경에 나타난 물고기는 원문에 모두 이 단어로 기록되어 있습니다. 그러나 딱 한 군데 예외가 있으니, 바로 본문입니다. 주님께서 제자들을 향해 "너희에게 고기가 있느

냐?"고 물으실 때 'ikthus'가 아니라 'prosphagion'이란 단어를
사용하셨는데, 이것은 성경 중 본문에서 주님에 의해 단 한 번만
사용된 단어입니다. 이 단어의 뜻은 원래 물고기란 의미가 아니
라 식탁 위에 올려지는 진미, 즉 진귀한 음식을 가리키는 단어입
니다. 따라서 이 단어의 참뜻을 살리면 주님의 질문은 이런 의미
가 됩니다.

'애들아! 너희가 정말 귀한 것을 얻었느냐?'

주석을 가하면 더 깊은 의미를 포착하게 됩니다.

'욕망에 사로잡혀 진리인 나를 등져서는 아무리 수고하여도 결
코 귀한 것을 얻을 수 없단다.'

두 번째로 유의해야 할 것은 주님께서 제자들을 부르시면서 사
용하신 '애들아'라는 단어 'paidion'입니다. 이것은 아주 작은
어린아이들을 지칭하는 단어로써 이미 성인이 된 제자들을 부르
는 데 사용되기에는 전혀 적합치 않은 단어입니다. 그래서 성경
속에서 본문 이외에 이 단어가 성인에게 호격으로 사용된 적은
한 번도 없습니다. 주님 역시 이제껏 제자들을 이런 식으로 부르
신 적이 없었습니다. 그런데 오늘 갈릴리 바다에서만은 제자들
을 딱 한 번 '어린아이들아!' 하고 부르셨습니다. 그렇다면 그 의
미가 무엇이겠습니까? 지금 자신들이 해야 할 것이 무엇인지, 있
어야 할 곳이 어디인지도 알지 못한 채 단지 허망한 바다를 향
해 헛수고만을, 그것도 밤을 새워 가며 열심으로 헛수고하는 제
자들이 주님 눈에는 어린아이—철없는 아이와 같이 비쳤던 것입
니다.

주님께서 제자들에게 말씀하셨습니다.

"애들아! 너희에게 고기가 있느냐?—이 철부지들아! 그처럼

철없이 살아서는 귀한 것을 절대로 얻을 수 없단다.”

그렇다면 우리는 어떻습니까? 우리는 철부지 아이들입니까? 아니면 분별력을 지닌 성인들입니까? 무엇인가 잡으려고 그처럼 기를 쓰고 있는 우리 손 안에 들어 있는 것은 무엇입니까? 진정으로 귀한 것들입니까? 아니면 허망한 공허함입니까? 주님께서는 요한복음 15장 5절을 통해 이렇게 말씀하셨습니다.

“나는 포도나무요 너희는 가지니
저가 내 안에, 내가 저 안에 있으면
이 사람은 과실을 많이 맺나니
나를 떠나서는 너희가 아무것도 할 수 없음이라.”

길이요 진리요 생명이신 주님을 떠나서는, 우리는 헛수고를 헛수고인 줄 알지 못한 채 헛되이 반복하는 철부지들일 수밖에 없습니다.

한때 모 보일러 회사의 ‘효자 광고’가 화제를 모은 적이 있었습니다. 시골에 살고 계시는 부모님 댁에 기름 보일러를 설치해 드려, 부모님들이 겨울을 따뜻하게 나실 수 있도록 해 드리는 효자가 되자는 캠페인성 광고였습니다. 그 광고 이후 시골 지역에서 해당 보일러의 판매량이 급증했던 것으로 알려졌습니다. 보일러를 설치해 드린 도시 자식들은 시골 사람들로부터 효자란 칭찬도 들었을 것입니다. 그러나 IMF 구제금융 이후 사정이 돌변해 버리고 말았습니다. 하늘 모르고 치솟는 기름 값을 부담할 능력이 없는 시골의 많은 부모님들이 보일러를 가동할 엄두도 내지 못한 채 추위에 덜덜 떨며 지내고 있다는 것입니다. 효도하려고 한 일이 결과적으로 엄청난 불효가 된 것입니다. 어느 자식이 이렇게 될 줄 상상이나 했겠습니까? 이처럼 오늘 내가 옳다고 행한 선택의 의미가 내일 어떻게 변할는지조차 알지 못하면서, 마치 모든 것을 다 알고 있는 양 어처구니없이 착각하며 살아가는 우리야말로 주님 보시기에 철부지들 아니겠습니까?

김영삼 대통령의 차남이 개인 휴대 통신(PCS) 사업자 선정 의혹과 관련하여 또다시 구설수에 오르고 있습니다. 그 진위 여부를 떠나, 국민들이 그의 아버지에게 단 5년 간만 위임한 권력을 마치 자신의 소유물인 양 오인하며 철없이 살다가 귀한 젊음을 스스로 망친 그 젊은이의 모습 속에서 우리는 우리 모두의 모습을 발견케 됩니다. 결코 영원할 수 없는 권세—그것도 남의 권세에 업혀 호가호위하면서 허망한 것을 쫓던 우리는 주님 보시기에 철부지들이 아니었습니까?

옛 국제 그룹 총수였던 양정모 회장이 '신한종금'의 소유권을 놓고 사돈간에 벌였던 법정 공방은 결국 양측 모두의 패배로 끝났음이 보도되었습니다. 그의 사돈은 횡령죄로 실형을 선고받은 반면, 양 회장이 되찾으려 했던 신한종금 주식 124만 주는, 부실 종금사에 대한 정부의 폐쇄 조치로 인하여 쓰레기 조각이 되어 버리고 말았습니다. 결국 그들은 쓰레기 조각을 놓고, 체면이고 자식이고 아랑곳하지 않고 그토록 처절하게 다툰 셈이 되었습니다. 어찌 그것을 80년이나 살아온 노인들의 사려 깊은 행동이라 할 수 있겠습니까? 그러나 우리는 그 노인에게서 역시 우리의 모습을 발견케 됩니다. 죽은 뒤에 죽은 우리에게 결코 휴지 조각 이상일 수 없는 것들을 위해 천륜도 인륜도 다 버린 채 매일 처절한 이전투구를 벌이고 있는 우리는 주님 보시기에 영락없는 철부지 아이들이 아니겠습니까?

　작년 가을 임영수 목사님을 마지막으로 만나기 위하여 프랑스 파리를 방문하였을 때, 일부러 시간을 내어 영국의 다이애나 비와 이집트 재벌의 아들 도드가 비명횡사했던 '퐁달마'를 찾아가 보았습니다. 그리고 깜짝 놀랐습니다. 저는 그처럼 끔찍한 사고가 일어난 터널이기에, 그 터널은 길고 어둡고 게다가 속이 휘어져 있어 대형 사고가 날 수밖에 없는 위험지역일 것이라 생각하고 있었습니다. 그러나 현장은 전혀 딴판이었습니다. 그것은 엄격한 의미에서 터널이 아니었습니다. 위에 교량이 있기에 그 아래로 차량 통행이 용이하도록 만들어진 반 지하 차도였습니다. 지하 차도에 들어서는 순간 맞은편 끝이 보일 정도로 곧고 짧은 차도였습니다. 대형 사고가 나리라고는 상상하기 어려운 지점이었습니다. 그 차도가 개통된 이래 그 속에서 대형 교통사고가 난 적은 한 번도 없었다고 했습니다. 그런데 그 안전한 도로 위에서, 많은 사람들의 선망의 대상이었던 그들은 졸지에 불귀의 객이 되어 모든 것을 다 잃고 말았습니다. 사고 지점의 지하 차도 벽과 중앙 교각에는 그들이 탔던 차가 좌충우돌하면서 긁은 자국이 선명하게 남아 있었습니다. 저는 그 죽음의 자국 위에서, 순식간에 몰아닥친 죽음 앞에서 내뱉었을 다이애나 비와 도드의 외마디 비명 소리만 들은 것이 아니었습니다. 마지막 순간 무엇이라도 움켜쥐기 위해 허공에서 부르르 떨었을 그들의 빈손만을 본 것도 아니었습니다. 어느 날 불현듯 엄습한 죽음 앞에서 부르짖는 우리 자신의 비명 소리를 들었고, 허공 속에서 떨고 있는 우리 자신의 빈손을 보았습니다. 죽음이 코끝에서 나를 기다리고 있음에도 그 사실을 알지 못한 채 마지막 순간까지, 죽음과 동시에 아무런 쓸모없는 허망한 부귀영화만을 움켜쥐려 발버둥치다가 철저하게 빈손으로 세상을 떠나게 될 우리의 모습이야말로, 주님 보시기에 한심한 철부지의 모습이 아니겠습니까?

그래서 공허한 그물을 헛되이 던지기를 반복하고 있는 우리를 향해 주님께서 오늘 아침 이렇게 묻고 계십니다.

"얘들아! 너희에게 고기가 있느냐?—이 철부지들아! 너희 손에 무슨 귀한 것이 있느냐?"

쿠바의 바닷가에 늙은 어부가 살고 있었습니다. 어느 날 고기를 잡기 위해 바다로 나갔으나 어이된 영문인지 한 마리의 고기도 건져 올리지 못했습니다. 하루, 이틀, 열흘, 스무 날이 넘어 무려 83일이나 지났지만 그의 손은 여전히 빈손이었습니다. 마침내 84일째가 되는 날 길이가 무려 18척이나 되는 거대한 청새치(marlin)를 만나 사흘 밤낮에 걸친 사투 끝에 간신히 포획하기에 이릅니다. 그 정도의 크기라면 지난 세 달 동안 공친 것을 벌충하기에 충분하였습니다. 늙은 어부는 황홀한 만족감으로 집을 향해 뱃머리를 돌렸습니다. 그러나 기쁨도 잠시, 늙은 어부는 뜻하지 아니한 상어 떼의 공격을 받게 됩니다. 이번에는 자신이 잡은 청새치를 지키기 위해 상어 떼와 사투를 벌이지만, 그러나 해안에 도착했을 때 남은 것이라곤 앙상한 뼈뿐이었습니다. 그것은 쓰레기 이상의 의미는 없었습니다. 결국 늙은 어부는 쓰레기 조각을 위해 무려 90여 일이나 허비했던 것입니다. 1953년 소설 부문 플리쳐상 수상작인 헤밍웨이의 소설 〈노인과 바다〉에 나오는 이야기입니다.

쫓을 수 없는 것을 끝까지 쫓으려다 허망하게 빈손이 되어 버린 늙은 어부의 두 손—84여 일 동안은 쉬임없이 낚시를 던지느라, 사흘은 낚싯줄을 잡고 밤낮으로 청새치와 사투를 벌이느라, 그 이후에는 상어 떼들의 공격을 물리치느라 지칠 대로 지치고 찢어질 대로 찢어져 상처투성이가 되었음에도 불구하고 그 속에 남은 것이라고는 아무것도 없는 늙은 어부의 공허하고 서글픈 두 손—그 손이야말로 바로 우리들의 손 아닙니까?

이 시간 우리의 손을 자세히 들여다봅시다. 얼마나 지쳐 있습니까? 욕망의 발톱에 할키우고 쫓겨 온통 상처투성이요 피투성이지 않습니까? 그럼에도 불구하고 정작 귀한 것이라고는 아무것도 없지 않습니까? 무엇인가 들어 있다면 결코 나의 관 속에 가져갈 수 없는 미래의 쓰레기 조각에 불과한 것들 아닙니까? 이렇게 우리의 인생이 끝나 버린다면 이보다 더 비참한 일이 어디에 있겠습니까? 그러나 우리를 사랑하시는 주님께서 철부지처럼 살아온 우리를 포기치 않으시고 우리를 찾아오시어 오늘 아침에도 이렇게 묻고 계십니다.

"얘들아! 너희에게 고기가 있느냐?"

사랑하는 교우 여러분! 우리 모두 이 시간 주님 앞에 무릎 꿇고 고백합시다.

'없습니다. 주님! 우리 손 안에 정작 귀한 것이라고는 아무것도 없습니다. 있다면 고작 미래의 쓰레기 조각들뿐입니다.'

그리고 우리의 손을 내밀어, 이미 우리를 향해 내밀고 계신 주님의 손을 붙잡는 자들이 됩시다. 길이요 진리요 생명이신 주님을 붙잡을 때에만 상처투성이인 우리의 손이 치유되고 회복될 수 있습니다. 주님을 붙잡을 때에만 공허한 우리의 손 안에 참되고 영원한 것, 정녕 귀중한 것이 담겨질 수 있습니다. 주님 안에서 우리의 손이 회복되고 우리의 손이 주님의 것으로 채워질 때 우리의 인생도, 우리에 의해 이 세상도, 비로소 새로운 가치를 지니게 됩니다.

"애들아! 너희에게 고기가 있느냐?"

주님!
오늘 우리의 손이 무엇을 추구하고 있는지,
지금 우리 손 안에 무슨 귀한 것이 들어 있는지
관찰할 수 있는 기회를 주셔서 감사합니다.
철부지처럼 살았던 우리가 우리의 손을
주님 앞에 드립니다.
찢어질 대로 찢어져 상처투성이인 우리의 손을
주님 앞에 내밉니다.
밤낮으로 수고하였음에도 텅 빈 우리의 손을
주님 앞에 폅니다.
있는 것이라곤 고작 미래의 쓰레기 조각뿐인 우리의 손을
주님 앞에 내어놓습니다.
주님의 자비로우신 손으로, 능력의 손으로,
가련한 우리의 두 손을 잡아 주소서.
상처투성이인 우리의 손을 깨끗하게 치유하여 주옵소서.
공허한 우리의 손을 주님의 진리로, 주님의 생명으로,
주님의 사랑으로,
영원한 주님의 귀한 것들로 가득 채워 주소서.

주님 안에서 치유되고, 주님의 귀한 것으로 채워진
우리의 손이,
우리 자신과 세상을 동시에 살리는, 주님에게 붙잡힌
주님의 손이 되게 하옵소서. 아멘.

4

오른편에 던지라

그 후에 예수께서 디베랴 바다에서
또 제자들에게 자기를 나타내셨으니
나타내신 일이 이러하니라.
시몬 베드로와 디두모라 하는 도마와
갈릴리 가나 사람 나다나엘과 세베대의 아들들과
또 다른 제자 둘이 함께 있더니
시몬 베드로가 "나는 물고기 잡으러 가노라" 하매
저희가 "우리도 함께 가겠다" 하고 나가서 배에 올랐으나
이 밤에 아무것도 잡지 못하였더니
날이 새어 갈 때에 예수께서 바닷가에 서셨으나
제자들이 예수신 줄 알지 못하는지라.
예수께서 이르시되 "얘들아, 너희에게 고기가 있느냐?"
대답하되 "없나이다."
가라사대 "그물을 배 오른편에 던지라. 그리하면 얻으리라."
하신대, 이에 던졌더니 고기가 많아 그물을 들 수 없더라.
예수의 사랑하시는 그 제자가 베드로에게 이르되 "주시라" 하니
시몬 베드로가 벗고 있다가 주라 하는 말을 듣고

겉옷을 두른 후에 바다로 뛰어내리더라.

다른 제자들은 육지에서 상거가 불과 한 오십 간쯤 되므로

작은 배를 타고 고기든 그물을 끌고 와서

육지에 올라 보니 숯불이 있는데

그 위에 생선이 놓였고 떡도 있더라.

예수께서 가라사대 "지금 잡은 생선을 좀 가져 오라" 하신대

시몬 베드로가 올라가서 그물을 육지에 끌어올리니

가득히 찬 큰 고기가 일백쉰세 마리라.

이같이 많으나 그물이 찢어지지 아니하였더라.

예수께서 가라사대 "와서 조반을 먹으라" 하시니

제자들이 주신 줄 아는 고로

당신이 누구냐 감히 묻는 자가 없더라.

예수께서 가셔서 떡을 가져다가 저희에게 주시고

생선도 그와 같이 하시니라.

이것은 예수께서 죽은 자 가운데서 살아나신 후에

세 번째로 제자들에게 나타나신 것이라.

요한복음 21:1~14

4년 전 안식년 때 미국 몬타나 주의 옐로우스톤(Yellow Stone) 강에서 낚시를 한 적이 있습니다. 영화 '흐르는 강물처럼'의 배경이기도 한 실제의 몬타나와 옐로우스톤 강은 영화보다 훨씬 더 아름다운 그림이었습니다. 그 환상적인 강 위에서 배를 타고 강물이 흐르는 대로 흘러가며 낚시를 했습니다. 쇠붙이로 만들어진 미끼를 멀리 던졌다가 릴(reel)을 감아 올리면서 고기를 잡는 캐스팅(casting) 낚시였습니다. 배의 노를 잡고 우리 일행을 안내하던 사람은 폴(Paul)이란 이름의 젊은이였습니다. 그는 그 곳에서 태어나 어린 시절부터 그 강과 더불어 자랐습니다. 대학에서 건축을 전공한 그는 한때 건축업에 종사하기도 했지만, 그러나 옐로우스톤 강을 잊을 수 없어 사표를 던지고 낙향하여 낚시 안내원을 천직으로 알고 살아가는 젊은이였습니다. 말하자면 그는 옐로우스톤 강의 낚시에 관한 한 자타가 공인하는 제1인자였습니다.

 배를 타고 드디어 낚시가 시작되었습니다. 그러나 고기는 쉽사리 잡히지 않았습니다. 열심히 모조 미끼를 던지고 쉴새없이 릴을 감아 올렸지만 번번이 허탕이었습니다. 그런데도 배의 노를 잡고 있는 폴은 우리 일행에게 아무런 도움말도 주지 않았습니다. 그러기를 수십 분여—옐로우스톤에서 고기 잡기가 쉽지 않다는 것, 아무 데나 낚시를 던져서는 아무것도 건져 올릴 수 없다는 것을 터득했을 때, 마치 그 때를 기다리기라도 했다는 듯 그제서야 폴은 입을 열기 시작했습니다. 그리고 폴이 손가락으로 지시하는 곳을 향해, 그가 던지라 할 때 낚시를 던지고 감아 올리면 열 번 중 일곱 번은 어김없이 팔뚝만한 송어가 잡히는 것이었습니다. 그는 물살의 속도, 흐름의 방향 그리고 지형에 따라 고기가 어디에 있을 것이라는 것을 정확하게 꿰뚫어보고 있었습니다.

 여러 시간이 지나 낚시가 끝나 갈 무렵이었습니다. 그 동안 얼마나 많은 고기를 잡았다가 놓아 주었는지 헤아릴 수도 없을 지경이었습니다. 마침 그 때 다른 배 한 척을 만났습니다. 옐로우스톤에 관광차 왔다가 홀로 낚시 나온 미국 관광객의 배였습니다. 일행 중 한 사람이 그 미국인을 향해 고기를 얼마나 잡았는지 물어 보았습니다. 그의 대답은 아침부터 시작했건만 그 때까지 한 마리도 잡지 못했다는 것이었습니다. 똑같은 강에서 똑같은 시간에 똑같이 낚싯줄을 던졌음에도 불구하고, 우리 일행이 셀 수 없을 만큼 많은 고기를 잡는 동안 그 사람은 단 한 마리도 건져 올리지 못했던 것입니다. 우리가 고기를 많이 잡을 수 있었던 것은 우리에게 실력이 있었기 때문이 아니라, 옐로우스톤 강에 능통한 폴이 우리와 함께하였기 때문입니다. 종일토록 한 마리도 잡지 못한 미국인 관광객이 홀로 배를 빌려 타고 낚시에 나선 것을 보면, 그 역시 낚시에 일가견이 있는 사람임이 분명합니다. 그렇지 않고서야 관광지에서 감히 홀로 보트 낚시에 나설 엄두를 내지는 못했을 것입니다. 그러나 그가 자기 고향에서는 타의 추종을 불허하는 최고의 낚시꾼이었는지는 모르나 낯선 관광지에서는 철저하게 빈손이었습니다. 그것은 초행지 관광객에게는 얼마든지 있을 수 있는 일이었습니다. 그러나 옐로우스톤에서 태어나 그 강에서 40년 가까이 낚시만 하며 살아온 폴이 고기잡이를 나서지 않으면 모르되 일단 나선 이상, 그 관광객처럼 온종일 피라미 한 마리도 잡지 못한 채 허탕만 친다는 것은 상상하기조차 어려운 일입니다.

지금 갈릴리 바다에서 밤이 맞도록 그물을 던진 제자들은 갈릴리 바다가 초행길인 관광객들이 아닙니다. 그들은 갈릴리에서 태어나 갈릴리 바다에서 잔뼈가 굵은 사람들입니다. 갈릴리 바다의 물결 흐름, 파도 모양만 보아도 고기가 어디에 있을는지를 꿰뚫어볼 수 있는 갈릴리 최고의 어부들입니다. 말하자면 그들은 하나같이 옐로우스톤의 폴과 같은 전문인들이었습니다. 그들이 혼자도 아닌 떼거리로 나가 밤새도록 그물을 던지고서도 단 한 마리도 잡지 못한다는 것은, 적어도 상식적으로는 있을 수 없는 일이었습니다. 아무리 최악의 경우라 할지라도 고기잡이에 나선 이상, 그들 중 누군가는 송사리 한 마리라도 건져 올리는 것이 상식적으로 타당한 일이었습니다. 그럼에도 불구하고 그들은 그 날 밤 완전무결한 실패자가 되고 말았습니다. 그 많은 어부들 중 한 마리라도 잡은 사람이 단 한 명도 없었던 것입니다. 그것은 참으로 이변 중의 이변이었습니다.

그 때 바닷가에 서 계시던 예수님께서 본문 6절 상반절을 통하여 이렇게 말씀하셨습니다.

"그물을 배 오른편에 던지라. 그리하면 얻으리라."

제자들은 밤이 맞도록 수도 없이 그물을 던졌습니다. 그들이 바보가 아닌 이상에야 어찌 한 쪽으로만 그물을 던졌겠습니까? 깊은 곳, 얕은 곳, 오른쪽, 왼쪽, 전후 사방─ 그물을 던지지 않은 곳이 없었을 것입니다. 그런데도 새삼스럽게 그물을 오른편에 한 번 더 던져 보라는 것입니다. 그렇게 말씀하시는 예수님은 어떤 분입니까? 예수님은 바닷가 출생이 아닙니다. 바닷가에서 잔뼈가 굵은 바닷사람이 아닙니다. 내륙지방인 베들레헴에서 태어나신 예수님께서는 애굽을 거쳐 바다와는 거리가 떨어진 산동네 나사렛에서 자라셨습니다. 그리고 그분의 세속적 직업을 굳이 따지자면 고기잡이와는 아무런 상관이 없는 목수이셨습니다. 한마디로 그분은 직업적이고 전문적인 어부가 아니셨습니다. 그런데도 예수님께서는 밤새도록 갈릴리 바다를 샅샅이 뒤지고서도 실패한 제자들에게 오른편에 한 번 더 그물을 던져 보라고 말씀하셨습니다. 상식적으로는 가당치도 않은 말이었습니다. 그러나 밤새 실패만 거듭했던 제자들은 한 번 더 오른편에 그물을 던졌고, 본문 6절 하반절은 그 결과를 이렇게 증거하고 있습니다.

이에 던졌더니 고기가 많아 그물을 들 수 없더라.

방금 전까지 물고기라고는 그림자도 보이지 않던 바다, 물고기의 씨가 아예 말라 버린 것 같던 바로 그 바다에서 순식간에 그물을 들어올릴 수 없을 정도로 많은 물고기가 잡힌 것입니다. 이것은 마치 옐로우스톤에서 잔뼈가 굵은 폴이 하루 종일 고기잡이에 실패하다가, 낯선 관광객의 조언을 받고서야 고기통이 차고 넘칠 정도로 많은 고기를 잡는 것과 같은, 상식을 완전히 뒤엎는 일대 사건이었습니다.

그러나 인간의 상식을 뒤엎는 이 갈릴리 사건 속에서 우리는 인간의 상식과는 궤를 달리하는 주님의 상식, 진리의 순리를 발견하게 됩니다. 만약 이들이 마지막 순간까지 한 마리의 고기도 건져 올리지 못한 채 빈손으로 철수하였더라면, 적어도 그들에게 그 날 하루는 아무 의미 없이 버려지고 말았을 것입니다. 그러나 최종 순간 주님의 말씀 안에서 고기를 건져 올림으로 비로소 그 날의 의미가 살아난 것입니다. 새벽녘에 마지막으로 던진 그물에 잡혀 올라온 물고기가 가치롭다면, 그것은 물고기의 많은 양 때문이 아닙니다. 그 물고기 때문에 제자들의 삶 속에서 소멸될 뻔했던 그 날의 의미가 회복되었기 때문입니다. 이런 관점에서 마지막 순간 건져 올린 물고기는 단순한 물고기가 아닙니다. 바로 제자들이 그리스도 안에서 얻은 삶의 의미요, 앞으로 계속 그리스도 안에서 추구해야 할 인생의 의미였습니다.

본문의 갈릴리 바다를 머리 속에 그려 보십시오. 제자들은 넓고 넓은 바다를 밤새도록 휘젓고 돌아다녔습니다. 그러나 그것은 아무런 의미가 없는 짓이었습니다. 주님께서 "그물을 배 오른편에 던지라"고 말씀하실 때 그 오른편이란, 광활한 갈릴리 바다에 비하면 바늘구멍보다 더 작은 한 점에 불과했습니다. 하지만 주님의 말씀 안에서 그 한 점에 머물렀을 때에, 제자들은 바로 그 곳에서 삶의 의미를 건져 올린 것이었습니다. 아무리 광활하고 거대하고 웅장한 것을 얻었다 할지라도 주님이 없다면 아무런 의미가 있을 수 없지만, 길이요 진리요 생명이신 예수그리스도와 함께라면 지극히 작은 것 속이라 할지라도 참된 의미가 있다는 것—바로 이것이 본문 속의 갈릴리 사건을 통하여 주님께서 우리에게 일깨워 주시는 주님의 상식, 진리의 순리인 것입니다.

그렇다면 믿음이란 우리 인생의 왼편을 포기하는 것입니다. 왼편이란 우리 자신 속에서 우리 인생의 의미를 찾으려는 것입니다. 도대체 머지않아 공동묘지에서 흙으로 썩어져 버릴 우리 속에 허망함 외에 무슨 진정한 의미가 있을 수 있겠습니까? 참된 믿음이란 우리 인생의 오른편을 좇는 것입니다. 길이요 진리요 생명이신 주님의 말씀 안에서 내 인생의 참된 의미를 추구하는 것입니다. 주님께서 주님 안에서 내 인생에 부여해 주시기를 원하는 주님의 의미를 찾아 나서는 것입니다. 이 의미를 찾을 때 우리의 생이, 우리의 하는 일이, 비록 밀알처럼 작다 할지라도 무한한 가치를 지니게 됩니다. 우리가 얻은 그 의미는 우리의 의미가 아니라, 영원하신 예수 그리스도의 영원한 의미이기 때문입니다.

6월 셋째 주일로 저의 임기가 끝난 뒤 저의 거취에 대한 신문 보도와 관련하여 많은 분들이 궁금해 하시기에, 이 시간을 빌어 잠시 설명드리는 것을 양해해 주시기 바랍니다.

작년 가을 당회는 저의 퇴임 후에 5년 동안 제가 해외에서 공부할 수 있도록 필요한 모든 재정을 지원한다는 결의를 해 주었습니다. 목사란 일평생 공부해야 하기에 특별히 학생의 신분으로 되돌아가 공부한다는 계획을 가져 본 적이 없었지만, 그것이 또 다른 순종이요 겸손일 수 있겠다는 생각과 아울러, 퇴임 후에 제가 서울에 있지 않는 것이 후임 목사님과 주님의교회에 덕이 될 것이라는 평소의 소신으로 인해 당회의 결의를 수락하게 되었습니다. 그러나 작년 11월부터 급습한 IMF 태풍으로 급등하는 환율을 보면서 저 자신의 개인적인 일을 위해 교회로 하여금 막대한 재정적 부담을 지게 하는 것은 옳지 못하다는 판단을 하게 되었습니다. 그래서 금년 1월 6일 정기 당회 때 저를 위한 당회의 결의사항을 사양하기로 하였음을 밝혔습니다. 그리고 바로 그 다음 날 스위스 제네바에 있는 한인교회로부터 장문의 팩스를 받게 되었습니다. 교민 4가정, 유학생 9명, 정부 파견 주재원 및 아이들을 포함하여 매주 60~70명이 모이는 그 교회에 목사로 와서 도와 달라는 내용이었습니다. 그 이후에 온 팩스들과 전화 내용들을 종합하여 결론부터 말하자면, 그 교회는 재정적으로 독립하지 못한 교회이기 때문에 저희 가족이 다 가는 것은 감당할 수 없으므로 저 혼자 와서 목회를 해 달라는 것입니다. 저 혼자 가는 것도 주님의교회로부터 일부 재정지원을 받아서 오라는 것입니다. 하루 이틀도 아닌 최소한 3년 간을 말입니다. 물론 그 곳의 사정이 워낙 어려운 까닭이겠지만, 가족을 둔 채 혼자 3년 간이나 와 달라는 것은 무리한 주문이었습니다. 게다가 개인적으로는 정말 더 이상 목회를 않고 자유롭게 살고 싶었지만, 그 제의를 받은 지 엿새 만에 가겠노라고 통보를 했습니다. 먼저는 그 곳 제네바 한인교회의 딱한 사정을 누구보다도 잘 알고 계신 임영수 목사님의 간곡한 권유 때문이었습니다. 그분이 저의 강청을 받아들여 주님의교회 강단에 서 주시기로 했는데 제가 그분의 권유를 거절한다면, 그것은 도리에 맞지 않는 일이라 생각했던 것입니다. 그러나 무엇보다도 주님과의 관계 속에서 그 곳이야말로 제가 새로이 그물을 던져야 할 제 인생의 오른편임을 믿게 되었기 때문입니다.

제가 나이 들어 신학교에 다니면서 하나님께 기도드리던 제목 중 두 가지가 생각났습니다.

첫째는 제가 만약 목회를 하게 된다면, 교회로부터 상처받고 소외된 사람을 위해 목회하게 해 달라는 기도였습니다. 제네바 한인교회는 세워진 지 20년이나 지났지만 분열의 상처를 지닌 교회였습니다. 목회자를 구할 형편이 되지 못해 제네바에서 기차로 2시간 떨어진 베른 한인교회의 김도현 목사님이 주일 오후에 한 번 설교하는 것으로 교회의 명맥을 유지해 왔는데 그나마 불가능해지고 만 것입니다. 베른 한인교회의 목사님이 제네바 교회까지 설교하는 것은 입국 목적에 어긋난다는 이유로 작년 여름, 스위스 개혁교회 연맹이 금년 2월 말일부로 김 목사님의 제네바 교회 설교를 금지시켰기 때문입니다. 그래서 제네바 한인교회는 작년부터 황급히 목회자를 찾아 나섰고, 모 교회의 부목사님이 뜻을 밝혔다가는 웬일인지 철회해 버리고 말았습니다. 그 이후 달리 지원자가 나서지 않는 긴박한 상황 속에서 제게 요청하기에 이르렀던 것입니다. 저의 퇴임소문이 퍼지면서 저의 뜻과는 무관하게 국내외의 여러 교회와 기관들이 청빙제의를 해 올 때마다 제가 부담 없이 거절할 수 있었던 것은, 그 곳들은 얼마든지 더 좋은 분을 모실 만한 규모와 능력을 지니고 있었기 때문입니다. 그러나 제네바 한인교회의 경우 지원자가 없어 목회자를 모실 수 없다면 그들은 소외된 자들이 분명하기에, 옛날 제가 드렸던 기도를 기억하고 계시는 주님께서 저를 그 곳으로 부르시는 음성을 들을 수밖에 없었습니다.

신학교에서 드리던 기도 중 기억나는 두 번째 기도제목이 있었습니다. 37살에 신학교에 입학한 저는 40살이 되는 해에 졸업하게 되어 있었습니다. 그래서 저는 40대에는 민족을 위해 봉사하고, 50대가 되어서는 기회가 되면 인류를 위해 봉사케 해 달라고 기도를 드렸습니다. 김도현 선교사님의 공문에 의하면, 제네바 한인교회에 부임케 될 목사는 한인을 위한 목회 이외에 스위스 불어권 가정에 입양되어 스위스 사람으로 살아가고 있는 한국계 입양인들, 스위스에서 불어를 사용하는 스위스 현지인들에게 복음을 전하는 일까지도 맡아야 하는 것으로 되어 있습니다. 게다가 세계 교회 협의회 본부가 제네바에 있는 관계로 세계 교회와의 교류 증대를 위한 책임도 져야 한답니다. 올해로 제 나이 50임을 감안할 때, 30년 전 저로 하여금 불어를 전공케 하신 하나님께서 때가 되매, 인류 헌신을 위한 작은 발판을 마련하시고 스위스로 저를 부르고 계심을 깨닫게 되었던 것입니다. 이렇듯 그 곳이야말로 제 기도를 기억하고 계시는 주님께서 저로 하여금 새로이 그물을 던지게끔 예비해 두신 제 인생의 오른편임을 확인했을 때, 거기에 수반되는 모든 현실적인 문제들은 더 이상 장애물일 수가 없었습니다.

만약 스위스 정부가 저의 선교사 입국 및 체류를 허락하지 않으면 모르겠거니와 그렇지 않는 한, 6월 셋째 주로 임기가 끝나면 약 3개월 동안 개인적인 일들을 마무리한 후에 9월 말 제네

바로 건너갈 것입니다. 그리고 1차 임기 3년 동안 그 곳 한인들
과 입양인 및 스위스 사람들을 위해 봉사하면서, 그리고 틈이 난
다면 깔뱅이 장로 교회를 창시했던 그 제네바에서 깔뱅 개혁의
허와 실을 추적해 보면서, 주님께서 그 곳에서 제게 부여해 주시
기를 원하시는 제 생의 새로운 의미들을 찾아 나설 것입니다. 그
리고 그렇게 얻어지는 새로운 의미들이야말로 저만의 의미가 아
니라, 저의 결정을 기꺼이 수용해 준 제 사랑하는 가족들의 의미
가 될 것임을 믿어 의심치 않습니다.

　사랑하는 교우 여러분! 믿음이란 헛된 내 뜻을 좇던 허망한 바
다—곧 내 인생의 왼편을 버리고, 주님께서 함께하시는 내 인생
의 오른편을 추구하는 것입니다. 제자들이 그리스도 안에서 그
들의 오른편을 추구했을 때, 의미 없이 공허하기만 하던 갈릴리
바다가 삽시간에 진리와 생명의 참된 의미로 충만하였음을 잊지
마십시오. 뭍에 계신 주님께서 그들이 밤새도록 실패하는 것을
지켜보기만 하셨음은, 그리스도 안에 있는 이 오른편의 참된 의
미와 가치를 바로 일깨워 주시기 위한 배려요 사랑이었던 것입
니다.
　사상 유래 없는 경제 위기를 맞이하여 기업이 도산했습니까?
직장을 잃었습니까? 막대한 경제적 피해로 인한 고통 속에 있습
니까? 그러나 절망하지 마십시오. 지금이야말로 인생의 오른편
을 추구할 은총의 기회입니다. 지금 주어진 여러분의 상황을 여
러분 인생의 오른편이 되게 하십시오. 오른편에만 참된 의미가
있습니다. 그리스도 안에서, 그리스도의 말씀 안에서, 주어진 상
황의 의미를 찾으십시오. 그 때 갈릴리 바다에서 고기가 잡혀 올

라오듯 전혀 새로운 역사가 시작됩니다. 이집트의 왕궁에서 왕자로 살던 모세가 하루 아침에 미디안 광야의 양치기로 전락했습니다. 그것은 모세에게 있어서 절대 절명의 경제적 위기요 정체성의 위기요 전 인생의 위기였습니다. 그러나 모세는 결코 좌절하거나 절망하지 않았습니다. 그는 주어진 상황 속에서, 그 상황을 주신 주님의 말씀 안에서 인생의 새로운 의미를 찾고 정립하였습니다. 그 결과 이집트 왕궁에 비하면 초라하기 짝이 없는 미디안이란 볼품없는 그 한 지점은, 모세가 출애굽의 지도자로 거듭나는, 새로운 모세를 위한 모세 인생의 진정한 오른편이 되었습니다.

그러므로 지금 내가 무엇을 소유하고 있느냐, 내가 현재 어디에 거하고 있느냐 하는 것은 전혀 중요하지 않습니다. 중요한 것은 내가 지금 내 인생의 오른편을 추구하느냐 아니냐의 문제일 뿐입니다. 인생의 오른편을 쫓는 사람, 그리스도 안에서 삶의 의미를 찾은 사람이 어떤 경우에도 주저앉지 않음은, 그리스도 안에서 얻은 의미는 영원한 의미요, 영원한 것을 쓰러뜨릴 수 있는 것은 이 세상에는 존재치 않기 때문입니다. 그래서 공허한 갈릴리 바다와 같은 이 세상 속에서, 우리의 헛된 욕망에 사로잡혀 의미 없이 인생의 빈 그물을 던지던 우리를 향하여, 주님께서 오늘 아침 이렇게 말씀하고 계십니다.

"그물을 배 오른편에 던지라. 그리하면 얻으리라."

주님!
불과 세달 전까지만 해도 우리는 만 불 소득을
자랑했습니다.

주님보다 그것을 더 자랑하며 살았습니다.
그러나 그것이 얼마나 의미 없는 삶이었는지,
지금 우리는 뼈저리게 느끼고 있습니다.
아니 그런 삶의 의미 없음을 절감케 해 주신
주님의 은총에 진심으로 감사를 드립니다.
오늘까지 인내하며 기다려 주신 주님께서 이 아침
오른편에 그물을 던져야 함을 깨우쳐 주심을
더욱 감사드립니다.
지금 우리의 상황 속에서
진정한 생의 의미가 무엇인지 깨닫게 하여 주옵소서.
이 상황을 주신 주님 안에서 참된 삶의 의미를
되찾게 하여 주옵소서.
주님의 말씀 안에서 영원한 삶의 의미를
회복하게 하여 주옵소서.
그리하여 오늘의 이 위기가
주님께서 우리를 위하여 예비해 두신
가나안을 향한 출애굽의 시발점이 되게 하여 주옵소서.
의미 없이 거대한 것보다 의미 있는 작은 것의
참된 가치를 깨닫는 지혜와,
그 지혜를 실천하는 용기를 허락해 주옵소서. 아멘.

5

들 수 없더라

그 후에 예수께서 디베랴 바다에서
또 제자들에게 자기를 나타내셨으니
나타내신 일이 이러하니라.
시몬 베드로와 디두모라 하는 도마와
갈릴리 가나 사람 나다나엘과 세베대의 아들들과
또 다른 제자 둘이 함께 있더니
시몬 베드로가 "나는 물고기 잡으러 가노라" 하매
저희가 "우리도 함께 가겠다" 하고 나가서 배에 올랐으나
이 밤에 아무것도 잡지 못하였더니
날이 새어 갈 때에 예수께서 바닷가에 서셨으나
제자들이 예수신 줄 알지 못하는지라.
예수께서 이르시되 "얘들아, 너희에게 고기가 있느냐?"
대답하되 "없나이다."
가라사대 "그물을 배 오른편에 던지라. 그리하면 얻으리라."
하신대, 이에 던졌더니 고기가 많아 그물을 들 수 없더라.
예수의 사랑하시는 그 제자가 베드로에게 이르되 "주시라" 하니
시몬 베드로가 벗고 있다가 주라 하는 말을 듣고

겉옷을 두른 후에 바다로 뛰어내리더라.
다른 제자들은 육지에서 상거가 불과 한 오십 간쯤 되므로
작은 배를 타고 고기 든 그물을 끌고 와서
육지에 올라 보니 숯불이 있는데
그 위에 생선이 놓였고 떡도 있더라.
예수께서 가라사대 “지금 잡은 생선을 좀 가져 오라” 하신대
시몬 베드로가 올라가서 그물을 육지에 끌어올리니
가득히 찬 큰 고기가 일백쉰세 마리라.
이같이 많으나 그물이 찢어지지 아니하였더라.
예수께서 가라사대 “와서 조반을 먹으라” 하시니
제자들이 주신 줄 아는 고로
당신이 누구냐 감히 묻는 자가 없더라.
예수께서 가셔서 떡을 가져다가 저희에게 주시고
생선도 그와 같이 하시니라.
이것은 예수께서 죽은 자 가운데서 살아나신 후에
세 번째로 제자들에게 나타나신 것이라.

요한복음 21:1~14

열흘 전 모 일간지에 게재된 컬러사진 한 장이 저의 눈길을 사로잡았습니다. 그리고 한동안이나 그 사진으로부터 눈길을 돌릴 수가 없었습니다. 고(故) 라지브 간디 전 인도 총리의 부인인 소니아 간디 여사는, 자신의 시어머니와 남편이 이끌던 국민회의 당을 지키려 마침내 정계 진출을 선언했습니다. 그리고 이번 총선에서 승리하기 위하여 인도 전국을 누비며 지원 유세를 벌이던 중 그녀가 탄 헬리콥터가 하랴나 주 파리다바드 지역 상공에 나타났을 때, 그녀의 연설을 듣기 위하여 기다리고 있던 군중들이 하늘의 헬기를 보며 열광하는 사진이 게재된 것이었습니다. 군중들이 열광하는 정치 집회 사진은 얼마든지 접할 수 있습니다. 그러나 그 사진이 다른 어떤 정치 집회 사진과 같지 않음은, 소니아 간디가 헬기를 타고 하늘 위에 있기에 위를 우러러보는 군중들의 표정이 마치 하늘로부터 내려오는 신의 강림을 직접 목격하고 있는 종교인의 표정처럼 황홀하기 그지없었기 때문입니다. 하나같이 목을 뒤로 젖히고 얼굴을 하늘로 향한 채 경탄과 경이와 존경, 그리고 말할 수 없이 행복한 표정으로 손을 들어 소니아 간디를 영접하는 모습—그 어떤 종교 영화도 흉내낼 수 없는 황홀한 장면이었습니다. 그래서 저는 그 사진에서 눈길을 뗄 수 없었습니다. 그들이 혜성처럼 등장한 소니아 간디에 열광하고 황홀해하는 만큼 머지않아 그녀로 인해 절망하고 낙망할 그들의 모습이 사진 위에 겹쳐 보였기 때문입니다.

소니아 간디의 시조부요 인도의 초대 총리였던 네루 수상 때 그들은 과연 행복했습니까? 소니아 간디의 시어머니로서, 1984년 시크교도인 경호원의 총격에 의해 암살당한 인디라 간디 수상의 집권 시에는 그들이 진정한 평화를 누렸습니까? 1991년 폭탄 테러로 폭사했던 그녀의 남편 라지브 간디가 수상이었을 때에는 그들에게 참평안이 있었습니까? 아닙니다. 그녀의 시집 식구들이 무려 삼대에 걸쳐 수십 년 간 인도를 통치했지만 인도에는 빈곤과 질병, 분열과 다툼, 불의와 부패, 무질서와 빈부의 격차만 더 심화되었을 뿐입니다. 그런데 그들은 이번에는 소니아 간디를 향해 또다시 황홀한 열광에 빠져 있습니다. 그들에게는 소니아 간디가 인도인이 아니라 이탈리아인이라는 것도 문제 되지 않습니다. 소니아 간디라는 정치 입문생에게 과연 수억 인도인들을 조화롭게 이끌어 갈 정치 역량이 있는가에 대하여도 전혀 개의치 않습니다. 단지 소니아 간디는 그들이 과거에 열광했던 인도의 전설적인 간디 가문의 며느리라는 이유만으로 다시 열광하고 있는 것입니다. 그래서 그 사진에서 눈길을 돌릴 수가 없었습니다. 까닭 없는 열광 뒤엔 어김없이 찾아오는 배신감으로

괴로워할 그들의 모습이 사진 위에 떠올랐기 때문입니다.

아무리 위대한 인물이라 할지라도 하나님의 영광이 함께하시지 아니하면, 하나님의 긍휼하심이 그에게 임하지 아니하면, 인간의 위대함이란 인간을 향한 가장 무서운 흉기에 지나지 않음을 그들은 모르고 있는 것입니다. 그래서 그 사진으로부터 얼굴을 돌릴 수가 없었습니다. 유한하며 연약하기 짝이 없는 인간에게서 헛된 영광을 열광적으로 구하다가 조만간에 그들의 두 눈으로부터 흘러내릴 눈물이 그 사진 속에서 엿보였기 때문입니다.

갈릴리 바다에서 제자들이 밤이 맞도록 그물을 던졌습니다. 그들은 갈릴리가 초행길인 관광객들이 아니었습니다. 그들은 갈릴리에서 태어나 갈릴리에서 잔뼈가 굵은 갈릴리의 사람들—바람의 속도나 파도의 모양만 보고서도 고기가 어디쯤 있을지를 꿰뚫어볼 수 있는 갈릴리 최고의 어부들이었습니다. 한 사람도 아닌 그들이 집단으로 함께 그물을—그것도 밤이 맞도록 헤아릴 수 없이 그물을 던졌다면 송사리 한 마리라도 건져 올리는 것이 상식적으로 타당한 일일 것입니다. 그러나 꼬박 밤을 새우고 이미 새벽녘이 되었건만 제자들은 철저하게 빈 그물, 빈손이었습니다. 마치 광활한 갈릴리 바다가 온통 텅 빈, 거대한 공허처럼 여겨졌습니다. 바로 그 때 바닷가에서 제자들의 모습을 지켜보고 계시던 주님께서 제자들에게 말씀하셨습니다.

"그물을 배 오른편에 던지라. 그리하면 얻으리라." (21:6상)

밤이 맞도록 그물을 던졌다면 그들이 바보가 아닌 다음에야 한 방향으로만 그물을 던졌을 리가 없습니다. 전후좌우 사방으로 온 갈릴리를 휘젓고 다니며 그물을 던졌을 것입니다. 그런데 한 번 더 오른편에 그물을 던져 보라시는 것입니다. 밤새도록 한 마리도 보이지 않던 고기가 새삼스럽게 오른편에 한 번 더 그물을 던진다고 해서 잡힐 리는 없지 않겠습니까? 그러나 그 결과를 본문 6절 하반절은 이렇게 밝혀 주고 있습니다.

이에 던졌더니 고기가 많아 그물을 들 수 없더라.

놀라운 일이 벌어졌습니다. 주님의 말씀을 좇아 한 번 더 오른편에 그물을 던졌을 때, 방금 전까지만 해도 물고기의 씨가 말라 버린 것 같던 그 텅 빈 갈릴리로부터 그물을 배 위로 끌어올릴 수 없을 정도로 많은 물고기가 잡힌 것입니다. 어떻게 밤새도록 한 마리도 잡을 수 없었던 고기가 마지막 순간, 주님께서 지적하신 곳으로부터 그처럼 많이 잡힐 수가 있었겠습니까? 그 해답은 너무나 간단 명료합니다. 주님께서 바로 그 시간 그 곳에 물고기를 있게 하셨기 때문입니다. 주님께서 그 시간 그 곳에 물고기를 있게 하시지 않았던들, 제자들이 한 번이 아니라 백 번을 다시 던졌다 한들 그 많은 물고기를 건져 올리지는 못했을 것입니다. 평생 갈릴리 바다에서 물고기를 잡아 생계를 이어온 어부들이라 할지라도 주님께서 허락하지 않으시면 그 넓은 갈릴리에서 송사리 한 마리도 건져 올릴 수 없지만, 주님께서 있게 하시기만 하면, 하나님의 영광이 함께하시기만 하면, 텅 빈 갈릴리라 할지라도 들 수 없을 정도로 많은 물고기를 건져 올릴 수 있다는 것— 바로 이것이 오늘 본문을 통해 얻을 수 있는 교훈입니다.

이런 의미에서 그들이 새벽녘 마지막 순간에 건져 올린 물고기는 단순한 물고기가 아니었습니다. 그것이야말로 지난 주일 말씀드린 바와 같이 소멸될 뻔했던 그 날의 참된 의미인 동시에, 주님께서 그들과 함께하고 계신다는 영광의 표징이기도 했습니다. 무식하기 이를 데 없는 제자들이 이 이후 세계 역사를 뒤바꾸어 놓는 담대한 진리의 증인이 될 수 있었던 것은, 자신들은 비록 보잘것없을지라도 주님의 영광이 함께하시기만 하면, 주님의 긍휼하심이 함께하시기만 하면, 공허한 갈릴리 같은 이 세상 속에서도 얼마든지 참된 생명과 진리의 열매를 거둘 수 있음을 자신들의 경험을 통해 확인했기 때문입니다.

하나님께서 "빛이 있으라" 하시매 이 세상이 광명 천지가 되었습니다. 그렇다면 이 세상이 빛을 담을 만한 가치를 지니고 있었기에 하나님께서 빛이 있게 하셨습니까? 그렇지 않습니다. 창세기 1장 2절은 빛이 있기 전 이 세상은 '땅이 혼돈하고 공허하며 흑암이 깊음 위에' 있을 따름이었음을 증거해 주고 있습니다. 빛을 품을 만한 형편이 전혀 아니었습니다. 그럼에도 불구하고 하나님의 영광이 이 땅에 임하시매 이 땅이 빛으로 충만한 세상이 되었습니다.

이 세상의 수많은 민족 중 어떻게 이스라엘 백성들이 하나님의 선민이 되는 영광을 얻었습니까? 그들에게 그만한 자격이나 가치가 있었습니까? 신명기 7장 6~7절은 그 해답을 이렇게 밝혀 주고 있습니다.

"너는 여호와 네 하나님의 성민이라.

네 하나님 여호와께서 지상 만민 중에서
너를 자기의 백성으로 택하셨나니
여호와께서 너희를 기뻐하시고 너희를 택하심은
너희가 다른 민족보다 수효가 많은 연고가 아니라.
너희는 모든 민족 중에 가장 적으니라.”

이스라엘 백성은 하나님 보시기에 가장 적고 볼품없는 민족이었습니다. 그러나 하나님의 긍휼하심이 그 연약한 민족에게 임하셨을 때 그들은 하나님의 선민이 되는 영광을 누리게 되었습니다.

모세가 미디안 광야에서 하나님의 부르심을 받았을 때에 그에게 재산이라고는 아무것도 없었습니다. 그가 지닌 것은 처갓집 재산이 전부였습니다. 굳이 모세의 소유를 따진다면 양을 치기 위해 나뭇가지를 꺾어 만든 마른 지팡이가 유일하였습니다. 그런데 모세가 마침내 하나님의 명령을 따라 출애굽의 대업을 이루기 위하여 미디안에서 애굽을 향하여 출발할 때, 출애굽기 4장 20절은 그 지팡이를 가리켜 모세의 지팡이라 부르지 않고 ‘하나님의 지팡이’라 말하고 있습니다. 그 마른 막대기에 하나님의 영광이 임했던 것입니다. 하나님의 영광이 임했을 때 그것은 더 이상 볼품없는 마른 막대기가 아니었습니다. 홍해를 향해 내밀 때 홍해가 갈라지고, 반석을 향해 내리칠 때 반석에서 생수가 터지는 하나님의 능력이 되었습니다.

애굽에서 노예생활 하는 이스라엘 백성들을 해방시키시기 위하여 하나님께서는 애굽에 여러 재앙을 내리셨습니다. 그러나 애굽 땅 중에서 이스라엘 백성들이 거주하던 고센 지역에만은 그 어떤 재앙도 미치지 못했습니다. 심지어 애굽 전역에 한 치 앞을 내다볼 수 없는 흑암이 사흘이나 계속되었을 때에도 고센 지역은 광명으로 충만했음을 출애굽기 10장 23절은 증거하고 있습니다. 고센 땅에는 귀공자들이 살고 있었기 때문입니까? 아닙니다. 애굽에서 가장 비천한 노예들의 집단 거주지였습니다. 불결하고 비위생적이고 악취가 진동하는 곳이었습니다. 그러나 그들이 아무리 보잘것없더라도 하나님의 영광이 그들과 함께하실 때, 고센은 애굽의 모든 곳으로부터 구별될 수 있었습니다.

황량한 벳새다 벌판에 여자와 아이는 제외하고 남자 장정만 세어도 오천 명이 넘는 거대한 군중이 모였습니다. 그러나 그들이 얼마나 가난한 빈민들이었던지 저녁이 되어 그들 중 먹을 것을 가지고 있는 사람을 찾아보았을 때, 어린아이 한 명이 떡 다섯 조각과 물고기 두 토막을 가지고 있는 것이 유일할 정도였습니다. 그러나 주님께서 그들을 긍휼히 여기셨을 때, 음식이랄 것도 없는 그 떡 다섯 조각과 물고기 두 토막으로 모든 군중들이 먹고도 남은 것을 열두 바구니나 거두는 오병이어의 대역사가 바로 그 곳에서 일어났습니다. 황량한 벌판 벳새다가 영광의 들로 화한 것이었습니다.

물론 반대의 경우도 있습니다. 사사 엘리는 늙어서는 더 이상 하나님의 영광을 구하지 아니하였습니다. 두 아들이 하나님 앞에서 패역한 길을 좇았지만 개의치도 않았습니다. 자신이 누리고 있는 영광이 영원하리라 착각했던 것입니다. 그러나 그 영광은 순식간에 물거품처럼 사라지고 말았습니다. 두 아들은 전쟁터에서 한날 한시에 죽어 버렸고, 엘리는 의자에서 넘어져 목이 부러져 죽고 말았습니다. 그리고 그의 며느리 역시 바로 그 날 해산하다가 죽어 버렸는데, 죽기 직전 자신의 태에서 태어난 아들에게 '이가봇'이라는 이름을 지어 주고는 숨을 거두고 말았습니다. '이가봇'이란 '하나님의 영광이 떠났다'는 의미였습니다. 당시의 관점으로 볼 때 엘리 제사장과 같은 거물의 집안이 몰락한다는 것은 상상하기 어려운 일이었습니다. 그러나 하나님의 영광이 떠나 그 가문이 망하는 데에는 한나절이면 족했습니다.

전혀 무명이었던 청년 사울에게 하나님의 영광이 임했을 때 그는 이스라엘 역사상 최초의 왕이 되는 영예를 얻었습니다. 그는 온 백성의 열광적인 환영 속에서 초대 왕좌에 앉았습니다. 그러나 일단 권력을 장악한 사울은 하나님을 버리고 말았습니다. 보이지 않는 하나님보다 보이는 권력이 더 확실하게 보였던 것입니다. 마침내 하나님의 영광이 사울에게서 떠났을 때에, 사울은 자신의 왕좌를 지키기는커녕 자신의 칼로 자신의 목숨을 끊는 비참한 최후를 맞고 말았습니다.

그렇기에 지금 내가 어떤 상황에 처해 있느냐는 중요한 문제가 아닙니다. 중요한 것은 내가 지금 하나님의 영광을 구하고 있느냐, 아니면 헛된 나의 영광을 구하고 있느냐 하는 것입니다. 내가 허망할 수밖에 없는 나의 영광을 좇아갈 때 이 세상은 공허한 갈릴리, 황량한 벳새다로 끝날 수밖에 없지만, 그러나 영원하신 하나님의 영광을 구하는 한 텅 빈 갈릴리라 할지라도 그물을 들 수 없을 만큼 물고기가 충만할 수도 있고, 황량한 벳새다가 영광스런 오병이어의 현장이 될 수도 있습니다. 그렇다고 해서 노력 없이 요행만을 바라라는 말은 결코 아닙니다. 갈릴리의 제자들은 밤을 새워 애쓴 뒤에 주님의 영광을 입었고, 벳새다의 오병이어의 기적 역시 자신의 먹을거리를 아낌없이 온통 내어놓는 소년의 헌신이 있었기에 가능하였음을 잊지 말아야 합니다. 이처럼 인간의 노력은 필수적이지만, 그러나 그보다 더 중요한 것은 하나님의 영광이 나와 함께하시는 것입니다. 그렇기에 참된 그리스도인이란 최선의 노력을 다해 땀 흘려 애쓰면서 겸손하게 하나님의 영광을 구하는 자인 것입니다.

이제 사흘 후면 제15대 대통령의 취임식이 거행됩니다. 나라가 사상 유례 없는 위기에 처해 있는 상황인지라 김대중 대통령 당선자에 대한 국민의 기대는 지대합니다. 국민들 가운데에는 소니아 간디가 탄 헬기를 황홀한 표정으로 우러러보는 그 황홀함으로 새 대통령을 맞이하는 자들도 분명 있을 것입니다. 그러나 여기에서 우리는 스스로 속지 말아야 합니다.

10년 전 6공화국 역시 국민들의 기대 속에서 시작되었습니다. 5년 전 문민정부는 국민의 90퍼센트 지지라는 열광 속에서 출발했습니다. 그러나 우리에게 남겨진 것은 과연 무엇입니까? 좌절과 허탈, 그리고 절망감과 배신감뿐입니다. 기대의 정점이 높았던 만큼 실망의 골은 깊고도 깊습니다. 그렇다면 김대중 정부라고 해서 그렇게 되지 않는다는 보장이 어디에 있겠습니까?

작년 12월 18일 대통령 선거가 끝나기가 무섭게 모든 언론의 보도와 기사가 당선자 중심으로 엮어지고 있는 것을 보십시오. 아직 취임하기도 전인데 뭐가 그리 급한지 당선자를 위한 역사 재조명과 역사 바로 세우기가 벌써 시도되고 있습니다. 모든 것이 당선자 한 분을 위해, 그 한 분에 의해 모든 것이 좌지우지되고 있습니다. 마치 5년 전, 10년 전, 아니 17년 전의 필름을 보고 있는 것 같습니다. 우리나라와 같은 대통령 중심제하에서 모든 권력이 대통령 1인에게 집중되어 있는 것이 늘 논란거리가 되고 있음에도 불구하고, 민주적 선거에 의해 선출된 당선자 역시 민주국가의 대통령이라기보다는 왕조시대의 제왕과 같다는 느낌을 지울 수가 없습니다. 새 정부의 요직을 맡을 새 인물들의 이름이 심심찮게 오르내리고 있습니다. 그러나 과연 누가 새로운 인물입니까? 단지 요직을 맡았던 경력이 없기만 하면 모두 새 인물입니까? 진정한 새 인물이란 진리 안에서 거듭난 인물입니다. 진리 안에서 거듭난 사람이 아니라면 새 인물, 묵은 인물 구별하는 것 자체가 도토리 키 재는 것처럼 무의미합니다.

　새 대통령을 비롯하여 우리 국민은 모두 잊지 말아야 합니다. 하나님의 영광이 함께하여 주시지 않는다면 새 정부 역시 새 정부일 수 없다는 것을 말입니다. 하나님의 영광을 겸손하게 구하지 않는 한 이 정부 역시 지난 정부의 전철을 밟을 수밖에 없다는 것을 말입니다. 만약 '이가봇'—하나님의 영광이 떠나 버리신다면 지금 새 대통령의 측근이 되었다고 기뻐하는 사람들 중 머지않아 몇 사람이나 수갑을 차게 될는지, 얼마나 많은 사람이 국민의 지탄을 받게 될는지 모른다는 사실을 말입니다.

　사랑하는 교우 여러분! 진정 새 대통령을 사랑하신다면, 새 대통령과 새 정부가 5년의 임기 동안 이 민족 역사에 바른 매듭을 지어 주기를 원한다면, 새 정부로 인해 이 나라의 위기가 극복되기를 원한다면, 대통령 한 사람의 실패로 인해 민족적 좌절을 되씹기를 원치 않는다면, 새 대통령과 새 정부 위에 하나님의 영광이, 하나님의 긍휼하심이 함께하시기를 기도드립시다. 그들이 헛된 인간의 영광보다는 영원하신 하나님의 영광을 구하는 거듭나는 사람들이 되도록 쉬임없이 기도합시다. 하나님의 영광이 함께하시기만 하면, 하나님의 긍휼하심이 함께하시기만 하면, 참되고 바른 것이 부재하는 이 불모지도 그물 가득히 진리와 정의와 생명의 열매를 거두는 정상적인 사회가 될 것입니다.

그리고 또다시 인위적으로 역사를 부정하고 단절하는 비극이 되풀이되지 않기를 원한다면 퇴임하는 대통령에게도 하나님의 영광이 함께하시기를 기도드림과 아울러, 우리 자신에게도 하나님의 영광이 늘 함께하시기를 간구합시다. 국가적인 경제 위기를 맞이하여 온 국민의 관심은 일터의 유지 여부에 쏠려 있습니다. 그러나 우리에게 더 중요한 것은 하나님의 영광이 우리와 함께하시는 것입니다. 내가 하나님의 영광을 먼저 구하며 살고 있는 한, 설령 일터를 잃었다 할지라도 그것은 하나님께서 더 아름다운 곳으로 인도하시기 위한 하나님의 교통정리임을 믿으십시오. 그러나 하나님의 영광이 아니라 헛된 나의 영광을 구하고 있다면, 비록 지금 일터를 굳건하게 지키고 있다 할지라도 그것은 엘리의 집과 같이 졸지에 무너질 수 있음을 잊지 마십시오.

주님의 영광이 함께하시매 밤새 빈 그물만 던지던 공허한 갈릴리로부터 들어올릴 수조차 없을 정도로 많은 고기를 잡은 제자들의 감격에 찬 모습—그것은 하나님의 영광을 구하는 우리 자신들의 미래의 모습임을 알고 계십니까? 하나님의 영광을 구하는 자만 실망하지 않습니다. 하나님의 영광만 영원하기 때문입니다.

이에 던졌더니 고기가 많아 그물을 들 수 없더라.

주님!
열흘 붉은 꽃이 없다고 했습니다.
그런데도 우리는 열흘도 가지 않을 헛된 영광과
우리의 일생을 맞바꾸려 했습니다.
그결과 하루 아침에 엄습한 경제 위기 앞에서
그것이 얼마나 어리석고 부질없는지를 통감하고 있습니다.
하나님의 영광이 함께하시지 아니하시면
이 세상의 모든 영광이란
떨어져 시드는 꽃잎처럼 헛되고 헛된 것임을
이처럼 일깨워 주셔서 감사합니다.
하나님의 영광이 우리의 삶 속에, 이 민족 위에,
새 대통령과 새 정부 위에,
임기를 마치고 물러나는 대통령 위에 늘 함께하여
주시기를 간절히 바랍니다.
우리 모두가 겸손하게 하나님의 영광을 구함으로써
이 시대가 하나님의 빛이 충만한 광명의 고센,
이 땅이 오병이어의 능력이 넘치는 영광의 벳새다,
우리 삶의 터전이 그물을 들 수 없을 정도로
진리와 정의와 생명의 열매가 가득 거두어지는
새벽이 동트는 갈릴리가 되게 하소서.
중학교 때부터 대통령이 되기 위한 목표로 일평생 살다가
마침내 그 뜻을 이루고 이틀 후 퇴임하는 김영삼 대통령이,
"영광은 짧고 고뇌는 길었다"는 말을 남겼습니다.
그 짧은 한마디야말로, 헛된 영광을 구하다가
오늘날 위기를 자초한

우리 모두를 향한 하나님의 메시지임을 기억하게
하옵소서. 아멘.

6

그 제자와 베드로

그 후에 예수께서 디베랴 바다에서
또 제자들에게 자기를 나타내셨으니
나타내신 일이 이러하니라.
시몬 베드로와 디두모라 하는 도마와
갈릴리 가나 사람 나다나엘과 세베대의 아들들과
또 다른 제자 둘이 함께 있더니
시몬 베드로가 "나는 물고기 잡으러 가노라" 하매
저희가 "우리도 함께 가겠다" 하고 나가서 배에 올랐으나
이 밤에 아무것도 잡지 못하였더니
날이 새어 갈 때에 예수께서 바닷가에 서셨으나
제자들이 예수신 줄 알지 못하는지라.
예수께서 이르시되 "애들아, 너희에게 고기가 있느냐?"
대답하되 "없나이다."
가라사대 "그물을 배 오른편에 던지라. 그리하면 얻으리라."
하신대, 이에 던졌더니 고기가 많아 그물을 들 수 없더라.
예수의 사랑하시는 그 제자가 베드로에게 이르되 "주시라" 하니
시몬 베드로가 벗고 있다가 주라 하는 말을 듣고

겉옷을 두른 후에 바다로 뛰어내리더라.

다른 제자들은 육지에서 상거가 불과 한 오십 간쯤 되므로

작은 배를 타고 고기 든 그물을 끌고 와서

육지에 올라 보니 숯불이 있는데

그 위에 생선이 놓였고 떡도 있더라.

예수께서 가라사대 "지금 잡은 생선을 좀 가져 오라" 하신대

시몬 베드로가 올라가서 그물을 육지에 끌어올리니

가득히 찬 큰 고기가 일백쉰세 마리라.

이같이 많으나 그물이 찢어지지 아니하였더라.

예수께서 가라사대 "와서 조반을 먹으라" 하시니

제자들이 주신 줄 아는 고로

당신이 누구냐 감히 묻는 자가 없더라.

예수께서 가셔서 떡을 가져다가 저희에게 주시고

생선도 그와 같이 하시니라.

이것은 예수께서 죽은 자 가운데서 살아나신 후에

세 번째로 제자들에게 나타나신 것이라.

요한복음 21:1~14

　　중국 송대(宋代)의 선종(禪宗)을 대표하는 벽암록(碧巖錄)에 '줄탁동기'(啐啄同機)라는 말이 나옵니다. 계란이 부화하여 병아리로 태어날 때, 이제는 모든 것이 충분히 자라 밖으로 나갈 때가 되었음을 병아리가 안에서 알을 톡톡 쳐서 어미 닭에게 알리는 것을 '줄'(啐)이라 합니다. 그리고 바로 이 때를 놓치지 않고 어미 닭이 밖에서 알을 쪼아 껍질을 깨뜨려 주는 것이 '탁'(啄)입니다. 바로 이 '줄'(啐)과 '탁'(啄)이 '동기'(同機)—한가지 동(同), 과 때 기(機)—즉 '줄'과 '탁'이 정확하게 같은 때, 같은 시각에 이루어져야 한다는 것입니다. 밖에서 쪼아 주는 것이 안에서 두드려 알리는 것보다 빨라도, 그렇다고 해서 늦어서도 안 됩니다. 안팎의 타이밍이 맞아떨어질 때 비로소 튼튼한 병아리가 태어난다는 것이 바로 '줄탁동기'의 문자적 의미입니다. 세상 이치도 이와 마찬가지여서, 새로운 시대를 일구어 가거나 매사를 처리하는 데에도 적절한 '때'[時機], 적절한 행동이 있게 마련이라는 것입니다. 선각자 혹은 선구자 그리고 지도자들의 행동이 이 '때'를 앞지르면 많은 희생이 뒤따르고, 반대로 이 '때'를 놓쳐 버리면 그것은 기필코 민족적 비극으로 이어진다는 것이 '줄탁동기'의 함축적 뜻입니다.

이런 관점에서 본다면 만물의 영장이라는 인간이 결코 닭이나 병아리보다 나을 것이 없음을 뼈저리게 느끼게 됩니다. 하찮은 닭과 병아리의 세계에서는 오늘도 줄탁동기가 어김없이 이루어지고 있는 반면, 인간세계에서는 그렇지 못하기 때문입니다. 줄탁동기가 가능하기 위해서는 반드시 지각력과 행동력이 동시에 수반되어야만 합니다. 알 속에 있는 병아리는 더 이상 알 속에 있어서는 안 된다는 것을 깨닫는 지각력과, 알을 두드려 그 때를 밖으로 알리는 행동력을 동시에 지니고 있어야 합니다. 만약 둘 중에 어느 것 하나를 놓쳐도 그것은 정상적으로 부화할 수는 없습니다. 밖에 있는 어미닭 역시 마찬가지입니다. 이 세상의 그 무엇도 들을 수 없는, 알 속의 새끼가 보내는 신호를 정확하게 포착할 수 있는 지각력과 함께 그 때를 놓치지 않고 알을 쪼아 주는 행동력을 갖고 있어야 합니다. 한 가지라도 결여된다면 그 어미닭은 정상적인 새끼를 얻을 수는 없습니다. 바닷가의 모래알처럼 많기에 헤아릴 수조차 없는, 이 지구상의 모든 닭들이 한결같이 '줄탁동기'의 결과로 존재하고 있다는 것은 얼마나 경이로운 일입니까? 이처럼 정확한 지각력과 행동력이 동시에 수반되어야 하는 줄탁동기의 원칙과 법칙 위에서 태어나고 살아가기에, 닭과 병아리의 세계에는 부조리나 불의가 있을 수 없습니다.

그와는 반대로 왜 인간 세상에는 혼돈과 혼란이 끊어지지 않으며, 정의의 이름으로 그릇된 과거가 반복되는 비극이 중단되지 않습니까? 인간은 줄탁동기의 원칙에서 벗어나 있기 때문입니다. 바른 지각력과 행동력을 동시에 지녀야 한다는 줄탁동기의 법칙을 소홀히 여기고 있기 때문입니다. 지각력을 지녔다는 사람들은 한 발 물러서 비판만 할 뿐 행동하려 하지 않는 반면, 행동이 앞서는 사람들은 바른 지각력의 필요성을 느끼지 못하는 것이 예로부터 인간 세상의 특징입니다. 지각력을 상실한 행동력이란 모두 부질없는 짓이며, 행동력이 결여된 지각력이란 헛된 망상에 지나지 않습니다. 그러므로 바른 지각력과 행동력이 함께 가지 않을 때 인간의 생각과 삶은 늘 분리될 수밖에 없고, 그 당연한 결과로 인간 사회는 악순환의 반복에서 벗어날 수가 없게 됩니다. 신앙의 세계 또한 이와 똑같습니다.

갈릴리에서 만나자는 주님의 명령을 좇아 갈릴리로 되돌아간 제자들—그러나 그들은 갈릴리에 도착한 뒤로는 그만 주님을 잊어버리고 말았습니다. 그들은 단지 자신들의 욕구에 사로잡혀, 자신들의 필요에 따라, 충동적으로 물고기잡이에 나서고 말았습니다. 물고기 잡는 일이라면 언제든 자신 있었던 것입니다. 그들은 온 열심을 다해 그물을 던졌습니다. 그들이 만나 뵈어야 할 주님께서 바닷가에 서 계셨으나 그들 중 아무도 주님을 알아보지 못할 정도로 그들은 고기잡이에만 열중하고 있었습니다. 그러나 밤이 맞도록 쉬지 않고 그물을 던졌건만 웬일인지 단 한 마리의 물고기도 잡히지 않았습니다. 이미 새벽이 되었건만 그들은 여전히 빈손, 빈 그물이었습니다. 바로 이 때 바닷가에서 사람의 음성이 들려 왔습니다.

"애들아, 너희에게 고기가 있느냐?"

낯익은 음성이었음에도 불구하고 제자들은 그 음성의 주인공이 누구인지 알려고 하지 않았습니다. 그들은 "없나이다" 하고 기계적으로 대답했을 뿐이었습니다. 똑같은 음성이 다시 울렸습니다.

"그물을 배 오른편에 던지라. 그리하면 얻으리라."

그 음성이 지닌 알 수 없는 힘에 이끌려 다시 한 번 그물을 오른편에 던지면서도 자신들에게 그와 같은 명령을 내릴 수 있는 분은 주님뿐이심을 아무도 깨달으려 하지를 않았습니다. 마치 상갓 집에 가서 목을 놓아 통곡하면서도 막상 누가 죽었는지조차 모르는 것과 같은 꼴이었습니다. 그런데 이게 웬일입니까? 한 번 더 던진 그물을 들어올리려고 했을 때 제자들은 깜짝 놀라고 말았습니다. 그물을 쉽게 끌어올릴 수가 없었던 것입니다. 밤새도록 텅 비어 있던 갈릴리 바다였음이 틀림없건만 마지막 던진 그물에 그물이 넘치도록 많은 고기가 잡힌 것이었습니다. 제자들이 그 마지막 순간 전개된 대역전극의 감격에 도취되어 있을 때, 그들과는 다른 두 제자의 모습을 본문 7절이 이렇게 증거하고 있습니다.

> 예수의 사랑하시는 그 제자가 베드로에게 이르되 "주시라" 하니
> 시몬 베드로가 벗고 있다가 주라 하는 말을 듣고
> 겉옷을 두른 후에 바다로 뛰어내리더라.

여기에서 말하는 '예수의 사랑하시는 그 제자'란, 이미 오래 전 요한복음 13장 23절에서 살펴본 바와 같이 요한복음을 기록

한 요한 사도 자신을 일컫는 말입니다. 마지막으로 한 번 더 던진 그물에 그물을 들어올릴 수조차 없을 정도로 많은 물고기가 잡힌 것을 확인하는 순간, 요한은 지체 없이 베드로를 향해 "주시라"고 외쳤습니다. 주님이 아니시고서는 공허하기만 하던 갈릴리에서 결코 그와 같은 역사가 일어날 수 없음을 요한만은 분명하게 깨달았던 것입니다. 그렇다면 요한의 외침을 들은 베드로는 어떻게 했습니까? 겉옷을 벗어 둔 채 그물을 잡고 있던 베드로는 "주시라"는 요한의 말을 듣는 순간, 황급히 겉옷을 두른 후에 아예 바다 속으로 뛰어내리고 말았습니다. 주님이시라는 말을 들은 이상 배 위에 더 머물러 있어야 할 이유가 없었던 것입니다.

우리는 2,000년 전 갈릴리 바다에서 요한과 베드로가 보여 주었던 대조적인 모습을 좀더 면밀하게 관찰해 볼 필요가 있습니다. 모든 제자들이 잡힌 고기에만 얼이 빠져 그 고기의 배후에 계시는 주님을 알아보지도, 알려 하지도 않을 때에, 요한만은 그것이 주님의 역사이심을 정확하게 알았습니다. 이제 방금 "그물을 오른편에 던지라"고 말씀하시던 그 음성의 주인공이 주님이심을 비로소 제대로 인식했습니다. 바닷가에 서시어 그들과 함께하고 계시는 주님을 그제서야 똑바로 알아보았습니다. 그 중요한 사실을 뒤늦게나마 분명하게 인식한 자는 요한뿐이었습니다. 요한은 제자들 중에서 가장 뛰어난 지각력을 지니고 있었던 것입니다. 그러나 요한은 주님께서 계심을 가장 먼저 깨달았을 뿐, "주시라"고 외치기만 했을 뿐, 자신이 주님을 향해 뛰쳐나아갈 생각을 전혀 하지 않았습니다. 마치 "주시라"고 외치는 것만으로 자신의 의무를 다한 것처럼 착각하고 말았습니다. 말하자면 요한의 지각력은 누구보다도 출중하였지만, 그러나 그에 상응하는 행동력이 결여되어 있었던 것입니다 그래서 요한은 스스로 예수님으로부터 가장 사랑받는 자라는 자부심을 평소 지니고 있었음에도 불구하고, 그 때까지 그 자부심에 걸맞는 행동의 본을 보여 준 적이 없었습니다.

　반면에 "주시라"는 외침이 요한의 입에서 떨어지기가 무섭게 베드로는 겉옷을 걸치고 바다 속으로 뛰어내렸습니다. 여기에서 '바다로 뛰어내리다'는 구절을 원문은, '베드로는 자기 자신을 바다 속으로 던졌다'라고 표현하고 있습니다. 1초라도 더 빨리 주님에게 다다르고자 하는 베드로의 급한 심정을 잘 묘사한 표현입니다. 게다가 베드로는 그 급한 와중에도 벗어 두었던 겉옷을 걸쳐 입을 정도로 예의를 갖추는 데에도 일가견이 있었습니다. 말하자면 베드로는 제자들 중에서 행동력이 가장 앞서는 인물이었습니다. 누구 하나 베드로의 행동을 흉내낼 수조차 없을 정도로 그의 행동은 전광석화처럼 빨랐습니다. 이 점에 관한 한 그는 분명히 요한보다 나았습니다. 그러나 전체적으로 볼 때 베드로가 요한보다 나을 것이 없는 것은, 행동력이 누구보다도 뛰어난 베드로이긴 했지만 그러나 그에게는 요한과 같은 지각력이 없었던 것입니다. 그는 그처럼 급하게 뛰어내리기 전에 요한의 말이 사실인지 아닌지, 과연 주님이신지 아닌지, 주님이 맞다면 정확하게 어디에 계신지 자신이 직접 확인했어야만 했습니다. 그러나 그는 아무것도 확인한 것이 없었습니다. 겉옷까지 다 두르고서 물 속에 뛰어드는 것이 과연 주님 앞에 더 빨리 당도할 수 있는 길인지조차 생각해 보지도 않았습니다. 그는 그저 뛰어내

리기부터 했습니다. 그리고 본문은 다음과 같이 계속되고 있습
니다.

> 다른 제자들은 육지에서 상거가 불과 한 오십 간쯤 되므로
> 작은 배를 타고 고기든 그물을 끌고 와서
> 육지에 올라 보니 (21:8~9상)

여기에서 '오십 간'이란 지금의 단위로 100미터에 달하는 거
리입니다. 그 거리를 베드로가 가장 먼저 건너왔다고 성경이 말
하지 않습니다. 오히려 배를 타고 있던 다른 제자들의 도착 소식
만 전하고 있습니다. 그래서 호스킨스(Hoskyns) 같은 신학자는
겉옷까지 두른 베드로의 수영보다 다른 제자들이 탄 배가 더 빨
랐다고 단정합니다. 수영한 베드로가 먼저였는지 아니면 배를 탄
다른 제자들이 먼저 도착했는지는 알 수 없지만 그러나 중요한
것은 베드로가 황급히 물 속에 뛰어내렸다는 것 외에, 그 이후의
예수님께 당도하기까지의 과정을 철저하게 무시해 버림으로써,
성경은 베드로의 그와 같은 행동이 사려 깊지 못한 충동적인 해
프닝에 불과하였음을 강조하고 있다는 사실입니다. 베드로의 충
동적인 행동은 이번이 처음이 아니었습니다. 그 때까지 지각력
의 필요성을 느끼지 못했던 베드로의 행동은 매사에 충동적이었
습니다. 갈릴리에서 주님을 기다리다가 순간적인 충동을 이기지
못해 물고기나 잡으러 가자며 제자들의 앞장을 선 것도 베드로
였고, 십자가에 못 박혀 돌아가실 것을 예고하신 주님의 앞길을
가로막으며 주님을 꾸짖는 돌출 행동을 한 사람도 베드로였고,
예수님을 심문하는 대제사장의 집 뜰에서 예수님을 욕하고 저주

하면서 예수님을 알지 못하노라 세 번씩이나 부인했던 장본인 역시 다른 사람 아닌 베드로였습니다.

이처럼 지각력이 행동력을 수반하지 못하거나 반대로 행동력이 지각력을 앞설 때, 요한이나 베드로 모두 신앙과 삶의 괴리현상을 보일 수밖에 없었습니다. 다시 말해 주님과의 사이에서 참된 줄탁동기가 이루어질 수 없었던 것입니다. 그 때 그들의 신앙은 공허할 수밖에 없었고, 그들의 삶은 욕구의 노예 상태를 벗어날 수 없었고, 그들의 무리는 추악한 이기 집단에 지나지 않았습니다. 그러나 그들이 불완전한 자신을 벗어 던지고 부활하신 예수 그리스도 안에 온전히 거하였을 때에, 성령의 조명 안에서 길이요 진리요 생명이신 주님의 온전하심을 힘입었을 때에, 주님 안에서 그들의 지각력과 행동력은 회복되고 통합되었습니다. 주님이시야말로 하나님 앞에서, 하나님을 향해, 지각력과 행동력의 완전일치 완전조화를 이루신 그리스도이셨기 때문입니다. 그리고 제자들은 그 때부터 주님과 바른 줄탁동기의 관계를 맺으면서 비로소 진리의 부화, 생명의 부화, 사랑의 부화, 공의의 부화, 구원의 부화, 빛의 부화를 이루어 가는 그리스도의 진정한 제자들이 될 수 있었습니다. 그렇다면 신앙이란 무엇이겠습니까? 그리스도 안에서 그리스도인으로서의 지각력과 행동력을 회복하고 통합을 이루는 것입니다. 주님과의 관계에서 바른 줄탁동기를 이루어 가는 것입니다. 이것 없이는 그리스도인이 그리스도인으로서 그리스도인답게 바른 삶의 부화를 꾀할 도리가 없는 것입니다.

1919년 오늘은 일제에 항거하는 3.1 만세 운동이 전국에서 일어났던 날입니다. 당시 3.1 운동의 주도 세력이 교회였음은 이미 주지의 사실입니다. 그 때의 교회는 민족의 희망이었고, 그리스도인들은 민족의 등불로 존경을 받았습니다. 당시의 그리스도인 수는 지금의 50분의 1에 불과 했지만, 그들은 그리스도인으로서 어떻게 살아야 할 것인지를 분별하는 지각력과, 지각한 것을 실천하는 행동력을 동시에 지니고 있었습니다. 그들은 나라와 민족을 위해 진리 안에서 참된 생명과 빛을 부화해 내는 줄탁동기의 사람들이었습니다. 그러나 그로부터 79년이 지난 오늘, 이 땅의 전국 방방곡곡에는 십자가들이 하늘 높이 솟아 있음에도 불구하고 이 땅의 교회와 교인들이 늘 비판의 대상이 되고 있음은, 그리스도인으로서 진리 안에서 지니고 실천해야 할 지각력과 행동력—이 둘 중 하나를, 혹은 모두를 상실하고 있기 때문입니다. 누가? 이 땅의 그리스도인들이 말입니다. 누가? 바로 우리가 말입니다. 누가? 나 자신이 말입니다. 재벌들의 변칙적인 부의 세습이 비판의 대상이 된 것은 어제 오늘의 일이 아닙니다. 그러나 따지고 보면 재벌이란 철저한 이익집단이기에 이익이 되기만 한다면 한국적인 상황 속에서는, 변칙적인 부의 세습도 추구할 수 있을 것이란 생각이 들기도 합니다. 하지만 교회는 이익집단이 아닙니다. 교회는 진리를 따르는 무리들의 집단으로 이해 관계를 초월해야만 합니다. 그런 의미에서 적어도 교회에서 성직의 세습이란 있을 수 없습니다. 그럼에도 불구하고 이미 목회자가 자신의 자식에게 목사직을 세습해 주는 일이 이 땅의 도처에서 시행되었고, 또 시도되고 있습니다. 이것은 교회를 사유물로 여기지 않는 한 있을 수 없는 일이기에 목사직의 세습은 교회 타락의 극치가 아닐 수 없습니다. 그러나 한국의 교계는 적어도 공식적으로는 이에 대하여 철저하게 침묵하고 있습니다. 사회의 빛과 소금이어야 할 교회와 그리스도인들이 이처럼 썩었는데 사회를 탓해 무엇하겠습니까? 지각력을 지니고 있되 행동력을 결여한 요한, 지각력 없이 충동적인 행동력만으로 덤벙대는 베드로, 그들 모두를 상실한 채 여전히 고기 그물만을 움켜쥐고 있는 나머지 제자들—이 삼자 중의 하나가 영락없는 나 자신의 모습 아닙니까? 우리 각자 한 사람 한 사람이 진리 안에서 지각력과 행동력의 회복 및 통합을 이루었던들 어찌 이 땅의 교회가 비판의 대상이 되며 1,000만 명 이상의 그리스도인들이 산다는 이 나라가 어찌 이처럼 부실하고 불의하며, 오늘날과 같은 경제적 위기에 직면하게 되었겠습니까?

오늘은 사순절 첫 번째 주일입니다. 사순절이란 우리를 구원하시기 위하여 이 땅에 오신 주님께서 구원자로서의 지각력과 행동력의 통합을 이루시기 위하여 십자가 위에서 당하셨던 고난을 기리는 회개의 절기입니다. 십자가를 이루는 두 나무 중 하나가 지각력을 뜻한다면 나머지 하나는 행동력이었고, 그 양자가 통합되는 그 위에 주님의 고난이 수반되었던 것입니다. 고통과 고난 없이 진리의 지각력과 행동력은 통합되지 않습니다. 그러나 그 양자의 통합을 위하여 주님께서 고난을 피하지 않으셨을 때, 바로 그 십자가를 통하여 주님과 하나님 사이에 줄탁동기가 이루어졌으니, 부활 곧 영원한 생명이 그 십자가 위에서 부화된 것이었습니다. 그리고 그렇게 부화된 생명 속에서 우리가 이렇듯 구원을 얻게 된 것입니다.

사랑하는 교우 여러분!

사순절 첫 번째 주일을 맞이하는 이 아침, 우리 속에 계시는 주님의 음성에 귀 기울여 봅시다. 우리 심령의 갈릴리 바닷가에서 밤이 맞도록 우리를 향해 서 계시는 주님께 우리의 시선을 맞추어 봅시다. 그리스도인으로서 이 시대에 우리가 어떻게 살아야 할 것인지, 우리가 무엇을 잘못 행하고 있는지, 우리로 하여금 늘 깨닫게 해 주시기 위하여 주님께서 우리의 영혼과 양심을 톡톡 두드리시면서 쉬임없이 '줄'(啐) 하고 계시지 않습니까? 이 사실을 지각한다면, 때를 놓치지 말고 주님의 그 말씀을 좇아 이번에는 우리가 '탁'(啄)으로 응답해 드립시다. 그 과정을 통해 껍질이 깨어지는 고통과 아픔을 두려워하지 맙시다. 그 고통을 주저하는 한 생명일 수 있는 병아리는 알 속에서 죽음으로 끝날 수밖에 없음을 잊지 마십시다. 주님의 '줄'에 우리가 '탁'하는 것만이 우리 자신과 이 민족 그리고 나라를 살리는 길이요, 오직 줄탁동기가 있는 곳에서만 새 생명의 새 역사가 부화되기 때문입니다. 이런 의미에서 '예수의 사랑하시는 그 제자'와 '베드로'는 별개의 둘이 아니라, 우리 속에서 통합되어야 할 하나의 양면인 것입니다.

지각없는 행동은 충동이요,
행동을 수반하지 못하는 지각이란
망상일 뿐임을 깨닫게 해 주시니 감사합니다.
우리가 모두 망상과 충동 속에서 살아온 결과가
오늘의 위기임을 깨닫게 해 주신 것을 감사합니다.
줄탁동기가 있는 곳에서만 생명의 부화가 있음을 깨닫게
해 주신 것을 더더욱 감사드립니다.
사순절을 맞이하여 우리 모두 공허한 세상으로부터

주님을 향해 돌아섬으로,
주님과 우리 사이에, 우리와 우리 사이에,
우리와 세상 사이에,
참된 줄탁동기가 쉬임없이 이어지게 하여 주옵소서.
그리하여 우리가 오늘날 경제적 위기로 인하여 당하는
고통과 아픔이
떨쳐 버려야 할 껍질을 깨는 과정이게 하시고,
마침내 우리의 삶 속에 새 생명의 새 역사가
부화되게 하옵소서.
지금 우리에게 주어진 이 시기의 중요성을
잊지 말게 해 주옵소서.
길이요 진리요 생명이신 주님을 믿는다는 우리가
어떤 경우에도,
진리의 지각력과 행동력을 상실한 채 살다가,
줄탁동기를 지금도 어김없이 실행하고 있는
닭이나 병아리보다
더 못한 존재가 되지 않게 도와 주시옵소서. 아멘.

7

육지에 올라 보니

그 후에 예수께서 디베랴 바다에서
또 제자들에게 자기를 나타내셨으니
나타내신 일이 이러하니라.
시몬 베드로와 디두모라 하는 도마와
갈릴리 가나 사람 나다나엘과 세베대의 아들들과
또 다른 제자 둘이 함께 있더니
시몬 베드로가 "나는 물고기 잡으러 가노라" 하매
저희가 "우리도 함께 가겠다" 하고 나가서 배에 올랐으나
이 밤에 아무것도 잡지 못하였더니
날이 새어 갈 때에 예수께서 바닷가에 서셨으나
제자들이 예수신 줄 알지 못하는지라.
예수께서 이르시되 "얘들아, 너희에게 고기가 있느냐?"
대답하되 "없나이다."
가라사대 "그물을 배 오른편에 던지라. 그리하면 얻으리라."
하신대, 이에 던졌더니 고기가 많아 그물을 들 수 없더라.
예수의 사랑하시는 그 제자가 베드로에게 이르되 "주시라" 하니
시몬 베드로가 벗고 있다가 주라 하는 말을 듣고

겉옷을 두른 후에 바다로 뛰어내리더라.
다른 제자들은 육지에서 상거가 불과 한 오십 간쯤 되므로
작은 배를 타고 고기 든 그물을 끌고 와서
육지에 올라 보니 숯불이 있는데
그 위에 생선이 놓였고 떡도 있더라.
예수께서 가라사대 "지금 잡은 생선을 좀 가져 오라" 하신대
시몬 베드로가 올라가서 그물을 육지에 끌어올리니
가득히 찬 큰 고기가 일백쉰세 마리라.
이같이 많으나 그물이 찢어지지 아니하였더라.
예수께서 가라사대 "와서 조반을 먹으라" 하시니
제자들이 주신 줄 아는 고로
당신이 누구냐 감히 묻는 자가 없더라.
예수께서 가셔서 떡을 가져다가 저희에게 주시고
생선도 그와 같이 하시니라.
이것은 예수께서 죽은 자 가운데서 살아나신 후에
세 번째로 제자들에게 나타나신 것이라.

요한복음 21:1~14

전문 바둑 기사에 대하여 늘 이해할 수 없었던 것은, 단 한 수의 착오도 없이 어떻게 정확한 복기(復碁)를 할 수 있느냐는 것이었습니다. 복기란 바둑이 끝난 뒤 양 대국자가 서로의 잘잘못을 되짚어 보기 위하여 방금 두었던 대로 처음부터 끝까지 다시 되풀이해 보는 것을 의미합니다. 일반적으로 프로 기사가 한 대국을 치루기 위하여는 하루 종일이 소요되고, 마주 앉은 두 기사가 바둑판 위에 번갈아 가며 두는 돌의 수는 적게는 250여 개에서부터 많게는 300여 개에 이릅니다. 그 긴 시간 동안 바둑판 위에 둔 그 많은 돌들의 순서를 전문 기사들은 정확하게 기억하면서 복기를 행합니다. 그것은, 40여 수만 넘어가면 도저히 더 이상 복기를 할 수 없는 저에게는 믿기 어려운 경이였습니다. 오래전 한 바둑 전문인을 만날 기회가 있었을 때 드디어 저는 저의 궁금증을 털어놓았습니다. 전문 기사가 아닌 저 같은 사람도 복기가 가능한지, 만약 가능하다면 어떤 훈련이 필요한지를 물었던 것입니다. 그의 대답은, 의미 있는 돌들을 놓으면 누구든 복기를 할 수 있다는 것이었습니다. 다시 말해, 바둑판 위에 돌을 놓을 때 왜 그 돌을 그 곳에 두는지 그 의미를 생각하면서 두면 복기는 가능해진다는 것이었습니다. 좀더 깊이 설명하면, 평균 300여 수에 달하는 바둑의 복기는 단순히 돌의 순서에 대한 기억으로 이루어지는 것이 아니라, 각 돌이 갖는 의미의 연결로 구성된다는 말이었습니다. 즉 의미 있는 것만 살아남는다는 뜻이었습니다. 그것은 정말 가슴에 와 닿는 말이었습니다. 그 말을 듣고 보니 그 때까지 제가 돌의 의미를 생각하면서 바둑을 둬 본 적이 없었습니다. 그저 손가는 대로, 기분 내키는 대로, 욕심나는 대로 마구 두었을 뿐이었습니다. 그처럼 의미 없이 둔 바둑이 설령 20~30분 만에 끝났다 할지라도 복기가 될 리 만무했습니다. 의미 없는 돌이 한 두 개도 아닌 수백 개가 뒤엉켜 있는데, 어찌 그 돌들의 순서를 제대로 기억해 낼 도리가 있겠습니까?

 의미 있는 것들만 살아남는다는 것―이것은 바둑판에만 국한된 법칙이 아닙니다. 우리 인생에도 고스란히 적용되는 원칙입니다. 인생이란 거대한 바둑판이요, 우리가 사는 매일 매일은 그 바둑판 위에 두는 돌과 같기에, 얼마나 살았느냐에 상관없이 결국엔 의미를 지닌 날들만 살아남게 되는 것입니다. 이 사실을 바르게 인식한다면 장수의 참된 개념이 달라질 수밖에 없음을 알게 됩니다. 100년이란 긴 세월을 산 사람이라 할지라도 그의 일생이 아무런 의미 없는 날들의 누적에 불과하다면 그는 결코 장수한 사람이 아닙니다. 그는 어머니의 태에서 태어나자마자 숨을 거둔 신생아에 지나지 않습니다. 그러나 30대의 젊은 날에 세상을 떠났다 할지라도 30여 년에 걸친 그의 생애가 의미 있는 날들의 집합이라면 그는 절대로 요절한 것이 아닙니다. 이처럼 참된 의미의 장수는 자연 날 수의 많고 적음에 의해 결정되는 것이 아니라, 의미 있는 날의 길이에 따라 판가름나는 것입니다.

60세가 넘어 주님을 영접한 성도님이 있습니다. 여태까지 그 나름대로는 자기 분야에서 최선을 다하며 열심히 살아온 분이었습니다. 그러나 주님을 만난 후 그분은 아직도 정년이 2년이나 더 남아 있음에도 불구하고 금년 말부로 현직에서 은퇴하기로 결단하였습니다. 길이요 진리요 생명이신 주님을 만나고서 자신이 살아온 60 평생을 되돌아보니 아무런 의미가 없음을 비로소 깨닫게 된 것이었습니다. '주님―나는 60년 동안 이런 삶을 살았습니다' 하고 주님 앞에서 복기할 거리가 아무것도 없었던 것입니다. 그래서 금년 말로 은퇴한 뒤 의미 있는 여생을 살기 위해 지금 그분은 준비중에 있습니다. 비록 60이 넘었을망정 지금부터라도 진리 안에서 의미 있는 날들을 자신의 인생판에 매일 매일 두기로 한 것은 얼마나 고귀한 일입니까? 그렇게 살아가는 한 이제껏 진리 밖에서 살아온 60년도 그냥 헛 산 것만으로 끝나는 것은 아닙니다. 앞으로 살아갈 의미 있는 날들의 의미 속에서 의미 없었던 지난날들의 의미가 되살아나기 때문입니다. 그러나 정반대의 경우도 있습니다.

대학교를 졸업한 이후 30여 년 동안 자기 방에서 두문불출하던 사람이 있었습니다. 그가 집 밖을 나선 것은 오래 전 여동생이 결혼하던 날, 그리고 몇 해 전 어머니가 돌아가셨을 때가 거의 유일하였습니다. 밥도 자기 방에서 혼자만 먹었습니다. 물론

결혼할 생각은 아예 하지도 않았습니다. 그 같은 아들을 둔 아버지는 아들의 안부를 묻는 사람들에게 "그 놈이 방 안에 틀어박혀 있긴 하지만, 그래도 그 동안 수천 권의 책을 독파하여 동서고금의 철학과 문학에서부터 천문 지리에 이르기까지 입신의 경지에 다다랐다"며 자위하곤 했습니다. 30여 년 동안 수천 권에 이르는 책을 읽었다면 얼마나 박학다식한 사람이겠습니까? 그러나 그의 지식이 하늘을 찌를 듯이 높다 할지라도 그 방에서 나오지 않는 한, 방 안에서라도 그 지식을 타인과 나누기 위하여 논문이나 수필 한 편이라도 남기지 않는 한, 그의 삶이 무슨 의미가 있겠습니까? 그와 같은 삶이란 바둑판과 무관한 바둑돌이 아무런 의미가 없는 것과 같지 않겠습니까? 그런데 그가 작년에 50세의 나이로 세상을 떠나 버리고 말았습니다. 사인은 운동 부족으로 인한 장기 손상이었습니다. 물론 그의 방에서 남을 위한 것이라곤 종이 한 장 없었습니다. 그는 그와 같은 자신의 삶이 의미 없다는 사실을 깨닫지도 못했지만, 설령 깨달았다 해도 그는 의미 있는 인생을 추구할 도리가 없습니다. 그에게는 의미 있는 날들을 둘 수 있는 인생판이 더 이상 존재하지 않기 때문입니다.

참된 그리스도인의 삶이란 언제든 하나님 앞에서 자신의 삶을 복기할 수 있는 삶이라 정의할 수 있습니다. 어느 날 불현듯 하나님의 부르심을 받고 하나님 앞에서 아무리 내 삶을 복기하려 해도 복기할 거리가 하나도 없다면 그보다 더 황당한 삶이 어디에 있겠습니까? 우리 모두 우리 인생을 되돌아봅시다. 지나온 우리 인생판에서 무슨 의미를 발견할 수 있습니까? 지난 일주 간만 하더라도 우리는 우리 인생판에 일곱 수를 더하였습니다. 그 한수 한수에는 참된 의미가 있었습니까? 그 중에 먼 훗날까지 그 의미가 소멸치 않을 참된 수는 과연 몇 수나 됩니까? 이제껏 살아온 여러분의 전 인생을 놓고 여러분은 하나님 앞에서 과연 몇 수까지 스스럼없이 복기할 수 있습니까?

바둑이든 인생이든 의미 있는 것만 살아남습니다. 복기할 수 없는 인생이라면 이미 의미를 상실한 인생이기에 그보다 더 허망한 인생은 없습니다. 그렇기에 우리는 더 이상 기분 내키는 대로 욕구를 좇아 아무렇게나 살아서는 안 되겠습니다. 지금부터라도 우리는 삶의 진정한 의미를, 참된 의미 있는 삶을 추구하는 자들이 되어야겠습니다. 과연 그리스도인들이 추구해야 할 의미 있는 삶이란 구체적으로 어떤 삶이겠습니까?

갈릴리 바다에서 밤이 맞도록 그물을 던졌건만 제자들은 철저하게 빈손, 빈 그물이었습니다. 밤새 아무 의미 없이 헛수고만 한 셈이었습니다. 마침내 새벽이 밝아 올 즈음 바닷가에 서 계시던 주님께서 말씀하셨습니다.

"그물을 배 오른편에 던지라. 그리하면 얻으리라."

제자들은 그 말씀을 좇아 배 오른편에 한 번 더 그물을 던지면서도 그 음성의 주인공이 주님이시라는 사실은 아무도 알려 하지 않았습니다. 그 정도로 그들은 물고기에만 집착하고 있었습니다. 그런데 상상할 수 없는 일이 벌어지고 말았습니다. 밤새 물고기라고는 그림자조차 보이지 않는 공허하기만 하던 갈릴리였음에도 불구하고 마지막 순간 배 오른편에 던진 그물에 그물을 들어올릴 수 없을 만큼이나 많은 고기가 걸려든 것이었습니다. 그 사실을 확인하는 순간 요한이 베드로를 향해 "주시라"고 외쳤습니다. 아무것도 없는 '무(無)의 갈릴리'를 그물이 넘치는 '유(有)의 세계'로 바꿀 수 있는 분은 주님뿐이심을 뒤늦게나마 요한이 가장 먼저 깨달았던 것입니다. 베드로는 "주시라"는 요한의 외침을 듣자마자 벗어 두었던 겉옷을 황급히 걸치고는 바다 속으로 뛰어내려 버리고 말았습니다. 주님이시라는 말을 들은 이상 고기잡는 배 위에 더 이상 머물러 있어야 할 필요가 없었던 것입니다. 그리고 그 이후의 일을 본문은 이렇게 증거하고 있습니다.

"다른 제자들은 육지에서 상거가 불과 한 오십 간쯤 되므로
작은 배를 타고 고기 든 그물을 끌고 와서
육지에 올라 보니 숯불이 있는데 그 위에 생선이 놓였고
떡도 있더라." (21:8~9)

물 속에 먼저 뛰어든 베드로를 제외한 나머지 제자들이 바닷가에 당도하여 육지에 올라 보니 숯불 위에 생선이 떡과 함께 준비되어 있었습니다. 주님께서 친히 준비해 두신 것이었습니다. 그러나 이제 막 육지에 오른 제자들은 그 음식의 용도에 대해 알 길이 없었습니다. 밤새 까맣게 잊고 있었던 주님을 다시 뵙는 송구스러움으로 몸둘 바를 모를 따름이었습니다. 주님께서는 제자들이 방금 잡아 온 고기를 좀 가져오게 하신 뒤, 제자들에게 "와서 조반을 먹으라"고 말씀하셨습니다. 주님께서 숯불을 친히 피우시고 그 숯불 위에 생선을 구우시며 손수 떡을 준비하셨던 것

은 하나님께 제사를 드리기 위한 제물로 쓰시기 위함이 아니었습니다. 당신 홀로 드시기 위함도 아니었습니다. 밤새 헛그물질만 하느라 허기졌을 제자들을 먹이기 위함이었습니다. 그러나 밤새 주님을 망각한 채 밤새도록 고기에만 혈안이 되어 있던 제자 중 누가 감히 주님께서 친히 만들어 주신 그 음식에 손을 댈 수가 있었겠습니까? 그래서 본문 13절이 이렇게 밝혀 주고 있습니다.

예수께서 가셔서 떡을 가져다가 저희에게 주시고
생선도 그와 같이 하시니라.

음식에 손댈 엄두조차 내지 못하고 있는 제자들에게 주님께서는 떡과 생선을 손수 가져다 주시고 나누어 주시기까지 하셨습니다. 주님께서는 이처럼 제자들에게 봉사와 헌신의 본을 친히 보여 주심으로써, 밤새 자신들의 욕구에만 사로잡혀 헛그물질만 하느라 의미 없이 하룻밤을 버려 버린 제자들에게 타인을 위한 헌신과 봉사로 이어지지 않는 삶이란 아무런 의미가 있을 수 없음을 일깨워 주고 계시는 것입니다. 따라서 밤새 자신들의 욕망에 사로잡혀 의미 없이 헛그물질만 하던 제자들에게 마지막 순간 그물을 올릴 수조차 없을 정도로 많은 고기를 허락하셨던 것은, 앞으로는 무엇이 주어지든 오직 타인을 위한 봉사와 헌신의 도구로 승화시키라는 주님의 사랑의 메시지였던 것입니다.

이 사실을 바르게 인식하고 나면, 왜 갈릴리 바다에서 똑같은 사건이 두 번씩이나 똑같이 발생하고 있는지 그 이유를 알게 됩니다. 본문의 갈릴리 사건이 있던 날로부터 만 3년 전의 일이 누가복음 5장에 기록되어 있습니다. 그 때는 예수님의 공생애가 막 시작되었을 때였습니다. 그 날도 베드로와 요한 그리고 야고보 등은 갈릴리 바다에서 밤새도록 그물을 던졌지만 한 마리도 잡을 수가 없었습니다. 그들은 마침내 고기잡이를 포기한 채 바닷가로 되돌아와 그물을 씻고 있었습니다. 그 때 주님께서 베드로에게 깊은 데로 가서 그물을 한 번 더 던지라고 말씀하셨습니다. 적어도 갈릴리에서 잔뼈가 굵은 전문 어부에게 있어서 그 말은 몰상식한 말이었습니다. 갈릴리에 사는 물고기는 한밤중엔 깊은 데로 몰렸다가 새벽이 되면 얕은 데로 거처를 옮기기 때문이었습니다. 그 때는 이미 새벽이었습니다. 굳이 한 번 더 그물을 던지려면 얕은 데에 던지는 것이 타당한 일이었습니다. 그런데도 베드로는 예수님의 말씀을 좇아 한 번 더 깊은 데로 가 그물을 던져 보았습니다. 그런데 웬일입니까? 응당 빈 그물로 올라와야 할 그 그물 속에 그물을 올릴 수 없을 정도로 고기가 가득 걸려 있는 것이었습니다. 3년이란 시차를 두고 일어난 이 두 사건은 장소도, 등장 인물도, 사건의 전개 과정도 모두 일치합니다. 똑같은 사건이 똑같은 장소에서 똑같은 사람들에게 두 번씩이나 반복된 것입니다. 그러나 똑같아 보이는 이 두 사건의 의미는 판이하게 달랐습니다.

 첫 번째 사건에서 마지막 순간에 건져 올린 물고기의 의미는 그들 속에서 꿈틀거리는 욕망이었습니다. 그 사건을 계기로 하여 그들이 예수님을 좇기 시작했지만 그것은 자신들의 욕망을 성취하는 데 그보다 더 좋은 길이 없다고 판단했기 때문이었습니다. 그래서 주님을 따라다니는 동안 내내 주님을 이용하여 자신

들의 욕망을 이룰 기회와 방법만을 궁리하다가, 그들의 바람과
는 달리 예수님이 무력하게 십자가에 못 박혀 돌아가시게 되자
그들은 미련 없이 예수님을 배신한 채 도망쳐 버리고 말았습니
다. 그렇기에 예수님을 3년 동안이나 줄기차게 따라다녔음에도
불구하고 그 3년에 관한 한 주님 앞에서 마땅히 복기할 거리가
없었습니다. 몸은 주님을 좇았을망정 마음은 온통 욕망에 사로
잡혀 있던 그들의 삶이 참된 의미를 지닐 수가 없었던 것입니다.
  그러나 3년이 지난 두 번째 사건에서 마지막 순간 건져 올린
고기의 의미는 더 이상 욕망일 수 없었습니다. 더 이상 욕망이어
서는 안 된다는 사실을 제자들로 하여금 뼈저리게 깨닫도록 해
주시기 위하여 부활하신 주님께서는 똑같은 갈릴리 바다에서 똑
같은 사건을 통해, 그리고 친히 조반을 지어 주시는 본을 보이심
으로써 주님께서 그물 넘치도록 허락하신 것들의 의미는 헌신이
요 봉사이어야 함을 일깨워 주셨던 것입니다. 이 이후로 제자들
의 삶은 그 의미가 새로워졌습니다. 더 이상 자기 욕망의 화신으
로 살아가는 것이 아니라, 오직 진리의 도구가 되어 타인을 위한
헌신과 봉사의 삶을 사는 '사도행전'의 막이 오르게 된 것입니
다. 다시 말해 제자들이 주님의 진정한 제자일 수 있었던 것은
두 번째 사건 이전의 삶이 아니라, 두 번째 사건 이후부터의 삶
으로 인함이었습니다. 우리가 제자들을 주님의 제자들로 존경하
는 까닭도 이 직후부터 전개되는 '사도행전'의 삶 때문입니다.
이 땅에서의 소임을 다 마치고 하나님의 부르심을 받은 제자들
이 하나님 앞에서 자신들의 삶을 복기하게 되었을 때, 그들이 기
꺼이 복기할 수 있었던 부분은 두 번째 사건 이후의 삶이었을 것
임은 너무나도 자명합니다. 만약 두 번째 사건을 통하여 제자들

이 참 삶의 의미를 깨닫지 못했더라면, 아니 주님께서 바른 의미를 깨닫도록 그 귀한 은혜를 베풀어 주시지 않았던들 똑같은 사건이 날마다 거듭되었다 한들 그것은 다람쥐 쳇바퀴 돌듯 무의미한 반복이었을 뿐이고, 그들의 그 무의미한 삶의 기보를 놓고 우리가 제자들의 행적이라며 복기해 볼 까닭도 없을 것입니다.

두 번씩이나 똑같이 반복되었던 갈릴리 사건—그것이 실은 우리의 인생임을 알고 있습니까? 인생이 무엇입니까? 어제와 똑같은 오늘이 되풀이되고, 오늘과 똑같은 내일이 거듭되는 것이 인생 아니던가요? 아침에 눈 비비고 일어나 밥 먹고 일하러 나갔다가 밤에 들어와 또 밥 먹고 잠자는 것의 연속이 인생 아니던가요? 그러므로 참된 의미를 추구하지 않는 인생보다 더 덧없는 인생이 없으니, 한평생을 살고서도 복기할 거리가 있을 리 만무합니다.

모두(冒頭)에 두 분에 관해 말했습니다. 60이 넘어 주님을 영접한 한 분은 지나온 자신의 삶이 아무런 의미 없음을 통감하면서 아직 정년이 남아 있음에도 금년 말로 현직에서 은퇴하기로 했습니다. 이유는 한 가지—내년부터는 타인을 위한 봉사와 헌신의 삶을 살기 위함이라 했습니다. 그렇다면 그분은 삶의 참된 의미를 헌신과 봉사에서 찾고 있음을 알게 됩니다. 지난 60년에 걸친 자신의 인생이 의미 없었다 여기는 것은 60년 동안 남을 생각함이 없이 오직 자신만을 위해 살아왔기 때문입니다. 그리고 비록 나이 들었을망정 타인을 위해 헌신하고 봉사하며 살아갈 자신의 미래의 삶이 그리스도 안에서 참된 의미로 영글어질 것을 믿고 있는 것입니다. 얼마나 큰 지혜입니까? 아니 얼마나 크신 주님의 은총입니까?

반면에 또 한 명의 사람은 50 평생 동안 자기 방에서 자기만을 위하여 살다가 결국은 자기 건강을 망친 채 자기 스스로 자신을 죽여 버리고 말았습니다. 억만금을 소유했다 한들, 인간의 모든 학문에 통달했다 한들, 자기 이외의 누구 한사람도 생각함이 없이 자기 세계에 자신을 가둔 채 자기만을 위하여 살다가 죽어 버리는 인생이 이 땅에 오물만 보태 주고 가는 것 외에 도대체 무슨 의미가 있겠습니까? 우리는 이 양자 중 도대체 어느 쪽에 속해 있습니까?

사랑하는 교우 여러분!

오늘 아침 우리 주님께서는 우리가 아무런 의미 없이 헛그물질만 하던 공허한 갈릴리로부터 우리를, 주님께서 우리 위해 친히 조반을 마련해 두신 육지 위로, 즉 주님께서 예비해 두신 새로운 인생판으로 불러 올리셨습니다. 그리고 우리를 살리시기 위하여 십자가 위에 당신의 생명을 내어놓으시기까지 헌신과 봉사를 다하셨던 주님을 본받아 살 것을 촉구하고 계십니다. 그 같은 삶 속에만 참되고 영원한 의미가 있음을 당신의 삶으로 증명해 보이시면서 말입니다. 그렇다면 이제는 우리가 선택할 차례입니다. 그 선택은 철저하게 우리의 자유입니다. 공허한 갈릴리로 되돌아갈 수도 있고 주님과 더불어 헌신과 봉사의 인생판으로 나아갈 수도 있습니다. 그러나 선택이 자유라고 해서 함부로 선택할 수는 없습니다. 언젠가 하나님께서 부르시면 우리는 모두 하나님 앞에서 우리 삶을 복기해야 할 의무가 있기 때문입니다. 의미 있는 것만 살아남습니다. 의미 있는 것만 복기할 수 있습니다. 참된 의미는 헌신과 봉사 속에 있습니다. 예수님께서는 이

땅에서 누구보다도 짧은 인생을 사셨지만, 그러나 그분이 남긴
생의 기보를 보며 우리가 날마다 우리의 삶으로 복기해 보려 함
은, 완전한 헌신과 봉사로 일관하셨던 그분의 삶 속에만 참되고
영원한 의미가 있음을 익히 알고 있는 까닭입니다. 그렇다면 이
아침 우리가 어떤 삶을 선택해야 할는지는 이미 자명해지지 않
았습니까?

주님!
주님께서 말씀하셨습니다.
"너희 중에 누구든지 크고자 하는 자는
너희를 섬기는 자가 되고,
너희 중에 누구든지 으뜸이 되고자 하는 자는
너희 종이 되어야 하리라.
인자의 온 것은 섬김을 받으려 함이 아니라
도리어 섬기려 하고
자기 목숨을 많은 사람의 대속물로 주려 함이니라."
오늘 사순절 두 번째 주일 아침, 이 말씀의 참 의미를
깨닫게 해 주셔서 감사합니다.
짧디짧은 생애밖에 살지 못하셨던 주님의 삶이
어찌 그토록 영원한 의미를 지니게 되었는지,
주님보다 긴 인생을 살아온 우리의 삶이 어찌 이다지도
의미 없이 공허하기만 한지,
그 근본 이유를 확연하게 일깨워 주셔서 더욱 감사합니다.
이 시간 공허한 갈릴리 바다로부터
주님 계신 새로운 인생판으로

우리를 불러 주심을 더더욱 감사드립니다.
이제부터 온전히 주님을 본받게 하옵소서.
주님처럼 남을 위해 헌신하며 봉사하는 의미 있는 날들이
우리 인생판에 매일 두어지게 하옵소서.
그리하여 하나님 앞에 서는 날 하나님 앞에서
기꺼이 우리 삶을 복기할 수 있게 하시고,
그와 같은 우리 삶의 기보가 이 세상에 남길
가장 값진 유산이게 하옵소서. 아멘.

8

찢어지지 않았더라

그 후에 예수께서 디베랴 바다에서
또 제자들에게 자기를 나타내셨으니
나타내신 일이 이러하니라.
시몬 베드로와 디두모라 하는 도마와
갈릴리 가나 사람 나다나엘과 세베대의 아들들과
또 다른 제자 둘이 함께 있더니
시몬 베드로가 "나는 물고기 잡으러 가노라" 하매
저희가 "우리도 함께 가겠다" 하고 나가서 배에 올랐으나
이 밤에 아무것도 잡지 못하였더니
날이 새어 갈 때에 예수께서 바닷가에 서셨으나
제자들이 예수신 줄 알지 못하는지라.
예수께서 이르시되 "애들아, 너희에게 고기가 있느냐?"
대답하되 "없나이다."
가라사대 "그물을 배 오른편에 던지라. 그리하면 얻으리라."
하신대, 이에 던졌더니 고기가 많아 그물을 들 수 없더라.
예수의 사랑하시는 그 제자가 베드로에게 이르되 "주시라" 하니
시몬 베드로가 벗고 있다가 주라 하는 말을 듣고

겉옷을 두른 후에 바다로 뛰어내리더라.

다른 제자들은 육지에서 상거가 불과 한 오십 간쯤 되므로

작은 배를 타고 고기 든 그물을 끌고 와서

육지에 올라 보니 숯불이 있는데

그 위에 생선이 놓였고 떡도 있더라.

예수께서 가라사대 "지금 잡은 생선을 좀 가져 오라" 하신대

시몬 베드로가 올라가서 그물을 육지에 끌어올리니

가득히 찬 큰 고기가 일백쉰세 마리라.

이같이 많으나 그물이 찢어지지 아니하였더라.

예수께서 가라사대 "와서 조반을 먹으라" 하시니

제자들이 주신 줄 아는 고로

당신이 누구냐 감히 묻는 자가 없더라.

예수께서 가셔서 떡을 가져다가 저희에게 주시고

생선도 그와 같이 하시니라.

이것은 예수께서 죽은 자 가운데서 살아나신 후에

세 번째로 제자들에게 나타나신 것이라.

요한복음 21:1~14

두 학기에 걸쳐 반장 부반장 선거에서 연거푸 고배를 마셨던 셋째 아이는 작년 가을, 그러니까 초등학교 2학년 2학기가 되어서야 드디어 부반장으로 선출되었습니다. 그 직후 며칠 동안 부반장임을 뽐내고 다니더니 얼마 지나지 않아 부반장의 '부' 자 소리도 내지 않는 것이었습니다. 어느 날 저녁 식탁에서 부반장 생활이 어떤지를 묻자 아이는 대뜸 이렇게 대답했습니다.

"부반장은 할 일이 없어요. 반장이 저 혼자 다 해먹어요. 제가 무슨 얘길 해도 반장이 도대체 듣질 않아요."

아이는 한 마디를 더 덧붙였습니다.

"나도 꼭 반장 한 번 해먹고 말 거야."

그러더니 지난 3월 초 마침내 3학년 1학기 반장으로 선출되었습니다. 서로 반장이 되겠다며 16명이나 출마한 선거에서 반 친구들에게 뭐라고 말했기에 반장으로 뽑히게 되었는지를 물어 보앉습니다. 아이의 대답입니다.

"만약 저를 반장으로 뽑아 주시면 저는 여러분들을 위한 걸레가 되겠습니다."

그랬더니 몰표가 쏟아지더라는 것이었습니다. 그 이야기를 들으면서 모두들 한바탕 웃음을 터뜨렸습니다. 그런데 시간이 지날수록 '여러분을 위한 걸레가 되겠다'는 그 말의 여운이 제 마음속에서 점점 더 짙어지는 것이었습니다. 그 짧은 말 한마디가 갖는 의미가 시간이 흐를수록 더 크게 부각되는 것이었습니다.

제 아이가 무슨 깊은 의미를 생각하고 그런 말을 했겠습니까? 그저 반 친구들에게 한 표라도 더 많이 얻기 위한 방편 이상은 아니었을 것입니다. 그러나 곰곰히 생각해 보면, 그리스도인들이 추구해야 할 삶을 그보다 더 잘 보여 주는 표현이 또 달리 있겠습니까? 그리스도인들이 실천해야 할 삶을 십자가를 지는 삶, 궂은 일에 솔선수범하는 삶, 타인을 위한 헌신과 봉사에 앞장 서는 삶으로 규정할 수 있다고 한다면 바로 그것이야말로 나 자신이 걸레가 되는 삶이 아니고 무엇이겠습니까? 걸레의 역할이 무엇입니까? 자신이 더러워짐으로써 상대를 깨끗케 해 주는 것입니다. 한마디로 내가 손해 보는 것입니다. 손해 보지 않는 헌신과 봉사는 있을 수 없습니다. 양초가 자신을 태움 없이 어찌 빛을 발할 수 있으며, 소금이 스스로 녹아지지 않고는 어찌 짠맛을 낼 수 있겠습니까? 같은 이치로 자기 자신을 걸레로 온전히 내어 놓지 않는 곳에 어찌 참된 헌신과 봉사가 있을 수 있겠습니까?

이와 같은 묵상 끝에 그 날 밤늦은 시각, 아직 자지 않고 있던 셋째 아이를 다시 불렀습니다. 그리고 아이를 제 무릎에 앉히고는 아이의 머리 위에 저의 손을 얹고서 이렇게 기도를 드렸습니다.

"주님! 승윤이가 오늘 반 친구들에게 걸레가 되겠다는 약속으로 반장이 되었습니다. 승윤이가 무슨 의미로 그런 말을 했건 간에, 한 학기 동안 승윤이가 정말 반 친구들을 위한 걸레가 되게 해 주십시오. 그리고 앞으로 승윤이가 자라 갈수록 더 큰 걸레가 되게 해 주십시오. 승윤이가 성인이 되어 무엇을 얻든 어떤 직책에 앉든 그 모든 것으로 더 많은 사람을 위한 좀더 큰 걸레가 되게 해 주십시오. 타인을 위하여 걸레가 되는 삶만 진정 향기로우며 그 삶 속에 우리 예수 그리스도의 영광과 권능이 함께하심을, 이 아들이 평생 동안 자신의 삶을 통하여 확인하게 하여 주시옵소서."

이런 관점에서 우리 주 예수 그리스도를 바라봅시다. 우리 주님은 어떤 분이십니까? 이 세상 그 누구도 닦아 줄 수 없는, 그 어떤 걸레로도 닦을 수 없는 우리의 추악하고 더러운 죄를 손수 닦아 주는 걸레 되시려 오신 분이 아니셨습니까? 우리의 죄를 말끔하게 닦아 주시기 위하여 당신 자신이 십자가 위에서 죄의 형벌을 친히 받으시기까지, 당신 자신이 걸레처럼 더러워지는 것을 전혀 개의치 아니하신 분이 아니셨습니까? 주님께서 이 세상 그 어떤 더러움보다 더 더럽던 내 죄를 닦아 주시는 걸레가 되어 주시지 않았던들, 어찌 우리가 그리스도 안에서 이처럼 구원받은 자로 살아갈 수 있겠습니까? 그렇다면 우리가 우리 주님을 본받아 이 세상을 위한 걸레로 살아간다는 것은 너무나 당연한 의무 아니겠습니까?

그러나 그리스도인 된 우리가 스스로 되기 원하는 걸레와 세

상의 걸레는 형태상으로는 동일하지만 본질적으로는 판이하게
다릅니다. 자기가 더러워짐으로 상대를 깨끗케 해 준다는 형식
적인 면에서는 양자 모두 분명히 동일합니다. 그러나 본질적인
면에서는 결코 동일할 수 없다는 것은, 세상의 걸레는 계속 천대
받다가 결국엔 버려지는 반면에 그리스도 안에서 우리 스스로 되
는 걸레는 걸레에 충실해질수록 더더욱 하나님에 의하여 존귀케
되기 때문입니다. 사도 바울이 이 사실을 잘 설명해 주고 있습니
다.

> 너희 안에 이 마음을 품으라. 곧 그리스도 예수의 마음이니
> 그는 근본 하나님의 본체시나 하나님과 동등됨을 취할 것으로
> 여기지 아니하시고
> 오히려 자기를 비워 종의 형체를 가져 사람들과 같이 되었고
> 사람의 모양으로 나타나셨으매 자기를 낮추시고
> 죽기까지 복종하셨으니 곧 십자가에 죽으심이라.
> 이러므로 하나님이 그를 지극히 높여
> 모든 이름 위에 뛰어난 이름을 주사
> 하늘에 있는 자들과 땅에 있는 자들과 땅 아래 있는 자들로
> 모든 무릎을 예수의 이름에 꿇게 하시고
> 모든 입으로 예수 그리스도를 주라 시인하여
> 하나님 아버지께 영광을 돌리게 하셨느니라. (빌 2:5~11)

주님께서는 성자 하나님이셨지만, 당신 스스로 인간의 종이 되
시기 위해 이 땅에 오셨습니다. 어느 정도로 종이 되셨습니까?
십자가 위에서 우리의 죄를 닦아 주시는 걸레가 되실 정도로 가

장 비천한 종의 종이 되어 주셨습니다. 그래서 하나님께서는 주님을 비천한 가운데 비천한 채로 내버려 두셨습니까? 오히려 정반대로 하나님께서는 그와 같은 주님을 가장 존귀케 하사 하늘에 있는 자들과 땅에 있는 자들과 땅 아래에 있는 자들로 모두 주님 앞에 영원토록 무릎을 꿇게 하셨습니다. 그러므로 진정 영원토록 존귀한 자가 되기를 원한다면 주님을 배우고 주님을 닮으라는 것입니다. 주님처럼 세상을 닦는 헌신과 봉사의 걸레 되기를 주저치 말라는 것입니다. 우리가 왜 모세를, 사도 바울을 존경합니까? 그들 모두 자기 시대를 위한 헌신과 봉사의 걸레들이었기 때문이 아닙니까? 그들이 맡겨진 걸레의 역할에 충성을 다하였을 때 하나님께서 그들을 시간과 공간을 초월하여 존귀하게 세워 주셨기 때문이 아닙니까?

그렇다면 우리가 그리스도 안에서 이 시대를 위한 걸레가 되는 것보다 우리를 더 존귀케 하는 길이 어디에 있겠습니까? 그리스도 안에서 걸레 되고자 하는 자의 삶이 찢어질래야 찢어질 수 없음은 주님께서 그 삶을 영원토록 책임져 주시는 까닭입니다.

3년이라는 시차를 두고 똑같은 갈릴리 바다에서 똑같은 사건이 같은 사람들에게 두 번이나 반복되어 일어난 바 첫 번째 사건은 누가복음 5장에, 그리고 두 번째 사건은 본문 속에 나타나 있습니다. 두 사건이 적어도 외형상으로는 똑같아 보이지만 그 의미는 상이함을 이미 지난 시간에 살펴보았습니다. 즉 첫 번째 사건에서 마지막 순간 건져 올린 물고기의 의미가 제자들의 속에서 꿈틀대던 욕망이라면, 두 번째 사건에서 새벽녘 제자들의 그물에 가득찬 물고기의 의미는 헌신과 봉사라 했습니다. 그런데 오늘 본문이 이렇게 증거하고 있습니다.

> 예수께서 가라사대 "지금 잡은 생선을 좀 가져오라" 하신대
> 시몬 베드로가 올라가서 그물을 육지에 끌어올리니
> 가득히 찬 물고기가 일백쉰세 마리라.
> 이같이 많으나 그물이 찢어지지 아니하였더라. (21:10~11)

밤새도록 자신의 욕망만을 위해 아무 의미 없이 헛그물질만 하느라 허기진 제자들에게, 헌신과 봉사로 이어지지 않는 삶이란 아무런 의미가 있을 수 없음을 일깨워 주시려, 다시 말해 오직 헌신과 봉사의 삶만이 참된 의미를 지님을 깨닫게 해 주시려, 제자들을 위하여 헌신과 봉사의 조반을 친히 준비해 두신 주님께서, 이제 막 육지에 당도한 제자들에게 방금 잡은 생선을 좀 가져오라고 말씀하셨습니다. 그 때도 제일 먼저 앞장 선 사람은 역시 베드로였습니다. 베드로를 필두로 한 제자들이 고기가 가득찬 그물을 배에서부터 육지로 끌어올리고 보니 큰 물고기가 무려 153마리나 되었습니다. 예로부터 '153'이라는 이 숫자에 특별한 관심을 갖는 자들이 많았습니다. 어떤 주석가들은 당시의 사람들은 물고기의 종류가 153종이라 생각했기 때문에 153이란 숫자가 나왔다고 설명합니다. 또 어떤 학자는 1에서부터 17까지를 가산한 수의 합계가 153이라면서, 10은 10계명을, 그리고 7은 성령의 7가지 은사를 의미한다고 설명하기도 합니다. 우리 나라에서 만들어지고 있는 하얀 모나미 볼펜에는, 이 구절에 근거하여 153이라는 숫자가 붙어 있습니다. 역시 이 숫자를 중요시

하고 있음의 증거입니다. 성경에 나타난 숫자치고 어찌 무의미한 것이 있겠습니까? 그러나 본문이 강조하고자 하는 것은 수가 아닙니다. 본문 11절을 다시 읽어 보겠습니다.

> 시몬 베드로가 올라가서 그물을 육지에 끌어올리니
> 가득히 찬 물고기가 일백쉰세 마리라.
> 이같이 많으나 그물이 찢어지지 아니하였더라.

본문이 지금 강조하고자 하는 것이 무엇입니까? 큰 물고기가 153마리나 될 정도로 많았지만 '그물이 찢어지지 않았다'는 것을 강조하고 있는 것입니다. 바꾸어 말하면, 보통 때에 그 정도로 많은 물고기가 걸렸으면 반드시 그물이 찢어졌을 것이라는 의미입니다.

왜 요한복음을 기록한 사도 요한은 여기에서 그물이 찢어지지 않았음을 이토록 강조하고 있습니까? 3년 전 똑같은 사건이 처음으로 일어났을 때에는 그물이 찢어져 버렸기 때문입니다. 당시의 상황을 누가복음 5장은 이렇게 밝히고 있습니다.

> 말씀을 마치시고 시몬(베드로)에게 이르시되
> "깊은 데로 가서 그물을 내려 고기를 잡으라.
> 시몬(베드로)이 대답하여 가로되
> "선생이여, 우리들이 밤이 맞도록 수고를 하였으되
> 얻은 것이 없지마는
> 말씀에 의지하여 내가 그물을 내리리이다." 하고
> 그리한즉 고기를 에운 것이 심히 많아 그물이 찢어지는지라.

(눅 5:4~6)

　모든 상황이 동일하였음에도 불구하고 3년 전에는 그물이 찢어지고 말았습니다. 그런데 3년이 지난 지금은 응당 찢어져야 할 상황인데도 전혀 찢어지지 않았습니다. 첫 번째 사건에서의 물고기의 의미가 욕망이라면 두 번째 사건에서의 물고기의 의미는 헌신과 봉사라 했습니다. 그렇다면 이 두 사건을 통하여 주님께서 우리에게 주시고자 하는 메시지의 핵심이 무엇입니까? 자기 욕망만을 위해 사는 자의 인생은 반드시 찢어진다는 것입니다. 헌신과 봉사를 위한 삶은 결코 찢어지지 않는다는 것입니다. 타인을 위하여 걸레 되기를 주저치 않는 자의 삶만이 찢어지지 않는다는 것입니다. 그 때 자신의 삶만 찢어지지 않는 것이 아니라, 남의 삶을 찢는 누를 범치도 않게 되는 것은, 타인을 위해 걸레 되는 자가 있는 곳엔 분열이 있을 수 없음입니다.

　지난 2월 25일 새 대통령의 위임식이 있던 날, 이미 전직 대통령이 되어 버린 김영삼 전 대통령의 상할 대로 상한 얼굴을 TV 화면을 통해 보면서, 오래 전 그분과 개인적인 친분을 맺었던 사람으로서 저의 가슴이 얼마나 아팠는지 모릅니다. 만약 그분이 대통령직을 수행하는 5년 동안 국민을 위한 넉넉한 걸레가 되었었다면, 평생 나라를 위해 살아왔다는 그분의 말년이 어찌 저토록 비참하게 찢어질 수가 있었겠습니까? 자기 욕망을 위해 사는 자의 인생은 아무리 많은 것을 소유해도 오히려 그것 때문에 더 빨리 찢어집니다. 남을 위하여 걸레 되는 자의 인생만이 찢어지지 않음은, 하나님께서 친히 그의 그물이 되어 주시는 까닭입니다.

오늘 이 나라의 경제라는 그물이 찢어져 버리고 말았습니다. 그 동안 애쓰고 땀 흘리며 쌓아 온 열매들이 찢어진 그물 사이로 하루 아침에 새어 버리고 말았습니다. 그렇다면 다른 그물들은 온전합니까? 그렇지 않습니다. 정치라는 그물도, 교육이라는 그물도, 문화라는 그물도, 사회라는 그물도, 종교라는 그물도, 어느 한 그물도 찢어지지 않은 것이 없습니다. 왜 우리의 그물들이 이다지도 만신창이가 되었습니까? 우리 모두가 남을 생각하지 않고 자기의 욕망만을 위해 살았기 때문입니다. 욕망이란 나와 타인의 그물을 동시에 찢어 버리는 흉기라는 사실을 알지 못한 채, 혹은 알면서도 욕망의 늪에서 벗어나지 못했던 결과입니다.

이 사실을 바르게 인식했다면 우리는 지금 이 민족을 위한 헌신과 봉사의 걸레가 되기를 주저치 말아야 합니다. 우리가 그리스도 안에서 이 시대 이 민족을 위한 걸레가 될 때에만 우리 주님께서 친히 우리의 그물 되어 주시매, 찢어짐과 분열의 고통과 아픔으로부터 진정 자유함을 얻을 수 있습니다. 이 사회가 한심할 정도로 추하기 때문에 그냥 피해 버리는 것이 아니라, 오히려 그러하기 때문에 더더욱 이 추한 사회를 위한 걸레의 임무에 충실해야 합니다. 그것이 오늘 하필이면 이 시대에, 하필이면 이 땅 위에서, 하필이면 이 민족 가운데서 우리를 그리스도인 되게 하신 하나님의 뜻입니다.

3,500년 전 모세가 이스라엘 백성들을 위한 헌신의 걸레가 되었을 때 과연 이스라엘 백성들에게는 그만한 가치가 있었습니까? 없었습니다. 노예였던 그들은 노예 근성에서 벗어나지 못했습니다. 매일 하나님의 은혜로 살면서도 돌아서면 하나님을 원

망하는 한심한 인간들이었습니다. 가나안을 향하는 광야에서도 인간이 지을 수 있는 죄는 다 짓는 더러운 인간들이었습니다. 그러나 그러했기 때문에 오히려 모세는 그 더러운 형제들을 위한 걸레 되기를 포기할 수 없었습니다. 더러운 곳에 필요한 것은 다름 아닌 걸레임을 잘 알고 있었던 것입니다. 2,000년 전 바울이 그 시대의 걸레가 되기를 자임했을 때, 그 때의 사람들은 그만한 가치를 지니고 있었습니까? 그것도 아니었습니다. 바울의 말에 귀를 기울이는 자들보다 바울을 핍박하고 죽이려는 흉악한 인간들이 더 많았습니다. 그러나 바울 역시 그러했기 때문에 더 한층 그 흉악한 자들을 위한 봉사의 걸레가 될 수밖에 없었습니다. 청결한 곳이라면 걸레가 필요치 않음을 터득하고 있었던 것입니다. 모세와 바울이 그처럼 걸레와도 같이 헌신과 봉사를 다 하였을 때에 하나님께서 그들을 통하여 그 시대의 찢어지지 않는 그물이 되어 주셨음은, 그 찢어지지 않는 그물 속에서 이스라엘 백성들이 가나안 땅을 얻고 로마의 역사가 새롭게 되었음은 결코 우연한 일이 아니었습니다.

자, 이제 다시 우리의 상황을 되돌아봅시다. 대명천지에 경제주권을 상실하였으니 얼마나 한심한 상황입니까? 하루 아침에 이 한심한 상황이 오리라고는 생각조차 못 하고 있었던 사람들은 또 얼마나 한심합니까? 정부에도 국회에도 학교에도 시장터에도 온통 한심한 사람들 천지입니다. 그러나 우리가 이 세상 모두를 한심하다 탄식할 때 그 한심한 대상에서 과연 우리 자신은, 나 자신은 예외입니까? 나는 그 '한심'과는 거리가 먼 사람입니까? 아니지 않습니까? 바로 나 자신부터 한심한 인간 아니었습니까? 나 자신의 욕망에 사로잡혀, 목전의 이득에만 눈이 멀어,

내 인생의 그물을, 타인의 그물을, 이 사회의 그물을, 만신창이
가 되도록 찢어 놓은 한심한 주범이 바로 나 자신 아니었습니까?
십자가 위에서 나의 죄를 닦아 주는 걸레 되신 주님을 믿는다는
내가, 헌신과 봉사를 삶의 철칙으로 삼는다는 그리스도인 된 내
가, 이 사회를 위한 걸레 되기를 원치 않는 한심한 인간이었는데
어찌 이 사회가 이처럼 한심하게 되지 않을 도리가 있었겠습니
까?
　다니던 은행의 구조 조정으로 인하여 정든 직장을 떠나지 않
을 수 없게 된 한 퇴직자가 쓴 시를 읽어 드리겠습니다.

　　　이 침묵의 땅에서
　　　우린 무엇을 할 수 있습니까?
　　　오늘의 풍경은
　　　모두 낯설기만 합니다.
　　　날마다 얼굴 마주했던
　　　사람 사람들……
　　　손때 묻은 책상과 펜, 서류 뭉치
　　　한몸이던 단말기
　　　그리고
　　　해보다 눈부시던 우리의 미소
　　　이 모두를 하늘에 걸어 두고
　　　우린 돌아서야 합니다.
　　　정녕 내 땅에서 떠나야 합니다.
　　　인생은 짧은 여름밤의 꿈이라
　　　하지만

활활 타오르는
불꽃이고 싶었던 날들
무거워라, 해 아래 사는 일
당신을 향해 말하고 싶은 몇 마디
왜 이리 목울음이 잠기는지
밀쳐 놨던 세상의 언어로
나 여기 있소, 나 여기 살아 있소
천둥 같은
으뜸의 소리 외치고 싶습니다.

나라의 경제가 찢어짐으로 인하여 그 인생의 그물이 찢어져 버린 자의 찢어지는 절규입니다. 도대체 누가 이 사람의 인생을 찢어 놓았습니까? 누가 이 사람으로 하여금 이처럼 찢어지는 아픔을 절규하게 했습니까? 허망한 욕망에만 사로잡혀 있던 나 자신 아닙니까? 오늘 사순절 세 번째 주일을 맞이하여 우리 자신이 이 사회의 그물을 찢어 놓은 장본인임을 주님 앞에 회개해야만 합니다.

청결한 집이라고 해서 걸레가 필요 없는 것은 아닙니다. 아니 청결한 집일수록 더 많은 걸레가 필요합니다. 청결하다는 것은 좀더 많은 걸레질의 결과입니다.
사랑하는 교우 여러분! 이 사회가 정말 청결한 사회가 되기를 원하십니까? 바른 사회가 되기를 원하십니까? 더 이상 찢어지지 않는 사회가 되기를 원하십니까? 그렇다면 더 이상 높은 곳에 매달린 장식물이 되려 하지 맙시다. 예수 그리스도를 본받아 낮고 낮은 곳으로 내려가서 우리 자신을 이 사회를 위한 걸레로 내어놓읍시다. 혹 남보다 더 많은 것을 소유하고 있습니까? 더 높은 지위나 직책에 있습니까? 그렇다면 여러분들께 간곡히 호소합니다. 누구보다 더 앞장 서서 이 사회를 위한 걸레가 되십시오. 여러분들을 좀더 큰 걸레로 사용하시기 위해 하나님께서 그 모든 것을 허락하셨음을 잊지 마십시오. 헌신과 봉사의 걸레가 될 때만이 나의 그물이 찢어지지 않습니다. 남의 그물을 찢는 우를 범치도 않습니다. 때로 병들고 때로 실직당하고 때로 실패할 수는 있으나 그 인생 자체가 하나님 앞에서 찢어지지 아니함은, 오히려 더욱 존귀케 됨은, 영원하신 하나님께서 친히 우리의 찢어지지 않는 그물 되시기 때문입니다.

가득히 찬 물고기가 일백쉰세 마리라.
이같이 많으나 그물이 찢어지지 아니하였더라.

주님!
작은 욕망 때문에 내 인생의 그물을 찢는
우를 범해 왔습니다.
나의 권리만을 주장하느라 타인의 그물을 찢는
과오를 범했습니다.
우리는 모두 값비싼 액자가 되어 높은 곳에
자리잡으려고만 했지,
누구 하나 낮고 낮은 곳에서 이 사회를 위한 걸레가
되려고는 하지 않았습니다.
그 결과 이 사회의 그물을 만신창이가 되도록 찢어 버리는 죄를 짓고 말았습니다.
한심한 우리의 삶으로 인해
인생의 그물이 찢기운 자들의 찢어지는 절규가
도처에서 울려 퍼지고 있습니다.
사순절 세 번째 주일을 맞는 이 아침
우리의 이 모든 죄를 회개하오니,
주여, 용서하여 주시옵소서.
이제 이후로 우리 모두 주님을 본받아 이 사회를 위한
걸레가 되게 해 주옵소서.
주님께서 내게 주신 것이 많을수록
한 사람이라도 더 많은 사람을 위하는
더 큰 걸레가 되게 해 주옵소서.
그리하여 우리의 인생이, 우리의 가정이, 우리의 일터가,
이 사회가,
그리스도 안에서 다시는 찢어지지 않게 하옵소서.
언제 어디서든 걸레처럼 헌신과 봉사를 다하며 살다 가는
우리의 삶으로 인하여
이 사회가 청결성을 회복하게 하옵소서.
우리 모두 참된 그리스도인이 됨으로써
우리의 자녀들에게 대한민국이라는
찢어지지 않는 그물을 넘겨 주는
진정한 신앙의 부모들이 되게 해 주옵소서. 아멘.

9

조반을 먹으라

그 후에 예수께서 디베랴 바다에서
또 제자들에게 자기를 나타내셨으니
나타내신 일이 이러하니라.
시몬 베드로와 디두모라 하는 도마와
갈릴리 가나 사람 나다나엘과 세베대의 아들들과
또 다른 제자 둘이 함께 있더니
시몬 베드로가 “나는 물고기 잡으러 가노라” 하매
저희가 “우리도 함께 가겠다” 하고 나가서 배에 올랐으나
이 밤에 아무것도 잡지 못하였더니
날이 새어 갈 때에 예수께서 바닷가에 서셨으나
제자들이 예수신 줄 알지 못하는지라.
예수께서 이르시되 “애들아, 너희에게 고기가 있느냐?”
대답하되 “없나이다.”
가라사대 “그물을 배 오른편에 던지라. 그리하면 얻으리라.”
하신대, 이에 던졌더니 고기가 많아 그물을 들 수 없더라.
예수의 사랑하시는 그 제자가 베드로에게 이르되 “주시라” 하니
시몬 베드로가 벗고 있다가 주라 하는 말을 듣고

겉옷을 두른 후에 바다로 뛰어내리더라.
다른 제자들은 육지에서 상거가 불과 한 오십 간쯤 되므로
작은 배를 타고 고기 든 그물을 끌고 와서
육지에 올라 보니 숯불이 있는데
그 위에 생선이 놓였고 떡도 있더라.
예수께서 가라사대 "지금 잡은 생선을 좀 가져 오라" 하신대
시몬 베드로가 올라가서 그물을 육지에 끌어올리니
가득히 찬 큰 고기가 일백쉰세 마리라.
이같이 많으나 그물이 찢어지지 아니하였더라.
예수께서 가라사대 "와서 조반을 먹으라" 하시니
제자들이 주신 줄 아는 고로
당신이 누구냐 감히 묻는 자가 없더라.
예수께서 가셔서 떡을 가져다가 저희에게 주시고
생선도 그와 같이 하시니라.
이것은 예수께서 죽은 자 가운데서 살아나신 후에
세 번째로 제자들에게 나타나신 것이라.

요한복음 21:1~14

저희 집 2층 한쪽 벽에는 세로로 된 긴 액자가 걸려 있습니다. 액자의 한 가운데에는 '빛을 발하라'는 큰 글자가 쓰여 있고, 그 양 옆으로 '일어나라 빛을 발하라 이는 네 빛이 이르렀고 여호와의 영광이 네 위에 임하였음이니라'는 이사야 60장 1절의 말씀이 아주 작은 글씨로 적혀 있습니다. 그리고 왼쪽 아래에는 '홍성사 이재철 사장 위해, 묵농'이라는 서명과 함께 낙관이 찍혀 있습니다. 묵농이라는 젊은 서예가가 20년 전 사업을 하던 저를 위해 써 준 작품입니다. 우연한 자리에서 친구의 소개로 통성명을 하게 된 그를 그 이후 공식석상에서 한두 차례 더 스쳤을 뿐이었습니다. 그런데 어느 날 사전 연락도 없이 느닷없이 제 회사를 찾아온 것이었습니다. 저를 위해 썼다는 그 작품을 화선지째로 동그랗게 말아 손에 쥐고서 말입니다. 이유인즉슨 같은 젊은 사람끼리 사귀고 싶어서라고 했습니다. 개인적인 친분이 전

혀 없던 그의 예기치 않은 호의에, 저는 그를 고급식당으로 인도
하여 극진하게 식사 대접 하는 것으로 보답하였습니다. 그 뒤 그
로부터 따로 연락이 없는 가운데 몇 개월이 지났습니다. 어느 날
묵농을 저에게 소개시켜 주었던 친구로부터 묵농이 죽었다는 뜻
밖의 소식을 들었습니다. 간경화증으로 젊은 나이에 세상을 떠
나고 말았다는 것입니다. 그리고 더 가슴아픈 사실을 알게 되었
습니다. 말년의 그는 경제력을 완전 상실한 채 조금이라도 안면
이 있는 사람이기만 하면 무조건 글씨를 써서 가져다 주곤, 혹
몇 푼이라도 받게 되면 그 돈으로 겨우 입에 풀칠을 하며 살았
다는 것이었습니다. 그러고 보니 그가 저를 위해 쓴 글씨를 들고
느닷없이 저를 찾았던 것도 그의 말대로 저와 사귀고 싶어서가
아니었던 것입니다. 저를 존경해서도 아니었습니다. 그는 오직
돈이 필요했던 것입니다. 그 날 그가 필요로 했던 것은 제가 고
급식당에서 베푸는 거창한 식탁이 아니라 돈이었습니다. 엄청난
사업자금이 아니라 그저 며칠을 더 연명하는 데 필요한 최저 생
계비였을 것입니다. 만약 제가 그 날 그를 대접하느라 지불한 돈
을 그에게 현금으로 주었더라면 그는 그 돈을 며칠 동안 훨씬 더
요긴하게 썼을 것입니다. 그러나 저는 그가 정말 무엇을 필요로
하는지를 전혀 알지 못한 우둔한 자였습니다. 그가 저를 만나 단
지 단 한 번의 끼니만을 해결하고 돌아설 때 그의 발걸음이 얼
마나 무거웠겠습니까? 그의 가슴은 또 얼마나 아렸겠습니까? 저
는 그 때까지 책상 서랍 속에 아무렇게나 넣어 두었던 묵농의 작
품을 찾아 표구를 한 뒤 사무실 벽에 걸었습니다. 첫째로 저로
인해 잠시나마 가슴아팠을 묵농에게 속죄하기 위함이요, 두 번
째는 같은 어리석음을 두 번 다시 범치 말자는 의미에서였습니

다. 그것이, 지난 20년 동안 많은 액자를 처분하는 가운데에서도 상대적으로 질이 떨어지는 그의 작품이 아직까지 남아 있는 이유입니다.

그러나 그 액자를 계속 벽 위에 걸어 둔다고 해서 같은 잘못을 전혀 되풀이하지 않았겠습니까? 아닙니다. 지나온 20년 동안 묵농에게 저질렀던 것과 똑같은 실수를 수도 없이 범했을 것입니다. 이것은 비단 저만의 이야기가 아니라 우리 모두의 고백일 것입니다. 상대가 정말 필요로 하는 것이 무엇인지 알지 못한 채, 막상 필요한 것은 주지 않고 필요치도 않은 것을 인심 쓰듯 안겨 주는 실수를 얼마나 자주 저질러 왔습니까? 설령 상대가 필요로 하는 것을 정확하게 알았다 할지라도 때로는 능력이 없어서, 혹은 능력이 있다 할지라도 왠지 싫어서 그 필요를 외면한 적은 또 얼마나 많았습니까? 이것은 부모 자식 간이나 부부 사이라고 해서 예외인 것은 아닙니다. 그래서 사람은 사람의 진정한 구원자가 될 수 없습니다. 사람에 대한 기대가 크면 클수록 실망감만 더 커질 뿐입니다. 마치 제게 기대를 걸고 왔다가 그저 밥 한 끼 얻어먹고 무거운 발길로 되돌아서던 묵농처럼 말입니다.

혹 무슨 일을 하기 위해 밤을 꼬박 새워 본 적이 있습니까? 시간이 깊어 갈수록 점점 더 분명하게 찾아오는 것은 배고픔입니다. 생각을 해 보십시오. 오후 7시경에 식사를 한 뒤 자정을 넘기고 새벽까지 버티고 있는데 어찌 허기지지 않겠습니까? 그래서 밤샘을 하는 사람들은 대개 밤참을 준비하게 마련입니다. 지금 제자들은 책상 앞에서 책을 읽거나 혹은 방 안에서 가만히 묵상하느라 밤샘을 한 것이 아닙니다. 그들은 갈릴리 바다에서 계속 그물질을 하느라 밤을 꼬박 새운 것입니다. 그물을 던졌다 끌어올리고 다시 던지기를 반복한다는 것은 중노동 중의 중노동입니다. 그런 만큼 날이 밝아 올수록 그들의 허기는 더욱 심해졌을 것입니다. 그러나 지난밤 베드로의 선동에 의해 충동적으로 고기잡이에 나섰기에 밤참을 준비했을 리가 없었습니다. 새벽녘 그물을 거두고 각자 집으로 돌아간다 한들 빈민촌에 살고 있는 그들의 집에 그 이른 시각, 그들을 위한 아침이 따로이 마련되어 있을 리도 없었습니다. 모든 여건을 생각할수록 더더욱 허기질 수밖에 없는 상황이었습니다. 마침내 그들이 마지막 순간 주님의 도우심으로 그물 가득히 고기를 잡아 육지에 당도하고 보니, 거기에는 숯불 위에 생선과 떡이 놓여 있었습니다. 주님께서 친히 준비해 두신 것이었습니다. 그러나 제자들은 그 음식의 용도가 무엇인지를 알 수가 없었습니다. 그런데 뜻밖에도 주님께서 제자들에게 본문 12절을 통하여 이렇게 말씀하셨습니다.

"와서 조반을 먹으라."

놀랍게도 그 음식들은 주님께서 제자들을 위한 조반으로 마련해 두신 것이었습니다. 제자들이 주님을 망각한 채 허망한 갈릴리에서 의미 없이 헛그물질을 하고 있는 동안, 주님께서는 그 한심한 제자들을 위하여 조반을 준비하고 계셨던 것입니다.

"와서 조반을 먹으라."—주님의 이 짧은 한 마디야말로 주님께서 인간을 위한 진정한 구원자 되심의 증거가 아닐 수 없습니다.

첫째, 주님께서는 제자들에게 그 순간 필요한 것이 무엇인지를 정확하게 알고 계셨습니다. 제자 중 누구도 배고픔을 호소한 자가 없었습니다. 제자 중 누구도 조반을 간구한 적도 없습니다. 아니, 그들은 밤새워 헛그물질하느라 너무나 허기졌기에 허기졌다는 사실 자체를 망각하고 있었는지도 모릅니다. 그러나 주님께서는 제자들과 떨어져 육지에 계셨음에도 불구하고, 제자들에게 그 순간 정말 필요한 것이 무엇인지를 정확하게 알고 계셨습니다. 그래서 제자들에게 말씀하셨습니다.—"와서 조반을 먹으라."

둘째, 주님께서는 제자들의 필요를 채워 줄 수 있는 능력을 갖고 계셨습니다. 아무리 제자들의 필요를 파악하고 계셨다 할지라도 그 필요를 해결해 줄 수 있는 능력을 갖고 계시지 않았더라면, 그분은 우리와 다를 바가 없을 것입니다. 주님께서는 제자들이 그물질하는 동안 친히 조반을 만들어 두셨습니다. 그러나 그것으로 만족치 않으셨습니다. 육지에 막 당도한 제자들에게 이제 방금 잡은 생선을 가져오라고 말씀하심으로써, 주님께서 마지막 순간 제자들에게 그물이 차고 넘칠 정도로 많은 고기를 허락하신 주된 목적 중의 하나가 제자들에게 조반을 만들어 주시기 위함이었음을 분명히 밝혀 주고 계십니다. 주님의 능력 아니었던들 그 날 새벽 그 조반은 애시당초 불가능하였을 것이기에, 그 조반이야말로 주님 능력의 결정체였습니다. 그래서 주님께서 제자들에게 말씀하셨습니다.—"와서 조반을 먹으라."

셋째, 주님께서는 제자들의 필요를 정확히 아시고 그 필요를 채워 줄 수 있는 능력을 갖고 계실 뿐만 아니라, 제자들을 위하여 그 능력을 베푸시는 넉넉한 사랑을 갖고 계셨습니다. 제자들이 도대체 누구입니까? 한마디로 배신자들 아닙니까? 정작 주님 곁을 지켜야 할 때 도망가 버렸던 배반자들 아닙니까? 지난밤만 해도 주님은 아랑곳하지도 않고 오직 욕망의 헛그물질만 해 대던 쓸모 없는 인간쓰레기들 아닙니까? 인간적으로 생각할 때 그들에게 꼭 줄 것이 있다면 저주 이상은 아니었을 것입니다. 그럼에도 불구하고 주님께서는 그들을 위하여 조반을 준비하셨습니다. 그 한심한 인간들의 상태에 상관없이 그들을 위해 당신의 능력을 아낌없이 베풀어 주셨습니다. 본문에서 사용된 '조반을 먹는다'는 동사 'aristao'는 오찬이나 만찬의 의미를 지닌 단어입니다. 주님께서 제자들을 위하여 마련하신 음식들이 우리가 일반적으로 생각하는 간단한 아침이 아니라, 오찬이나 만찬처럼 성의를 다하여 준비된 풍성한 것이었음을 의미하고 있습니다. 주님께서는 배신자들을 위하여 그토록 온 정성을 다해 조반을 만드셨던 것입니다. 그뿐만이 아닙니다. 본문 13절은 이렇게 증거해 주고 있습니다.

　　예수께서 가셔서 떡을 가져다가 저희에게 주시고
　　생선도 그와 같이 하시니라.

　자신들이 범한 죄과를 너무나도 잘 알기에 주님께서 친히 준비해 주신 음식에 감히 손을 댈 엄두도 내지 못한 채 송구스러워하기만 하는 제자들에게, 주님께서는 친히 음식을 나누어 주시기까지 하셨습니다. 그분은 진정 넉넉한 사랑이셨던 것입니다. 그래서 제자들에게 말씀하셨습니다.
　"와서 조반을 먹으라."

이 짧은 한마디야말로 제자들에 대한 변함없는 사랑의 고백인
동시에, 당신이 누구이신지를 다시 밝히시는 주님의 자기 선언
이었습니다. 주님이야말로 이 땅에 오신 진정한 구원자이셨던 것
입니다.

애굽에서 400년 동안이나 노예생활 하던 이스라엘 백성들은
마침내 출애굽의 대해방을 맞았습니다. 그러나 가나안 땅에 이
르기까지 그들은 40년 동안이나 광야를 거쳐야만 했습니다.
3,500년이 지난 지금까지도 사람이 살 수 없는, 풀 한 포기 물
한 방울 없는 광야에서 40년이란 긴 세월 동안 살아남을 수 있
었던 것은 하나님께서 그들을 책임져 주셨기 때문이었습니다. 하
나님께서는 날마다 만나와 메추라기를 내려 주셨습니다. 만나가
떡이라면 메추라기는 고기였습니다. 물이 없는 곳에서는 반석을
터뜨리기까지 하시면서 매일 필요한 물을 풍족하게 내려 주셨습
니다. 이스라엘 백성들은 그게 다라고 생각했습니다. 하나님께서
그들을 위하여 주시는 것은 그것이 모두라고 생각했던 것입니다.
그런데 그들이 광야의 여정을 다 끝내고 마침내 가나안 땅 맞은
편 요단강 동편에 도착하였을 때에, 하나님께서는 모세를 통하
여 이스라엘 백성들에게 이렇게 말씀하셨습니다.

주께서 40년 동안 너희를 인도하여
광야를 통행케 하셨거니와
너희 몸의 옷이 낡지 아니하였고 너희 발의 신이
해어지지 아니하였으며 (신 29:5)

얼마나 놀라운 기적입니까? 40년 동안 광야를 행진하는 동안 먹을 것과 마실 것만 있으면 모든 것이 해결됩니까? 만약 옷이 없다면 광야의 그 불볕 태양을, 그리고 한밤중의 한기를 어찌 견딜 수 있겠습니까? 만일 신이 없다면 그 거친 광야를 어찌 걸어서 횡단할 수 있겠습니까? 그들에게 있어서 옷과 신발이란 음식과 물처럼 필수불가결한 것이었습니다. 400년 동안이나 노예로 살던 그들에게 옷이나 신발이 몇 벌이나 있었겠습니까? 있었다 한들 광야생활에서 그 수명이 몇 년이나 가겠습니까? 상식적으로 따져 본다면 매일 걸어야 하고 옷 입은 채로 잠까지 자야 하는 그들의 경우, 옷과 신발은 몇 년 지나지 않아 다 거덜나야만 했을 것입니다. 그러나 40년이란 기나긴 세월이 경과하였음에도 불구하고 그들의 옷은 전혀 낡지 않고 그대로 있었던 것입니다. 그들의 신발 역시 어느 곳 하나 해어진 데 없이 말짱하였습니다. 어떻게 그런 일이 가능할 수 있었습니까? 이스라엘 백성 중 누구 하나 하나님께 의복이나 신발을 구한 적이 없었음에도 불구하고, 하나님께서 그들에게 가장 필요한 것이 옷과 신임을 먼저 아시고 당신의 능력을 40년 동안 변함없이 베풀어 주셨기 때문입니다. 이스라엘 백성들에게 그럴 만한 가치가 있습니까? 아닙니다. 매일 하나님께서 내려 주시는 만나와 메추라기로 살아가면서도 끊임없이 하나님을 원망하고 하나님께 등을 돌리던 배은망덕한 인간들이었습니다. 40년 동안 그들의 의복과 신이 낡지 않고 해어지지 않음을 당연하듯 여길 뿐, 그것이 하나님의 은혜임을 깨달으려고조차 하지 않던 우둔한 인간들이었습니다. 그럼에도 불구하고 하나님께서는 그들의 필요를 먼저 아시고 당신의 능력을 끊임없이 베풀어 주셨습니다. 하나님은 온전한 사랑이시기 때문이었습니다. 그래서 그분은 우리의 완전한 구원자 되시는 것입니다. 그래서 그분이 보내신 그분의 독생자 예수님은 우리를 위한 온전한 메시아가 되시는 것입니다.

그렇다면 이상과 같은 관점에서 볼 때 참되고 성숙한 믿음이란 무엇이겠습니까? 지금 내게 없는 것으로 인해 절망하거나 좌절치 않는 것입니다. 지금 내게 없는 것을 나의 방법으로 무리하게 구하려 하지 않는 것입니다. 우리 주님이 어떤 분입니까? 내게 있어야 할 것을 나보다도 더 잘 아시는 분입니다. 그 필요를 해결해 줄 수 있는 능력을 지니고 계신 분입니다. 그리고 나의 형편없음에도 불구하고 그 능력을 베풀어 주시는 완전하고 넉넉한 사랑이십니다. 따라서 지금 내게 있는 것이 정말 내게 필요한 것이요, 내게 지금 없는 것은 나보다 나를 더 잘 아시는 주님 보시기에 불필요한 것이거나 혹은 해로운 것입니다. 정말 내게 필요한 것이라면, 때가 되면 주님께서 순리대로 반드시 허락해 주실 것입니다. 그러므로 참된 신앙이란 지금 내게 있는 것이 모두 하나님의 은혜이기에, 지금 있는 것을 족하게 여기며 감사의 삶을 사는 것입니다. 사도 바울이 다음과 같이 권면하고 있습니다.

지족(知足)하는 마음이 있으면 경건이 큰 이득이 되느니라.
우리가 세상에 아무것도 가지고 온 것이 없으매
또한 아무것도 가지고 가지 못하리니
우리가 먹을 것과 입을 것이 있은즉 족한 줄로 알 것이니라.

(딤전 6:6~8)

'지족'—알 지(知), 족할 족(足)—즉 지금 내게 있는 것이 족함을 아는 마음만이 경건을 이루어 갈 수 있습니다. 내게 있는 것이 족함을 알지 못할 때 우리는 불평과 불만 그리고 욕망과 불의의 노예로 전락하고 마는 것입니다. 거기에는 참된 신앙과 경건이 있을 수 없습니다. 제자들이 이 이후 사도행전에서 경건의 삶을 이룰 수 있었던 것은 그들의 형편없음에도 불구하고 자신들을 위해 조반을 만들어 주시는 주님을 바로 알게 된 뒤부터, 있는 것으로 자족하는 삶을 살았던 까닭입니다.

온 나라에 불어닥친 경제적 한파 때문에 우리의 가계가 형편없이 위축되었습니다. 실직을 당하거나 도산한 경우가 허다합니다. 이로 인하여 많은 사람들이 불안과 근심 속에 살아가고 있습니다. 그러나 곰곰이 한번 생각해 봅시다. 하나님을 믿는다는 우리가 일시적인 위기를 당했다고 해서 왜 염려하고 근심합니까? 예전의 삶을 누리지 못하게 되었기 때문입니다. 없어진 것에만 매어 있기 때문입니다. 만약 우리가 아직 우리에게 남아 있는 것으로 족한 줄 안다면 불안해할 까닭이 없습니다. 오히려 남아 있는 것으로 인하여 감사드려야 합니다. 우리가 이 세상에 태어날 때 무엇을 갖고 왔습니까? 적수공권으로 오지 않았습니까? 그리고 이 세상 떠날 때 역시 빈손으로 가야하지 않습니까? 이 땅 위에 나의 것이라곤 본래 없었고, 지금도 없고, 앞으로도 없을 것입니다. 그럼에도 불구하고 아직 우리에게 입을 옷이 있습니다. 신을 신이 있습니다. 하루 세 끼 먹을 것이 있습니다. 가정이 있습니다. 가족이 있습니다. 친구가 있습니다. 교회가 있습니다. 믿음이 있습니다. 복음이 있습니다. 생명이 있습니다. 호흡할 공기가 있습니다. 이 얼마나 족한 삶입니까? 내가 구하지 아니한

이 모든 것을 이처럼 아낌없이 주시는 주님이시라면, 주님 보시기에 내게 필요한 것을 왜 주님의 때에 허락치 않으시겠습니까? 목사인 저는 돈을 벌거나 모으는 것을 목적으로 하는 사람이 아닙니다. 살아가면서 왜 궁핍할 때가 없으며 곤궁할 때가 없겠습니까? 그러나 저는 주님을 인격적으로 만난 1984년 8월 2일 이후, 그 어떤 상황 속에서도 근심하거나 염려해 본 적이 없음을 고백드릴 수 있습니다. 주님께서 뭐라고 말씀하셨습니까?

> "또 기도할 때에 이방인과 같이 중언부언하지 말라.
> 저희는 말을 많이 하여야 들으실 줄 생각하느니라.
> 그러므로 저희를 본받지 말라.
> 구하기 전에 너희에게 있어야 할 것을
> 하나님 너희 아버지께서 아시느니라." (마 6:7~8)

우리 하나님께서는 내게 있어야 할 것이 무엇인지 나보다 더 잘 알고 계십니다. 또 그 필요를 채워 줄 수 있는 능력을 갖고 계시고, 그 능력을 베풀어 줄 사랑을 갖고 계십니다. 그렇기에 내게 있어야 할 것은 당신의 방법으로 반드시 있게 하시고 필요치 않은 것은 절대로 허락치 않으심을 알게 되었으매, 있는 것을 족하게 여기며 감사함으로 살기에도 인생이란 턱없이 짧은데 없는 것으로 인해 걱정하며 근심할 까닭이 있겠습니까?

사랑하는 교우 여러분!

이 경제 위기 속에서 무엇을 잃었습니까? 하나님을 진정으로 믿는다면 그 잃은 것으로 인하여 더 이상 절망치 맙시다. 아직 남아 있는 것을 족하게 여깁시다. 오히려 잃은 것을 감사드립시다. 잃음으로 인해 생긴 빈 공간이야말로 하나님께서 나를 위하여 예비해 두신 새로운 ‘조반’을 담을 그릇임이 확실하기 때문입니다. 이 사실을 믿는다면 더 이상 사람으로 인해 절망하거나 실망치 말고, 지난 수요예배 시간에 시편 23편을 통하여 묵상했던 다윗의 고백을 모두 우리의 고백으로 삼읍시다.

내가 사망의 음침한 골짜기로 다닐지라도
해를 두려워하지 아니하리라.
내가 참으로 걸어 나아가리라.
주께서 나와 함께하심이라.

보십시오. 나의 필요를 나보다 더 잘 아시는 주님, 나의 필요를 채워 줄 능력을 가지신 주님, 그 능력을 무시로 베풀어 줄 수 있는 사랑이신 주님께서 지금 우리를 부르고 계시지 않습니까?
“와서 조반을 먹으라.”

주님!
우리는 이 세상에 적수공권으로 왔습니다.
아무것도 가져온 것이 없습니다.
그런데도 우리에게는 옷이 있습니다. 신발이 있습니다.
세 끼 양식이 있습니다.
가재도구가 있습니다. 가정이 있습니다.
가족이 있습니다. 친구가 있습니다.
생명이 있습니다. 호흡할 공기가 있습니다.
교회가 있습니다. 믿음이 있습니다. 복음이 있습니다.

더불어 살아갈 나라가 있습니다.
지금 우리에게 있는 것을 다 세려 해도 너무 많아
셀 수조차 없습니다.
이 모든 것을 주님께서 주셨습니다.
그러나 우리는 이처럼 많은 것들에 대하여
자족할 줄을 몰랐습니다.
오히려 불필요한 것 하나가 없음으로 인하여
원망과 불평과 절망을 터뜨리며 살아왔습니다.
사순절 네 번째 주일을 맞는 이 아침,
우리의 이 어리석은 죄를 회개하오니 용서하여 주옵소서.
우리의 필요를 우리보다 더 잘 아시는 주님,
그 필요를 채워 줄 수 있는 능력을 지니신 주님,
그 능력을 무시로 베푸시는 사랑의 주님을 온전히
믿는 자가 되게 하여 주옵소서.
필요한 것은 반드시 주시는 분이시요,
필요치 않은 것은 허락치 않는 분임을 확실히 알아,
지금 우리에게 있는 것을 족히 여기며
감사하는 자가 되게 하옵소서.
우리에게 꼭 필요하기에 이 경제 위기를 주셨음도
감사케 하옵소서.
이 위기의 계곡을 통해서만 주님께서 우리에게 내려 주신
새로운 조반을 얻을 수 있음을 믿어,
참으로 담대하게 나아가는 자들이 되게 하여 주옵소서.
언젠가 이 세상을 떠날 때 하나님 앞에 가져갈 수 있는
것은 이 땅에서의 소유가 아니라,

우리의 경건한 삶뿐임을 잊지 말게 하옵소서.
그리하여 그리스도 안에서 자족하는 우리의 삶이
날로 경건을 이루어 가게 하옵소서. 아멘.

10

묻는 자가 없더라

그 후에 예수께서 디베랴 바다에서
또 제자들에게 자기를 나타내셨으니
나타내신 일이 이러하니라.
시몬 베드로와 디두모라 하는 도마와
갈릴리 가나 사람 나다나엘과 세베대의 아들들과
또 다른 제자 둘이 함께 있더니
시몬 베드로가 "나는 물고기 잡으러 가노라" 하매
저희가 "우리도 함께 가겠다" 하고 나가서 배에 올랐으나
이 밤에 아무것도 잡지 못하였더니
날이 새어 갈 때에 예수께서 바닷가에 서셨으나
제자들이 예수신 줄 알지 못하는지라.
예수께서 이르시되 "애들아, 너희에게 고기가 있느냐?"
대답하되 "없나이다."
가라사대 "그물을 배 오른편에 던지라. 그리하면 얻으리라."
하신대, 이에 던졌더니 고기가 많아 그물을 들 수 없더라.
예수의 사랑하시는 그 제자가 베드로에게 이르되 "주시라" 하니
시몬 베드로가 벗고 있다가 주라 하는 말을 듣고

겉옷을 두른 후에 바다로 뛰어내리더라.
다른 제자들은 육지에서 상거가 불과 한 오십 간쯤 되므로
작은 배를 타고 고기 든 그물을 끌고 와서
육지에 올라 보니 숯불이 있는데
그 위에 생선이 놓였고 떡도 있더라.
예수께서 가라사대 “지금 잡은 생선을 좀 가져 오라” 하신대
시몬 베드로가 올라가서 그물을 육지에 끌어올리니
가득히 찬 큰 고기가 일백쉰세 마리라.
이같이 많으나 그물이 찢어지지 아니하였더라.
예수께서 가라사대 “와서 조반을 먹으라” 하시니
제자들이 주신 줄 아는 고로
당신이 누구냐 감히 묻는 자가 없더라.
예수께서 가셔서 떡을 가져다가 저희에게 주시고
생선도 그와 같이 하시니라.
이것은 예수께서 죽은 자 가운데서 살아나신 후에
세 번째로 제자들에게 나타나신 것이라.

요한복음 21:1~14

삼성그룹의 창업주였던 고 이병철 회장님이 생전에 각 공장의 공터마다 나무를 심게 했던 것은 잘 알려진 일화입니다. 그분이 각 공장을 시찰할 때면 공장장 사무실에서 서류 보고를 받거나 생산 라인을 점검해 보기 전에 반드시 그 공장에 심긴 나무를 먼저 살폈다고 합니다. 나무들이 건강하게 잘 자라고 있으면 그 공장의 공장장을 신뢰하였고, 만약 나무에 이상이 있으면 그 공장의 서류 보고가 아무리 훌륭해도 공장장에게 100퍼센트 신뢰를 주지 않았다고 합니다. 그분은 거대한 공장을 책임지는 공장장의 손길이 공장 밖 나무에까지 미친다면 그 공장장은 공장 안 관리는 두말 할 것도 없이 잘 하고 있는 것으로 판단했고, 그 반대 경우의 공장장이라면 공장 자체의 관리마저 버거울 것으로 여겼다고 합니다. 실제로 공장에 심겨진 나무로 공장장의 역량을 가늠하는 그분의 판정은 거의 정확했다고 합니다.

한 구도자가 유명한 선사를 친견하기 위하여 그 선사가 기거하는 산사를 찾았습니다. 깊은 산 속의 산사 아래에 막 당도했을 때에 산사를 끼고 도는 계곡 물 속에 산사에서 버려진 콩나물 대가리와 밥알이 흐르고 있는 것이 보였습니다. 그 순간 구도자는 발길을 돌려 하산해 버리고 말았습니다. 그처럼 절제하지 못하는 사람이면 선사가 아니라 신령이라 할지라도 만나 볼 가치가 없다고 여겼던 것입니다. 불교에 귀의하여 스님이 되고자 하는 모든 불자는 먼저 밥 짓는 일부터 하게 됩니다. 구도란 섬김과 봉사로부터 시작된다는 의미입니다. 그 때 갓 귀의한 불자에게 스님이 첫날 첫 번째로 들려 주는 이야기가 방금 말씀드린 이야기라고 합니다. 산사의 참됨의 정도는 그 산사를 끼고 흐르는 계곡의 물 속을 들여다보면 알게 된다는 뜻입니다.

우리의 눈은 밖을 향하여 있기에 자기 자신을 보지 못합니다. 자기 자신에 관한 한 우리는 거의 눈먼 자와 진배없습니다. 오죽하면 주님께서 우리를 향하여 이렇게 말씀하셨겠습니까?

> "어찌하여 형제의 눈 속에 있는 티는 보고
> 네 눈 속에 있는 들보는 깨닫지 못하느냐?
> 보라, 네 눈 속에 들보가 있는데 어찌하여 형제에게 말하기를
> '나로 네 눈 속에 있는 티를 빼게 하라' 하겠느냐?
> 외식하는 자여, 먼저 네 눈 속에서 들보를 빼어라.
> 그 후에야 밝히 보고 형제의 눈 속에서 티를 빼리라."
>
> (마 7:3~5)

남의 눈에 있는 티끌은 보면서도 자기 눈 속의 들보 있음은 보

지 못하는 형편이니, 우리가 우리 자신에 대해 얼마나 눈이 멀었
는지 두말 해 무엇 하겠습니까? 그렇다고 해서 이것을 당연시하
며 살아갈 수는 없습니다. 우리의 절망감과 무력함, 그리고 교만
과 과오 등이 다 우리 자신을 보지 못함으로 인하여 비롯되고 있
는 까닭입니다. 고 이병철 회장님이 공장의 나무를 보고 공장 전
체를 알 수 있었다면, 불가의 구도자들이 산사를 끼고 도는 계곡
의 물을 보고 산사를 바르게 알 수 있다면, 그렇다면 그리스도인
된 우리는 무엇을 보아야 나 자신을, 나의 상태를, 나의 상황을
환히 들여다볼 수 있겠습니까?

갈릴리에서 다시 만나자는 주님의 말씀을 까맣게 잊어버린 제
자들은 갈릴리 바다로 고기잡이에 나서고 말았습니다. 아무 의
미 없이 헛그물질만 계속하느라 하룻밤을 허망하게 버리고 말았
습니다. 주님께서 바닷가에 서 계셨지만 아무도 주님을 알아보
지 못했습니다. 마지막 순간 주님의 말씀을 좇아 그물을 배 오른
편에 한 번 더 던지면서도 그 말씀의 주인공이 주님이시라는 사
실을 누구도 깨닫지 못했습니다. 마지막 던진 그물에 상상할 수
도 없을 만큼 많은 물고기가 잡힌 것을 확인하고서도 그것이 주
님의 역사임을 알았던 것은 요한뿐이요, 요한의 말을 듣고 물 속
으로 뛰어든 사람은 베드로뿐이었습니다. 나머지 제자들은 그물
을 배 위로 끌어올리느라 여념이 없었습니다. 그들이 육지에 당
도하였을 때에 숯불 위에 생선도 놓였고 떡도 준비되어 있었으
나, 그들은 그 음식의 용도를 알지 못했습니다. 그와 같은 상황
속에서 오늘 본문이 이렇게 증거하고 있습니다.

예수께서 가라사대 "와서 조반을 먹으라" 하시니

제자들이 주신 줄 아는 고로

당신이 누구냐 감히 묻는 자가 없더라. (21:12)

　제자들은 조금 전까지만 해도 주님을 망각하고 있던 자들이었습니다. 언제 주님을 알았던가 싶을 정도로 오직 헛그물질에만 혈안이 되어 있던 자들입니다. 그런데 그들 중 누구도 감히 주님을 향해 당신이 누구시냐고 묻는 자가 없었습니다. 그들은 모두 주님을 주님으로 분명히 인식하고 있었던 것입니다. 주님을 향한 더 이상의 질문이 필요치 않았습니다. 그렇다면 이 말이 단지 주님의 정체성에 대한 확고한 인식만을, 다시 말해 주님의 정체성에 대한 더 이상 질문이 없음만을 의미하겠습니까? 그렇지 않습니다. 주님을 주님으로 확고히 인식함으로 자기 자신들에 대한 여러 모양의 의문이나 혼돈이 해소되었음을 의미하고 있습니다. 그들은 갈릴리를 향하면서도 왜 가야 하는지 알지 못했습니다. 갈릴리에 가서 무엇을 해야 할지도 알지 못했습니다. 밤새도록 헛그물질만 하면서도 그 실패의 의미를 알지 못했습니다. 마지막 순간 그물을 들 수 없을 정도로 많은 고기를 잡았지만 그 성공의 의미가 무엇인지도 알지 못했습니다. 그런데 주님을 주님으로 인식하는 순간 그 모든 의문들이 해소된 것입니다. 자신들의 삶 속에서 무엇이 잘못되었는지, 무엇을 해야하는지를 확연하게 깨닫게 된 것입니다. 더 이상 질문이 필요치 않게 된 것입니다. 그 증거는 무엇입니까? 이 이후 주님의 승천을 거쳐 사도행전이 끝나기까지 이들이 다시는 헛그물질과 같은 어리석음을 반복치 않고 걸어야 할 길을 바르게 걸어간 것이 그 증거입니다.

  그렇다면 제자들의 주님과 자신들에 대한 질문이 동시에 해소
되게 된 동기는 무엇이었습니까? 이에 대하여 본문 12절 하반절
은 이렇게 대답하고 있습니다.

  제자들이 주신 줄 아는고로
  당신이 누구냐 감히 묻는 자가 없더라.

  제자들이 주님이신 줄 아는 고로 그들의 질문이 해소되었습니
다. 여기에서 '안다'는 동사 'eido'는 '본다'는 의미입니다. 제
자들은 더 이상 공허한 갈릴리 바다를 보지 않았습니다. 더 이상
물고기만을 본 것도 아니었습니다. 제자들은 눈을 들어 주님을
보았습니다. 그저 한 번 스치듯 본 것이 아니라 주님을 응시하였
습니다. 자신들의 시선을 주님께 고정시켰습니다. 주님을 외면했
을 때 주님뿐만 아니라 심지어는 그들 자신도 오리무중이었습니
다. 모든 것이 불분명하고 불확실했습니다. 그러나 주님을 응시
하였을 때 주님도, 그들 자신도, 확연히 보였습니다. 현재의 그
들 실상과 되어야 할 미래의 모습이 보였습니다. 무엇을 취하고
버려야 할지가 확연히 보였습니다. 그들의 삶이 어디에서부터 무
엇이 잘못되었는지가 뚜렷이 보였습니다. 왜 살아야 하며 무엇
을 추구하며 어디를 향해 나아가야 할지가 분명히 보였습니다.
자신들의 거듭되는 배신에도 불구하고 결코 중단 없이 계속되는
주님의 사랑이, 사랑의 주님이 또렷하게 보였습니다.
  이병철 회장님이 나무를 통해 전체를 보듯, 구도자가 계곡 물
을 통해 산사의 모두를 보듯, 제자들은 주님을 응시함으로써 주

님뿐만 아니라 그들 자신을 비로소 알게 되었고, 그 이후로부터 사도행전의 막이 오르게 된 것은 사필귀정이었습니다.

주님께서 예루살렘을 향하여 여리고 성을 나서실 때, 소경 바디매오가 주님이 지나가신다는 말씀을 듣고 주님을 향해 "나를 불쌍히 여기소서" 하고 소리를 질렀습니다. 그 소리를 들으신 주님께서 바디매오에게 물으셨습니다.
"네게 무엇을 하여 주기를 원하느냐?"
바디매오가 대답했습니다.
"선생님이여, 보기를 원하나이다."
주님께서 바디매오를 긍휼히 여기시사 보게 해 주셨습니다. 평생 장님이었던 자가 보게 되었다면 얼마나 볼 것이 많겠습니까? 온 천지를 두루 다니며 보고 싶은 것 마구 보고 다녀야 하지 않겠습니까? 그러나 바디매오는 보게 되는 즉시 주님을 좇아갔다고 마가복음 10장 52절이 증거하고 있습니다. 그는 눈이 열리는 즉시 세상을 본 것이 아니라 주님을 보았던 것입니다. 사랑이요 생명이요 진리이신 주님을 똑바로 응시했던 것입니다. 그 주님의 거울 속에서 자신을 보았습니다. 육신의 눈뿐만 아니라 영혼의 눈마저 멀어 있던 자신의 추한 몰골을 보았습니다. 자신이 추구해야 할 삶이 무엇인지가 보였습니다. 그는 감사하며 주님을 따를 수밖에 없었습니다.
여리고 성의 세리장 삭개오는 키가 작은 사람이었습니다. 예수님이 오신다는 말을 들었으나 너무나 많은 사람들이 몰려들어 키 작은 삭개오는 예수님을 뵐 도리가 없었습니다. 생각 끝에 삭개오는 뽕나무 위로 올라갔습니다. 이유는 오직 하나―예수님을

보기 위함이었습니다. 삭개오의 심정을 아신 주님께서 삭개오의
집으로 들어가시매 삭개오는 주님을 더 가까이에서 뵐 수 있었
습니다. 그리고 그 날 이후 삭개오는 부정축재한 자신의 재산 중
절반을 팔아 가난한 자에게 나누어 주고, 남의 것을 토색한 것은
4배로 갚아 주는 삶을 살았습니다. 주님을 응시함으로써 돈의 노
예로 추악하고 불의하게 살았던 자신을 바로 보았던 것입니다.
그럼에도 자신과 함께하시는 주님의 사랑을 보았던 것입니다. 이
제 주님의 구원을 받은 자로서 어떻게 사는 것이 합당한 삶인지
를 확연히 보았던 것입니다. 그리고 그는 본 대로 실천하는 용기
를 발휘했습니다. 그가 응시한 주님이 그 용기의 원천이 되어 주
셨던 것입니다.

　욥에게 느닷없는 시련이 닥쳐왔습니다. 처음에는 꿋꿋하게 견
디는 것 같았으나 계속되는 고난에 마침내 욥은 하나님을 원망
하며 불평을 터뜨리고 말았습니다.

　그 같은 욥이 욥기 42장 5~6절에 이르러서는 이렇게 고백하
고 있습니다.

　　"내가 주께 대하여 귀로 듣기만 하였삽더니
　　이제는 눈으로 주를 뵈옵나이다.
　　그러므로 내가 스스로 한하고 티끌과 재 가운데서
　　회개하나이다."

　자신의 의로움만 내세우며 주님을 원망하던 욥이 어떻게 티끌
과 재를 뒤집어쓰고 회개하는 자가 될 수 있었겠습니까? 자신의
눈으로 주님을 뵈었기 때문이었습니다. 주님을 보았을 때 자신

에게 닥쳤던 시련이야말로 자신의 교만을 깨뜨리시고 더 온전한
의인으로 하나님 앞에 바로 세워 주시기 위한 사랑이었음이 보
였습니다. 그와 동시에 잘못 생각하고 잘못 행동했던 자신의 어
리석은 모습이 보였습니다. 욥은 주님의 사랑 앞에서 재를 뒤집
어쓰며 회개치 않을 수가 없었습니다.

바디매오도, 삭개오도, 욥도, 아니 갈릴리의 제자들도 주님을
응시함으로 비로소 자신들을 바로 보았습니다. 주님을 응시함으
로 자신들과 함께하시는 주님의 사랑을 확인했습니다. 주님을 응
시함으로 무엇을 하며 어떻게 살아야 할지를 바로 알게 되었습
니다. 불분명했던 것들이 모두 확연하게 되었습니다. 모든 질문
이 해소된 것입니다.

사랑하는 교우 여러분!

혹 시련을 당하고 있습니까? 혹 병들어 있습니까? 혹 궁핍하
게 되었습니까? 왜 그런 일을 당해야 하는지 알 수가 없습니까?
한치 앞을 내다볼 수 없습니까? 모든 것이 오리무중 속에 빠져
있습니까? 더 이상 여러분 자신을, 자신의 문제를 보지 마십시
오. 그것은 보면 볼수록 더 큰 절망과 근심을 안겨 줄 뿐 전혀
해결책을 제시해 주지 못합니다. 사순절 다섯 번째 주일을 맞이
하여 우리와 함께하신 주님을 보십시오. 우리를 위하여 십자가
에 못 박히신 주님을 응시하십시오. 주님의 사랑을, 사랑의 주님
을, 주님의 생명을, 생명의 주님을, 주님의 진리를, 진리의 주님
을 응시하십시오. 주님께 모든 해답이 있습니다. 주님을 응시하
면 내게 주어진 연단의 뜻을 알게 됩니다. 주님을 응시하면 지금
내가 왜 병들어 있는지 그 의미를 알게 됩니다. 주님을 응시하면

내가 왜 지금 궁핍해야 하는지 알게 됩니다. 주님을 응시하면 지금 내가 무엇을 취하고 무엇을 버려야 할지를 알게 됩니다. 주님을 응시하면 모든 의문이 해소됩니다. 주님을 응시하면 모든 것이 확연해집니다. 그리고 우리는 무한한 힘을 얻게 됩니다. 그 모든 것의 바탕은 우리를 향하신 하나님의 사랑임을 보는 까닭입니다.

우리의 믿음은 주님을 만나는 것으로부터 시작되지만, 참되고 성숙한 믿음은 중단 없이 주님을 응시하는 것으로 가능해집니다. 주님을 만난 제자들이 3년이나 주님을 따라다녔으나 그들의 시선이 주님을 떠나 있을 때 그들은 공허한 갈릴리의 오리무중에 빠질 수밖에 없었지만, 주님을 응시하기 시작했을 때 그들의 삶 속에는 감동적인 사도행전이 펼쳐졌습니다. 이처럼 주님을 응시한다는 것은 나 자신과, 나 자신의 미래를 새로이 얻는 것을 의미하기에 우리에게 주님을 응시하는 것보다 더 위대한 일이란 있을 수 없습니다.

이 시간에는 지난 수요일 세례를 받은 한 성도님의 신앙고백문을 읽어 드리는 것으로 오늘의 기도를 대신하겠습니다. 우리는 이 글을 통하여 한 인간이 주님을 응시할 때 그 삶이 얼마나 새로워질 수 있는지를 확인할 수 있을 것입니다.

7형제 중 막내이면서 유복자로 태어났습니다. 가정형편이 어려워 중학교 2학년을 마칠 무렵까지 밥을 못 먹고 자랐습니다.

취학 적령기가 되었을 때 초등학교에 입학도 못 하고 있던 어느 날, 셋째 형님이 저의 손을 이끌고 데려다 준 곳이 집에서 약 1킬로미터 정도 거리에 위치한 조그마한 동산 위 교회였고, 내부는 늘 컴컴하고 어두웠던 그 군용 대형 천막 속에서 초등학교 1학년 과정을 마친 후 2학년이 될 무렵, 공립학교로 전학을 가게 되었습니다.

중학교에 입학할 무렵, 여전히 형편이 어려워 이번에도 정식으로 인가된 중학교엔 못 가고 길거리에서 학생 모집 포스터를 보고 찾아가 입학, 등록한 곳이 전농동에 있는, 역시 언덕 위의 작은 교회 학교였습니다. 아침이면 콩나물로 끓인 죽을 먹고 미아동에서 전농동까지 걸어서 통학하였습니다.

이후 오랜 삶을 살아오던 중 어느 날 불현듯, 여덟 살 때 저의 손을 잡고 그 천막 교회 학교로 인도해 주신 분은 형님이 아니라 주님이셨음을 깨닫게 되었습니다. 주님께서 형님의 눈에 띄게 어린이 모집 포스터를 친히 붙이시고 형님의 손길을 잠시 빌려 저를 천막 교회 학교로 인도하셨음을 알게 되면서, 그 이후 제 삶의 과정 속에 일어났던 헤아릴 수 없이 수많은 크고 작은 사건들과 일들 중 전능하신 주님의 은총과 역사하심이 아닌 것이 하나도 없었으며, 지금도 없으며, 미래에도 없을 것이라는 믿음이 확고하게 되었습니다.

신비하고도 오묘하며 감탄스러운 하나님 아버지의 기적과 은혜의 증거와 증거들의 연결이었고 연속이었습니다.

잠시 뒤면 그분께서 구출하여 주셨다고 깨닫게 되었던 수없이 많았던 위험한 순간들.

꼭 필요한 것은 반드시 주신 일들.

교회도 다니지 않던 그 옛날, 만 5년을 기도드렸더니 정확하게 내가 원하던 현재의 아내를 만나게 해 주신 그분.

등산 중 험한 산 속 오지에서 길을 잃고 헤매고 있을 때, 홀연

히 그 때 그 장소에 나타난 한 사람으로부터 길을 안내받게 해
주셨던 일.

굵고 자라 허약하게 될 것을 미리 예방하여 주시려고 중학교
까지 먼 거리에 위치한 곳으로 정하여 주시사, 걸어서 통학토록
하시어 오늘날까지 건강을 유지하도록 배려해 주신 일—빠른
속도로 많이 걷는 것이 최고의 운동이며, 일설에 의하면 사람의
수명은 자기가 걷는 거리만큼이라고 하니 하나님의 예비하심이
얼마나 심원하신지요.

죄 많고 허물 많으며 방탕했던 저를 끝까지 포기하지도 잊지
도 않으시고 용서하여 주시며 사랑하여 주시사, 결국은 하나님
의 나라 울타리 안으로 인도하여 주신 주님.

저를 선택하시고, 이 땅에 태어나게 하시고, 온전히 건강한 몸
으로 이 날까지 살아오도록 티끌만큼의 오차도 없이 구체적이시
고, 참으로 우리 곁에서 인격적으로 도와 주시고, 늘 바른 길로
인도하여 주시는 그분.

이제 그분의 뜻을 바르게 살펴 가면서 감사하기만 하는 나날
들입니다. 과거라면 불평했을 일들이 이제는 모두 감사의 조건
들일 따름입니다.

집 앞에 세워 놓았던, 아이에게 새로 사 준 자전거를 누군가
도난방지 체인을 끊고 가져갔을 때에도—'잘됐다. 꼭 갖고 싶은
사람에게 선사하게 되었으니!'

어느 날 퇴근하고 돌아왔을 때 아파트 엘리베이터가 고장나 11
층까지 걸어서 올라가게 되었을 때에도—'아! 요즈음 운동이 부
족한 줄 아시고 하나님께서 운동 좀 하라 그리시네! 흥분하지 말
고 한 계단씩 천천히 밟고 오르면서 마음을 가다듬고 오늘 하루

일들을 반성하라시는구나. 감사합니다.'

생활의 어려움에 직면하게 될 때에는 —'아! 좀 겸손하라시는
구나. 감사합니다. 하나님의 경계에서 너무 멀리 벗어났으니 가
까이 오라시는구나. 감사합니다.'

때로 병으로 눕게 될 때에도 —'너무 허덕이며 앞만 보고 달리
면 욕심만 커지고 주님을 망각케 되니 잠시 쉬면서 들에 핀 꽃
을 보라 하시네. 감사합니다.' '모두 다 나의 잘못이니 주위의
모든 분들을 용서하라시는구나.' 감사합니다. 주님! 앞으로도 저
의 소원은 아무것도 없고, 오로지 주님의 소망만이 온전히 있게
하여 주옵소서! 아멘.

II

죽은 자 가운데서

그 후에 예수께서 디베랴 바다에서
또 제자들에게 자기를 나타내셨으니
나타내신 일이 이러하니라.
시몬 베드로와 디두모라 하는 도마와
갈릴리 가나 사람 나다나엘과 세베대의 아들들과
또 다른 제자 둘이 함께 있더니
시몬 베드로가 "나는 물고기 잡으러 가노라" 하매
저희가 "우리도 함께 가겠다" 하고 나가서 배에 올랐으나
이 밤에 아무것도 잡지 못하였더니
날이 새어 갈 때에 예수께서 바닷가에 서셨으나
제자들이 예수신 줄 알지 못하는지라.
예수께서 이르시되 "얘들아, 너희에게 고기가 있느냐?"
대답하되 "없나이다."
가라사대 "그물을 배 오른편에 던지라. 그리하면 얻으리라."
하신대, 이에 던졌더니 고기가 많아 그물을 들 수 없더라.
예수의 사랑하시는 그 제자가 베드로에게 이르되 "주시라" 하니
시몬 베드로가 벗고 있다가 주라 하는 말을 듣고

겉옷을 두른 후에 바다로 뛰어내리더라.
다른 제자들은 육지에서 상거가 불과 한 오십 간쯤 되므로
작은 배를 타고 고기 든 그물을 끌고 와서
육지에 올라 보니 숯불이 있는데
그 위에 생선이 놓였고 떡도 있더라.
예수께서 가라사대 "지금 잡은 생선을 좀 가져 오라" 하신대
시몬 베드로가 올라가서 그물을 육지에 끌어올리니
가득히 찬 큰 고기가 일백쉰세 마리라.
이같이 많으나 그물이 찢어지지 아니하였더라.
예수께서 가라사대 "와서 조반을 먹으라" 하시니
제자들이 주신 줄 아는 고로
당신이 누구냐 감히 묻는 자가 없더라.
예수께서 가셔서 떡을 가져다가 저희에게 주시고
생선도 그와 같이 하시니라.
이것은 예수께서 죽은 자 가운데서 살아나신 후에
세 번째로 제자들에게 나타나신 것이라.

요한복음 21:1~14

태어남이 시작이라면 죽음이란 끝남을 의미합니다. 태어남이 생성을 뜻한다면 죽음이란 소멸입니다. 한 인간의 태어남이 주위 사람들에게 기쁨과 소망을 가져다 준다면, 죽음이란 남은 자들에게 슬픔과 절망을 안겨 줍니다. 그렇기에 일반적으로 태어남과 죽음이란 완전히 서로 반대되는 개념으로 이해되고 있습니다. 그러나 조금 깊이 생각해 보면 인간의 태어남과 죽음이란 별개의 개념이 아니라 동일하다는 사실을 발견하게 됩니다.

첫째, 무소유의 의미에서 태어남과 죽음은 동일합니다. 태어날 때 아무것도 가져오지 못하는 인간은 죽을 때에도 무엇 하나 가져갈 수가 없습니다. 철저하게 빈손으로 왔다가 빈손으로 갈 뿐입니다. 설령 누군가가 태어날 때에나 죽을 때에 두 주먹을 움켜쥐고 있었다 할지라도, 그가 쥔 것은 허공 이상일 수는 없습니다. 둘째, 고통의 관점에서 동일합니다. 모든 인간은 울음과 더

불어 태어납니다. 그것은 환희의 울음이 아니라 고통의 울부짖음입니다. 좁디좁은 태문을 통하여서만 태어나야 한다는 것은 산모나 태아 모두에게 고통일 수밖에 없습니다. 이처럼 죽음 역시 고통입니다. 생명인 호흡이 끊어진다는 것 자체가 육체의 크나큰 고통입니다. 셋째, 도움의 측면에서 동일합니다. 인간은 태어날 때 누군가의 도움을 반드시 필요로 합니다. 누군가가 받아 주어야 하고 누군가가 탯줄을 끊어 주어야만 하고 누군가가 젖을 물려 주어야만 합니다. 이 세상에 태어난 인간치고 누구도 그 일을 스스로 해결한 사람은 아무도 없습니다. 마찬가지로 사람은 죽을 때에도 누군가의 도움을 받아야만 합니다. 누군가가 시체의 눈을 감겨 주어야 하고 누군가가 시체를 닦아 주어야만 하고 누군가가 시체에 수의를 입혀 주어야만 하고 누군가가 장례식을 치러 주어야만 합니다. 인류의 역사 이래 이 땅에 태어났다가 죽은 사람 중 자신의 장례식을 직접 치른 사람 역시 아무도 없습니다. 넷째, 고독이라는 의미에서 동일합니다. 인간은 태어날 때에나 죽을 때에나 벌거벗은 자신의 육체를 송두리째 남의 손에 맡겨야만 합니다. 거기에는 체면이나 자존심이 게재될 틈이 없습니다. 오직 그 곳에는 벌거벗은 채로 남의 도움 없이는 태어날 수도 죽을 수도 없는 유한한 자기 존재에 대한 절대적이고도 본능적인 고독감이 있을 뿐입니다. 인간이 군중 속에서도 때로 고독감을 씹지 않을 수 없는 까닭이 여기에 있습니다. 다섯 째, 허물을 벗는다는 관점에서 동일합니다. 인간이 태어난다는 것은 자궁이라는 허물을 벗어나는 것을 뜻합니다. 아무리 산일이 지나가도 태아가 자궁이라는 허물을 벗기 전까지는 태어난 것이 아닙니다. 자궁이라는 허물을 완전히 벗어난 시간이 바로 출생 시간이 됩니다. 이처럼 죽음 역시 인간의 영혼이 육체의 허물을 벗는 의식입니다. 인간의 태어남과 죽음보다 더 장엄한 의식이 있을 수 없음은 둘 다 새로운 존재를 위한 옷 갈아입기인 까닭입니다. 마지막으로 삶의 확장이란 측면에서 동일합니다. 인간이 세상에 태어남으로 인간은 좁디좁은 자궁에서 벗어나 이 대명천지로 그 삶이 확장되는 것입니다. 삶의 영역이 확장되고 사람과의 관계가 확장되고 연륜이 확장됩니다. 자궁 속에서는 결코 있을 수 없는 확장입니다. 죽음 역시 이 유한한 세상으로부터 영원으로 그 삶이 확장되는 것입니다. 하나님 나라로 삶이 확장되는 것이요, 이 땅을 먼저 떠난 믿음의 선진들과의 관계가 확장되는 것이요, 무엇보다 하나님과의 사귐이 영원토록 확장되는 것입니다.

　이상과 같은 관점에서 볼 때, 그리스도인에게 있어서 태어남과 죽음이란 서로 상반된 개념이 아니라 동전의 양면처럼 일치하고 있음을 알게 됩니다. 따라서 그리스도인에게 있어서 죽음이란 끝이 아니라 태어남과 같이 새로운 시작이요, 소멸이 아닌 생성이요, 절망과 슬픔이 아닌 새로운 차원에서의 소망과 기쁨인 것입니다.

　사형 집행장에서 사형수들의 마지막 모습을 여러 차례 지켜본 서울 구치소 경비 교도대 대대장인 동시에 〈하나님이 고치지 못할 사람은 없다〉의 저자이기도 한 박효진 장로님(박 장로님은 1998년 7월, 법무연수원으로 자리를 옮겼다—편집자 주)은, 타종교와 기독교의 차이 그리고 예수 그리스도를 진정으로 믿은 자와 건성으로 믿은 자의 차이가 여실히 드러나는 곳이 바로 사형 집행장이라고 말합니다. 사형 집행장이란 죽음이 집행되는 곳입니다. 사형수치고 두렵지 않은 사람이 어디 있겠습니까? 그런데 사형수 중 주님 안에서 거듭난 참된 그리스도인들만 일말의 두려움이나 주저함 없이 죽음을 담대하게 받아들인다는 것입니다. 그리스도인들은 죽음을 죽음이 아닌 허물벗기로, 새로운 삶의 확장으로 믿는 까닭 아니겠습니까? 그렇다면 그 믿음의 동기는 무엇입니까? 오늘 본문이 이렇게 증거하고 있습니다.

> 이것은 예수께서 죽은 자 가운데서 살아나신 후에
> 세 번째로 제자들에게 나타나신 것이라. (21:14)

예수님께서 죽은 자 가운데서 살아나셨다는 것입니다. 이것은 우리에게 대단히 친숙한 구절입니다. 기회 있을 때마다 사도신경을 통하여 고백하는 내용인 까닭입니다.

> 전능하사 천지를 만드신 하나님 아버지를 내가 믿사오며
> 그 외아들 우리 주 예수 그리스도를 믿사오니
> 이는 성령으로 잉태하사 동정녀 마리아에게 나시고
> 본디오 빌라도에게 고난을 받으사 십자가에 못 박혀 죽으시고
> 장사한 지 사흘 만에 **죽은 자 가운데서 다시 살아나시며**

이처럼 사도신경을 통하여 '예수님께서 죽은 자 가운데서 살아나셨음'을 매번 고백하고 있기에 우리는 이 고백 속에 나타나 있는 '죽은 자'란 의미를 늘 대수롭지 않게 생각하고 있습니다. 다시 말해 그 의미를 무의식중에 과소평가하고 있거나, 혹은 평가

절하고 있습니다. 그러나 '죽은 자'란 참 의미가 무엇입니까? 본문에 사용된 단어 'nekros'의 뜻은 '시체'란 말입니다. 시체란 결코 친근감을 주는 대상이 아닙니다. 낭만적이거나 희망적인 대상은 더더욱 아닙니다. 그것은 처절하리만치 처참하고 단절적인 대상입니다. 오죽하면 한 가족이라 할지라도 일단 시체란 딱지가 붙기만 하면 그 순간부터 같은 방에조차 두려고 하지 않겠습니까?

예수님께서는 낭만적으로 죽은 자처럼 되신 것이 아닙니다. 그분은 온몸이 찢기운 채 처참한 시체가 되셨습니다. 왜 하나님의 독생자가 비참한 시체가 되셨습니까? 우리는 그 이유를 잘 알고 있습니다. 우리가 받아야 할 죄의 형벌을 대신 받으셨기 때문입니다. 죄의 삯은 사망이기에 모든 죄인은 다 하나님 앞에서 죽어야만 하는 것입니다. 다시 말해 죄의 노예 된 인간은 모두 하나님 앞에서 시체가 되어야 하는 것입니다. 그 죄값을 예수님께서 십자가 위에서 대신 치러 주심으로 그분이 시체가 되신 것입니다. 사람들은 흔히 하나님께서 우리에게 구원을 거저 주셨다고 말합니다. 그러나 하나님 입장에서 본다면 그것은 사실이 아닙니다. 하나님 아버지께서는 우리를 죄에서 구원하시기 위하여 당신의 독생자를 시체 되게까지 하셨습니다. 하나님의 구원은 절대로 거저 이루어진 것이 아니었습니다.

그러나 예수님께서 우리를 대신하여 시체 되시는 것만으로 모든 것이 끝나 버렸다면, 그것은 우리에게 별다른 의미를 가져다 주지 못합니다. 우리 역시 언젠가는 시체가 될 것이요, 시체란 모든 것의 종결과 소멸의 의미 이상은 아니기 때문입니다. 그 경우라면 예수님께서 우리의 죄값을 치르시기 위하여 시체가 되었다 한들, 감사의 대상은 될지언정 영원한 구원자가 될 수는 없었을 것입니다.

그런데 본문은 '예수님께서 죽은 자 가운데서 살아나셨다'고 증거하고 있습니다. 여기에서 '살아나다'는 동사 'egiro'는 일어났다는 뜻입니다. 시체는 일어날 수가 없습니다. 움직일 수조차도 없습니다. 그래서 시체는 시체가 되는 순간부터 모든 순환이 멈추어져 썩을 수밖에 없는 것입니다. 그런데 예수님의 시체가, 시체가 된 예수님이 일어나신 것입니다. 다른 시체들도 다 일어나기에 일어나신 것이 아니라, 다른 시체들은 모두 시체로 썩어가고 있는 중에 예수님의 시체만 일어나신 것입니다. 한 번 벌떡 일어났다 다시 넘어진 것이 아니라 영원히 일어나신 것입니다. 우리를 구원하시기 위하여 당신의 독생자를 시체 되게까지 하셨던 하나님께서 시체된 예수님을 시체 가운데서 영원히 일으켜 세우신 것이었습니다. 십자가에서 시체 되셨던 예수님의 시체가 하나님에 의해 영원히 일어나셨기에 그분의 시체 되셨음이 비로소 참된 의미를 갖게 되었고, 그분은 우리의 진정한 구원자가 되셨습니다. 그분이 시체 되셨다가 영원히 일어나셨기에 그분 안에 있기만 하면, 우리의 연수가 다하여 이 땅에서 우리의 호흡이 멎고 우리가 시체 되는 죽음의 순간이야말로 그리스도 안에서 육체의 허물을 벗는 순간이요, 영원한 생명을 향해 삶이 확장되는 순간이 되는 것입니다. 박효진 장로님이 만났던 사형수들은 이 사실을 확신하였기에, 죽음 앞에서 오히려 살아 있는 자들을 감동시키면서 죽음을 통과할 수 있었던 것입니다.

오늘은 고난 주일입니다. 이번 금요일이 예수님께서 십자가에 못 박혀 돌아가신 날이기에 그 날을 기념하기 위한 주일입니다. 예수님께서 못 박히셨던 십자가와 관련하여 카톨릭에는 다음과 같은 전승이 전해져 오고 있습니다.

역사상 최초로 기독교를 공인했던 로마제국 콘스탄틴 대제의 어머니인 헬레나는 열렬한 기독교인이었던 것으로 알려져 있습니다. 그녀가 79세 되던 해인 AD 325년 예루살렘을 방문한 헬레나는 예수님의 무덤으로 전해져 내려오던 곳을 발굴하다가 땅 속에서 십자가를 발견했다고 합니다. 곁에 있던 한 다리를 절던 여인이 그 십자가에 손을 대자 다리가 깨끗하게 회복되어, 그 십자가를 예수님의 십자가로 믿게 된 헬레나는 그 곳에 교회를 세우고 십자가의 주요 부분을 교회 안에 보관케 했습니다. 그리고 나머지 부분 중 일부분은 비잔티움에 세워진 아들 콘스탄틴 황제의 입상 속에 넣게 하였고, 또 다른 부분은 로마에 세워진 '성 십자가 교회'에 보관토록 했다고 합니다. 그 이후 부유한 사람들 사이에서 이 십자가의 조각을 구입하려는 열풍이 불면서 수요와 공급의 원칙에 따라 예수님의 진짜 십자가에서 나왔다는 수많은 나무 조각들이 금과 보석으로 장식되어 비싼 값에 유통되기 시작했습니다. 그 많은 나무 조각들을 다 합친다면 십자가를 헤아릴 수 없을 만큼 만들 수 있는 양이었습니다. 그러나 카톨릭에서는 그 나무 조각들의 진위 여부를 가리는 대신 그것을 기적으로 설명하고 있습니다. 마치 떡 다섯 조각과 물고기 두 토막으로 수천 명의 사람들이 배불리 먹고도 남은 오병이어의 기적처럼, 하나의 진정한 십자가로부터 많은 십자가가 가능케 되는 기적이 일어났다는 것입니다.

이 전승의 신빙성 여부는 오늘의 주제가 아니기에 논하지 않기로 하겠습니다. 그러나 십자가의 진정한 의미와 가치가 어디에 있겠습니까? 나무 조각 그 자체에 있겠습니까? 만약 그렇다면 예수님께서 못 박히셨던 진짜 십자가의 나무 조각을 구할 길이 없는 우리에게는 참된 그리스도인이 될 자격이 없지 않겠습니까? 십자가의 참된 의미와 가치는 예수님의 시체 되심과 시체로부터 일어나심에 있는 것입니다. 우리의 죄로 인한 형벌을 대신 받으시고 시체 되셨다가 사흘 만에 시체 가운데서 영원히 일어나셨기에 십자가는 구원의 표징이요, 소망의 상징이요, 영원한 생명의 증표요, 그리스도인들의 목표가 되는 것입니다.

그렇다면 그리스도인 된 우리가 십자가를 붙잡는다는 것, 십자가를 추구하는 삶을 산다는 것, 주님께서 명령하신 바 날마다 십자가를 진다는 것은 구체적으로 무엇을 의미하겠습니까? 예수님께서 십자가에 못 박히시어 '죽은 자'가 되셨다는 것은 시체가 되셨음을 의미한다는 것은 이미 말씀드렸습니다. 그런데 본문에서 사용된 'nekros'는 시체 이외에 또 다른 의미가 있으니 곧 '헛것'이란 뜻입니다. 시체가 무엇입니까? 시체란 헛것의 총체적인 표현입니다. 시체란 총체적으로 헛것일 뿐이라는 말입니다. 예수님께서는 십자가에 못 박히심으로 총체적으로 헛것인 시체가 되셨습니다. 그런데 예수님께서는 시체인 채로 그냥 썩어 버린 것이 아닙니다. 시체에서 일어나신 것입니다. 다시 말해 헛것의 종속물로 끝난 것이 아니라 헛것을 깨뜨리시고 헛것의 허물을 벗으신 것입니다. 그리고 제자들이 문을 꼭꼭 걸어 잠근 채 숨어 있는 마가의 다락방 한 가운데에 문을 열지 않고 나타나신 것처럼, 시간과 공간을 초월한 영원으로 그 삶을 확장시키신 것—바로 이것이 십자가의 참된 의미요 가치입니다. 그러므로 내가 그리스도인으로서 십자가의 사람이 된다는 것은 어제의 헛것으로부터 헛것의 허물을 벗는 것입니다. 눈이 있다면 돌이켜 인류의 역사를 보십시오. 인간이 기를 쓰고 추구하던 것 중 진리 이외에 헛것 아닌 것이 어디 있었습니까? 영원치 아니한 것, 나를 영원하게 만들어 줄 수 없는 것은 모두 헛것일 뿐입니다. 그 헛것의 허물을 날마다 그리스도 안에서 벗어 던짐으로, 그리스도에 의하여 내 삶의 영역이 진리를 향해 계속 확장되어 나아가는 것—이것이 십자가의 삶입니다. 그래서 십자가의 삶을 가리켜 새 생명의 삶이라 일컫는 것입니다. 주님을 등졌을 때 제자들은 허망한 갈릴리 바다 위에서 참으로 헛것일 수밖에 없었지만, 부활하신 주님을 다시 뵙고 그 모든 헛것의 허물을 벗어 던졌을 때에 영원한 십자가의 증인들로 그 삶이 확장되었던 연유가 바로 이것입니다.

그렇다면 오늘 고난 주일을 맞이하여 우리는 무엇을 회개해야 하겠습니까? 아직까지 헛것의 허물을 벗지 못하고 있음을, 헛것 속에 헛되이 안주하려는 헛된 어리석음을 회개해야 합니다. 그것은 예수 그리스도께서 십자가 위에서 시체 되셨음과 시체로부터 일어나셨음의 의미를 알지도 믿지도 않음을 뜻하기에, 그 삶의 결국은 총체적 헛것인 시체로 끝날 수밖에 없습니다. 십자가의 의미를 바르게 알고 따르는 자에게만, 육체가 시체되는 죽음이란 육체의 허물을 벗고 영원 속으로 그 삶을 확장시키는 지상 최대의 축제요, 의식이 되는 것입니다.

대구 남산동 높은 구릉에는 천주교의 교구청이 있고, 그 안에는 성직자의 묘지가 있다고 합니다. 신부나 수녀로 평생을 봉직

한 자들이 이 땅에서의 생을 마친 후에 그들의 시신을 매장하는 곳입니다. 그런데 이 성직자 묘지 입구에는 'HODIE MIHI, CRAS TIBI'라는 라틴어로 된 푯말이 붙어 있다고 합니다. '오늘은 내 차례, 내일은 네 차례'라는 의미입니다. 만약 이 푯말이 일반 공동묘지에 붙어 있다면, '오늘은 내가 시체 되었기에 나를 매장해 주기 위하여 네가 여기와 있지만, 내일은 네가 시체 되어 누군가에 의해서 이 곳에 매장될 것이다'라는 뜻으로, 다시 말해 모든 인간은 반드시 총체적 헛것인 시체되게 마련이라는 의미로 해석할 수 있습니다. 그러나 이 푯말이 일평생 동안 그리스도를 위하여 헌신해 온 성직자들의 묘소 입구에 붙어 있는 것을 감안한다면, 우리는 오늘의 묵상을 토대로 하여 전혀 다른 의미를 음미해 볼 수 있습니다.

'오늘은 내가 육체의 허물을 벗고 영원 속으로 나의 삶을 확장시켜 나아갑니다.

내일은 당신이 육신의 허물을 벗고 영원 속으로 나아올 수 있도록 오늘을 십자가 앞에서 소중하게 가꾸기를 기원합니다.'—이런 심오한 의미가 아니겠습니까?

사랑하는 교우 여러분!

'오늘은 내 차례, 내일은 네 차례'라는 이 짧은 구절은 우리 모두에게 반드시 적용되는 원칙입니다. 그러나 우리가 오늘 십자가의 삶을 사느냐 아니냐에 따라, 예수님께서 죽은 자 가운데서 살아나셨음을 믿느냐 아니냐에 따라, 예수님께서 십자가 위에서 시체 되셨음과 일어나셨음의 의미를 깨닫고 실천하느냐 아니냐에 따라 그 의미는 완전히 다를 수밖에 없다는 것—다시 말해 우리의 죽음이 완전한 헛것을 뜻할 수도 있고, 헛것의 허물을 벗는 새로운 옷입기를 의미할 수도 있다는 것—이것이 오늘 고난주일을 맞이하여 주님께서 우리에게 주시는 메시지입니다.
 "HODIE MIHI, CRAS TIBI"

험한 십자가 능력 있네

William J. Gaither

목적도 없이 나는 방황했네
소망도 없이 나는 살았네
그 때에 못자국난 그 손길
나에게 새 생명 주셨네
험한 십자가에 능력 있네
거기서 나의 삶이 변했네
찬양하리 그 이름 영원히
주의 십자가 능력 있네
나는 믿네 갈보리 언덕 십자가
나는 믿네 그 누가 뭐라 해도
이 세상 다 지나고 끝날이 와도
험한 십자가 붙들겠네
나는 믿네 십자가에서 못 박힌 주
오늘도 새 삶을 주시네
날 새롭게 하셨네
나는 새 피조물
십자가 잡고 살아가리

나는 믿네 갈보리 언덕 십자가
나는 믿네 그 누가 뭐라 해도
이 세상 다 지나고 끝날이 와도
험한 십자가 붙들겠네
험한 십자가 붙들겠네
아멘.

12

예수께서 이르시되

예수께서 가라사대 "와서 조반을 먹으라" 하시니
제자들이 주신 줄 아는 고로
당신이 누구냐 감히 묻는 자가 없더라.
예수께서 가셔서 떡을 가져다가 저희에게 주시고
생선도 그와 같이 하시니라.
이것은 예수께서 죽은 자 가운데서 살아나신 후에
세 번째로 제자들에게 나타나신 것이라.
저희가 조반을 먹은 후에 예수께서 시몬 베드로에게 이르시되
"요한의 아들 시몬아, 네가 이 사람들보다 나를 더
사랑하느냐?" 하시니
가로되 "주여, 그러하외다. 내가 주를 사랑하는 줄
주께서 아시나이다."
가라사대 "내 어린 양을 먹이라" 하시고
또 두 번째 가라사대 "요한의 아들 시몬아, 네가 나를
사랑하느냐?" 하시니
가로되 "주여, 그러하외다. 내가 주를 사랑하는 줄
주께서 아시나이다."
가라사대 "내 양을 치라" 하시고
세 번째 가라사대 "요한의 아들 시몬아, 네가 나를
사랑하느냐?" 하시니
주께서 세 번째 "네가 나를 사랑하느냐?" 하시므로
베드로가 근심하여 가로되 "주여, 모든 것을 아시오매
내가 주를 사랑하는 줄을 주께서 아시나이다."
예수께서 가라사대 "내 양을 먹이라."

요한복음 21:12~17

소설가 이청준 씨는 그의 글 속에서, "인간이 대자연 앞에서 가장 침묵이 필요할 때 생각이 가장 얕은 자가 제일 먼저 침묵을 깨뜨리는 방해꾼이 된다"는 말을 하고 있습니다. 이를테면 장엄한 자연을 마주 대하고 섰을 때에 가장 생각이 얕은 자부터 감탄사를 터뜨린다는 뜻입니다. 그와 같은 사람은 주로 시각에만 의존하는 사람입니다. 그래서 아름답거나 웅장한 광경이 눈에 띄는 즉시 "아!" 하고 감탄을 터뜨리는 것입니다. 시각이 대단히 중요하긴 하지만 인간이 시각만을 의지할 때 아무리 감탄사를 연발하여도 그것은 찰나성을 벗어나지 못합니다. 그와 같은 감탄은 감탄으로 끝나 버릴 뿐, 그 감탄이나 감탄의 대상이 자신의 삶에 별다른 의미를 가져다 주지 못한다는 말입니다.

정말 생각이 깊은 자는 시각은 말할 것도 없고 청각까지 활용하는 사람입니다. 그렇기에 그와 같은 사람은 자연의 장엄함을 마주 대하는 순간 감탄사를 먼저 터뜨릴 수가 없습니다. 장엄한 자연을 보는 순간부터 자연이 말하는 소리가 들려 오기에, 스스로 감탄사를 발한다는 것은 그 자연의 메시지를 스스로 차단하는 어리석은 짓임을 아는 까닭입니다. 단지 눈으로 보기 위함만으로 자연을 찾는다면 방안에 앉아 사진이나 그림으로 보는 것과 무슨 큰 차이가 있겠습니까? 굳이 시간을 내어 대자연을 찾는 것은 자연을 직접 마주 대하였을 때에만 들을 수 있는 자연의 메시지를 듣기 위함입니다. 영겁의 세월 동안 의연하게 자기 자리를 지키고 있는 자연을 통하여 우리는 인생이 무엇인지, 인생의 가치가 어디에 있는지, 우리가 무엇을 궁극적 목적으로 삼아야 할 것인지를 배우게 되는 것입니다. 자연 자체가 살아 숨쉬는 거대한 생명체임을 인정한다면 우리는 자연의 말을 듣기 위해 침묵치 않을 수 없습니다. 우리가 존재하기 전에도 자연은 있었고 우리가 사라진 후에도 자연은 존재할 것이기에, 이 세상 그어떤 인간의 말보다도 자연의 말은 더 가치로운 것입니다. 이런 의미에서 '대자연 앞에서 생각이 가장 얕은 자가 제일 먼저 침묵을 깨뜨리는 방해꾼이 된다'는 이청준 씨의 지적은 참으로 적절합니다. 자연의 말을 들으려 하지 아니한 채 자연을 단지 시각적 대상으로만 여긴다는 것은, 결과적으로는 자연의 살아 있음 자체에 둔감한 것을 의미하는 것이니 그 같은 사람의 생각은 깊을래야 깊을 수가 없습니다. 깊은 생각은 반드시 침묵을 수반하고 침묵은 깊은 생각을 더욱 심화시켜 줍니다. 침묵할 줄 안다는 것은 듣는 귀를 가졌음이요, 들어야 할 것을 들음으로 우리의 생각은 깊이를 더해 가는 까닭입니다.

그러나 생각 깊은 인간을 침묵케 하는 웅장한 자연도 하나님의 피조물에 불과합니다. 그분의 장엄하심은 자연의 장엄함에 비길 바가 아닙니다. 그분은 우주보다 더 크신 분이십니다. 그분은 이 세상의 그 어느 것과도 비교할 수 없는 창조주이십니다. 그분은 모든 생명의 근원이신 살아 계신 하나님이십니다. 따라서 만약 사려 깊은 신앙인이라면, 생각 깊은 사람들이라면 대자연 앞에서 침묵하는 것보다 하나님 앞에서 더 침묵해야 하지 않겠습니까? 전능하신 하나님이 살아 계시다면 내가 어찌 먼저 그분의 말씀에 귀 기울이지 않고 견딜 수가 있겠습니까? 학생이 선생님의 가르침에 먼저 귀 기울이는 것은 선생님의 지식이 더 높음이요, 자식이 부모의 말에 먼저 유의하는 것은 부모의 경륜이 더 넓음이요, 생각 깊은 인간이 자연의 소리에 먼저 귀 기울임은 자연의 장엄함이 더함이라면, 어찌 한낱 피조물에 불과한 인간이 창조주이신 하나님 앞에서 침묵하며 그 말씀을 먼저 듣지 않고서 하나님을 믿노라 말할 수 있겠습니까? 하나님의 말씀에 귀 기울이지 않고서 어찌 하나님의 뜻을 분별하며 살아간다 주장할 수 있겠습니까? 생각 얕은 자가 대자연 앞에서 침묵할 줄 모르듯 하나님을 믿노라면서도 하나님 앞에서 자기 말만 하려 드는 자가 있다면, 그것은 결과적으로 하나님의 살아 계심에 둔감함을 의미하는 것일진대 그와 같은 자의 신심이 어찌 깊어질 수가 있겠습니까?

기독교를 제외한 여타 종교의 공통적 특징은 반드시 주문(呪文)을 외운다는 것입니다. 틈만 나면 주문을 외워야 합니다. 침묵보다 주문이 더 큰 가치를 갖는 것입니다. 이것은 단적으로 무엇을 의미합니까? 그들에게는 그들이 귀를 기울여야 할 살아 있는 신이 존재하지 않는 것을 뜻합니다. 귀를 기울일 때마다 직접 말을 해 줄 수 있는 살아 있는 신이 없는 것입니다. 그래서 그들은 공허한 인간의 주문으로 대신하는 것입니다. 만약 그들의 신이 살아서 말을 해 주는 존재라면, 백 마디로 이루어진 인간의 주문보다도 단 한 마디라 할지언정 살아 있는 신으로부터 나오는 한 마디 신의 말이 더 중요할 것임은 두말 할 필요조차 없습니다. 그러나 그들은 들을 것이 없기에 침묵할 수 없고, 침묵할 수 없기에 주문을 외울 수밖에 없는 것입니다.

　반면에 성경은 '믿음은 들음에서 난다'(롬 10:17)고 밝혀 줍니다. 이것은 우리가 믿는 하나님은 살아 계셔서 우리에게 말씀하고 계시는 분임을 의미합니다. 그래서 우리는 하나님 앞에서 주문을 외울 필요가 없습니다. 아니 주문을 외워서는 안 됩니다. 우리는 먼저 하나님 앞에서 침묵해야 합니다. 먼저 침묵해야만 내게 말씀하시는 하나님의 말씀에 귀 기울일 수 있고, 하나님의 말씀을 들어야 하나님을 바로 믿고 따르는 바른 신앙인이 될 수 있습니다. 우리가 하나님을 믿는 자로서 우리의 입을 열어 얼마든지 하나님을 찬양할 수 있고 또 하나님께 나의 입술로 기도의 말들을 토해 낼 수 있지만, 그러나 그 모든 것은 먼저 하나님 앞에서의 침묵, 즉 하나님의 말씀에 대한 귀 기울임의 결과이어야 함을 잊어서는 안 됩니다. 그렇기에 하나님 앞에서의 침묵, 하나님의 말씀에 귀 기울임이 전제되지 아니한 인간의 모든 찬양과 기도는 공허한 주문에 지나지 않게 되는 것입니다. 이것은 위대한 시인이 얼마든지 대자연을 노래하는 불후의 명시를 남길 수 있지만 그것은 언제나 단순한 감탄이 아닌, 자연의 소리에 귀 기울인 침묵의 결과인 것과 같은 이치입니다. 성경이 무엇입니까?

성경은 하나님을 향해 토로한 인간들의 말을 묶은 책이 아닙니다. 성경이란 살아 계신 하나님의 말씀을 듣기 위해 침묵할 줄 알았던 인간에게 들려 주신 하나님의 말씀입니다. 만약 하나님 앞에서 먼저 침묵할 줄 아는 인간이 없었던들 성경은 불가능했을 것입니다.

그렇다면 우리가 하나님의 살아 계심을, 살아 계신 하나님을 믿는 진정한 증거는 무엇이겠습니까? 그것은 먼저 하나님 앞에서 침묵하는 것입니다. 지금 하나님이 내 앞에 살아 계심을 믿는다면 내 말을 토로하기 전에 전능하신 그분의 말씀에 귀 기울일 수밖에 없고, 그분의 말씀을 먼저 듣기 위해서는 침묵할 수밖에 없는 것입니다.

갈릴리에서 다시 만나자는 주님을 까맣게 망각한 제자들은 밤이 맞도록 공허한 갈릴리 바다에서 아무 의미 없이 헛그물질만 계속하였습니다. 마침내 새벽녘 마지막으로 오른편에 한 번 더 던진 그물 속에 그물을 들어올릴 수조차 없을 정도로 많은 고기가 잡힌 것을 확인하는 순간, 그것이 부활하신 주님의 역사임을 제일 먼저 깨달은 자는 요한이었습니다. 요한은 눈을 들어 바닷가에 서 계시는 주님을 확인하는 순간 "주시라"고 외쳤습니다. 그리고 그 이후 본문 15절에 이르기까지 누구 한 명 주님 앞에서 입을 연 제자는 없었습니다. 바닷가에 당도하여 부활하신 주님이 그 곳에 계심을 확인하였을 때 아무도 말을 하려 하지 않았습니다. 주님께서 "지금 잡은 생선을 좀 가져오라" 하실 때에도 말없이 행동했을 뿐이었습니다. 주님께서 제자들을 위하여 친히 준비하신 조반을 먹으라 권하실 때에도, 제자 중 그 누구도

'당신이 누구냐' 감히 묻는 자가 없을 정도로 그들은 침묵으로 일관하였습니다. 그리고 본문 15절이 이렇게 시작되고 있습니다.

  저희가 조반 먹은 후에

  주님과 함께 마주 앉아 조반을 나누는 동안에도 말을 하려는 자는 단 한 명도 없었습니다. 심지어는 가장 성질 급한 베드로마저도 침묵을 지키고 있었습니다. 그 이유가 무엇이겠습니까? 그들이 다시 만난 예수님은 십자가에 못 박혀 돌아가신 예수님의 시신이 아니라, 죽음을 깨뜨리시고 부활하시어 살아 계신 예수님이셨기 때문입니다. 만약 죽은 예수님이었더라면 그들이 그 앞에서 침묵을 지킬 까닭이 없었을 것입니다. 죽은 예수님으로부터는 들을 말이 없기 때문입니다. 그러나 그들 앞에 계신 주님께서는 다시 살아나신, 지금 살아 계신 주님이시기에 그들은 침묵을 지킬 수밖에 없었습니다. 살아 계신 주님을 향해 말을 하려 하기 전에 살아 계신 그분의 말씀을 듣는 것이 더 중요함을 알았던 것입니다. 먼저 듣지 않고 드리는 모든 말은 공허한 주문일 수밖에 없음을 알았던 것입니다. 그래서 15절은 이렇게 계속되고 있습니다.

  저희가 조반 먹은 후에 예수께서 시몬 베드로에게 이르시되

  드디어 예수님께서 말씀하시기 시작하셨습니다. 다시 말해 제자들의 침묵 속에 예수님의 말씀이 담겨지기 시작했습니다.

저희가 조반 먹은 후에 예수께서 시몬 베드로에게 이르시되
"요한의 아들 시몬아, 네가 이 사람들보다 나를 더
사랑하느냐?" 하시니
가로되 "주여, 그러하외다. 내가 주를 사랑하는 줄
주께서 아시나이다."
가라사대 "내양을 먹이라" 하시고

부활하신 주님 앞에서 살아 계신 주님의 말씀을 듣기 위하여 침묵했기에 그들은 4복음서의 위대한 결론인 동시에 신앙의 핵심을 주님께로부터 직접 들을 수 있었습니다. 즉 주님을 믿는다는 것은 주님을 사랑하는 것이요, 주님을 사랑한다는 것은 주님의 양들을 먹이고 치는 것을 의미한다는 사실을 말입니다. 이 이후로 제자들이 주님을 사랑하여 주님의 양 떼를 치고 먹이는 일에 자신들의 전생애를 철저하게 바칠 수 있었던 것은, 그리고 그들의 간구와 찬양이 이 말씀의 테두리를 벗어난 공허한 주문으로 전락치 않을 수 있었던 것도, 주님께서 부활하신 후 세 번째로 제자들을 찾아가신 이 날 아침 부활하신 주님의 말씀을 듣기 위해 침묵하는 제자들의 심령 속에 주님의 한 말씀 한 말씀이 또박또박, 그리고 깊이 새겨졌던 까닭입니다. 만약 부활하신 주님 앞에서 그들이 먼저 침묵치 않았더라면, 그들의 감탄과 사연을 털어놓기만을 계속했더라면 결코 얻을 수 없었던 복음의 결론이요, 불가능했을 삶의 변화였습니다.

오늘은 부활 주일입니다. 십자가에 못 박혀 돌아가셨던 주님께서 오늘 아침 다시 사신 것입니다. 일시적이 아니라 죽음을 깨뜨

리시고 영원히 부활하신 것입니다. 이 부활의 주님을, 주님의 부활을 진정으로 믿고 있습니까? 부활하신 주님께서 늘 나와 함께 하고 계심을 의심 없이 믿고 있습니까? 그렇다면 왜 주님 앞에서 먼저 침묵하지 않습니까? 왜 그분의 말씀을 먼저 들으려 하지 않습니까? 왜 감탄만을 발하려 합니까? 왜 내가 필요할 때 나의 말을 통보하는 것만으로 그치려 합니까? 왜 나의 감정을 쏟아 놓는 것만으로 모두라 생각합니까? 그것은 생명 없는 우상을 향한 주문과 다를 바 없습니다. 제자들이 겁에 질려 숨어 있는 마가의 다락방으로 부활하신 주님께서 처음 찾아오셨을 때에 제자들은 철저하게 침묵했습니다. 주님께서 그 다락방으로 두 번째 다시 나타나셨을 때에도 제자들은 주님께서 묻기 전까지는 침묵하고 있었습니다. 그리고 갈릴리 바다에 세 번째로 찾아오셨을 때에도 주님께서 베드로에게 질문을 던지시기까지 그들은 침묵으로 일관했습니다. 부활하신 주님의 말씀을 먼저 듣기 위함이었습니다. 적어도 이 점에 관한 한 우리는 철저하게 제자들을 본받아야 합니다. 배운 것 없이 무식한 제자들은 허물투성이요 그들의 행동은 실수의 연속이었지만, 그러나 부활하신 주님 앞에서만큼은 언제나 침묵했기에, 언제나 부활하신 주님의 말씀에 먼저 귀 기울였기에, 그들은 그들의 침묵 속에 새겨진 주님의 말씀에 의하여 부활의 증인으로 매일 가다듬어져 갈 수 있었습니다.

  우리는 매일 아침 주님을 향해 말하기 전에 먼저 침묵하면서 그분의 말씀에 귀 기울여야 합니다. 주님의 말씀을 눈으로만 보려 하는 것이 아니라 귀로 들어야 합니다. 주님께서는 말씀이시기에 말씀으로 말씀하시는 고로 그 말씀을 귀로 들으려 하지 않고서는 눈만으로는 도대체 이해할 재간이 없는 것입니다. 묵상이 무엇입니까? 묵상이란 눈으로 본 말씀을 통해 주님의 음성을 귀로 듣는 것입니다. 주님의 허락 없이는 참새 한 마리도 떨어지는 법이 없기에, 우리는 우리 주위에서 그리고 우리가 살고 있는 이 사회 속에서 일어나는 크고 작은 사건들에 대하여 우리의 논평과 대응방법을 결정짓기 전에 먼저 그 사건들을 통해 말씀하시고자 하는 주님의 말씀에 귀 기울여야 합니다. 이처럼 우리가 모든 면에 걸쳐 먼저 침묵하면서 주님의 말씀에 귀 기울여야 할 까닭은 도대체 무엇입니까? 우리 주님께서는 목석과도 같은 생명 없는 우상이 아니라 부활하시사 지금 살아 계시고 언제나 우리에게 말씀하시는 로고스이시기 때문입니다. 따라서 먼저 주님의 말씀을 듣기 위해 침묵하는 법을 배우지 않고서는 참된 그리스도인도, 부활의 증인도 불가능할 수밖에 없는 것입니다.

지난 주일 저녁 모 TV 방송으로부터 어느 대형 교회 목회자의 비리 혐의와 관련된 보도가 있었습니다. 그 이후 지난 1주일 동안 해당 교회 명의로 된 전 5단 크기의 반박성명 광고가 연일 신문마다 게재되었고, 금요일에는 해당교회 교인 1,000명이 방송사로 몰려가 방송사의 사과를 요구하며 출입문을 봉쇄하는 바람에 방송에 차질이 빚어졌는가 하면, 어제 역시 1,000명의 격렬한 항의 시위가 있었습니다. 그리고 교계의 몇몇 인사들과 기관들은 방송사를 규탄하면서 그 보도 자체를 기독교에 대한 도전으로 단정하였습니다. 개인의 인권은 어떤 경우에도 존중되어야 하며 그릇된 보도로 인해 개인의 명예가 실추되는 일은 반드시 근절되어야 합니다. 그러나 사려 깊은 그리스도인들이라면, 그 사건을 기독교 전체에 대한 도전으로 간주하며 흥분하고 항의하기 이전에, 그 사건을 통해 주님께서 우리에게 무엇을 말씀하시고자 하는지 먼저 침묵하며 귀를 기울여야만 합니다. 목회자들의 상궤를 벗어난 축재, 비윤리적인 언행 등이 논란의 대상이 된 것은 비단 어제 오늘의 일이 아니지 않습니까? 엄청난 돈을 들이지 않고서는 총회장에 당선되지 못한다는 것은 공공연한 사실이어서 비밀이랄 것도 없지 않습니까? 이것은 목회자들에게만 국한된 문제가 아닙니다. 전국 교도소에 수감된 재소자들 중에 기독교인이 차지하는 비율이 전국민 대비 기독교인의 비율을 훨씬 웃돌고 있다는 사실이야말로 한국 교회와 그리스도인들이 얼마나 비성경적으로 살고 있는지를 단적으로 보여 주고 있지 않습니까? 이것이 한국 교회의 실상임에도 불구하고 이 땅의 그리스도인들은 남의 눈에 박혀 있는 티끌만 빼려고 안달이었지 자기 정화에는 아무런 관심도 기울이지 않았습니다. 그러므로 하나님께서는 세상의 매를 들어 자기 성찰에 둔감한 한국 교회와 그리스도인들의 위선과 거짓을 백주에 드러나게 하셨다는 것―이것이 이번 사건을 통하여 주님께서 우리에게 주시는 메시지 아니겠습니까? 마치 은밀하게 남의 아내를 빼앗고 그 남편을 살해해 버린 다윗의 위선을 하나님께서 만천하에 공개해 버리심으로 다윗을 바로 세우시듯이 말입니다. 그렇다면 우리 그리스도인들이 행하여야 할 일이 무엇인지는 너무나도 자명해집니다.

지난 4월 8일에는 기독교 TV가 부도가 났습니다. 카톨릭 TV(평화방송)와 불교 TV는 건재한 가운데 유독 기독교 TV만 부도난 것입니다. 주님의 복음을 전하겠다며 1995년 무려 86개의 개신교 교단이 연합하여 출범한 기독교 TV가 불과 2년 6개월 만에 부도나 버리고 만 것입니다. 개인 기업도 아닌, 교회와 교단이 연합하여 만든 기독교 TV가 부도난 사건을 통해서도 우리는 주님의 음성을 들을 수 있지 않습니까? 주님의 이름을 빌어 인간의 세를 과시하고 인간의 얼굴만을 내세우려 하는 것은 무엇이든 주님께서 내뱉으신다는 것을 말입니다.

지구의 허파라 불리우는 브라질의 아마존 밀림에 지난 3개월 동안 화재가 계속되었습니다. 불길을 잡기 위해 온갖 노력을 다 기울였지만 모두 허사였습니다. 속수무책인 인간들은 아마존 밀림이 다 타 버렸을 때에 인류에게 미칠 재앙만을 걱정하고 있었습니다. 그러나 지난 4월 3일 단 4시간 동안 내렸던 폭우로 인해 그 화재는 완전히 진압되어 버리고 말았습니다. 인간의 능력과 기술로 3개월에 걸쳐서도 할 수 없었던 일이 불과 4시간 만에 종결된 것입니다. 그런가 하면 지난 8일 밤 미국의 남동부를 강타한 살인 강풍 토네이도가 휩쓸고 간 곳은 모두 폐허가 되어 버리고 말았습니다. 세계 초강대국인 미국의 중심부가 토네이도 앞에서 무력하게 무릎을 꿇고 말았던 것입니다. 우리가 귀를 기울이면 이 두 가지 자연 현상 속에서 주님의 음성을 들을 수 있습니다. 인간의 과학이 아무리 발달해도 천하만물의 주관자는 변함없이 주님뿐이시라는 것을 말입니다.

주님께서는 몇 번씩이나 "귀 있는 자는 들으라"고 강조하셨습니다. 먼저 주님의 말씀을 듣지 않고서는 절대로 바른 그리스도인이 될 수 없기 때문입니다.

사랑하는 교우 여러분!

부활의 감격은 감탄에 있지만 그러나 부활의 참된 의의는 입으로 외치는 데에 있는 것이 아니라, 먼저 주님의 말씀을 듣기 위해 침묵하는 데 있습니다. 신앙의 성숙도 부활의 증인 되는 것도 먼저 그분의 말씀을 듣기 위해 그분 앞에서 침묵하는 것으로부터 시작됩니다. 신앙의 수준 역시 내 말의 양이 아니라 주님의 말씀을 듣기 위한 침묵의 길이로 가름됩니다. 왠지 아십니까? 2,000년 전에 부활하신 주님께서는 2,000년 전 갈릴리에서만 말씀하신 것이 아니라, 오늘도 살아 계셔서 오늘도 말씀하고 계시기 때문입니다. 바로 이것이 바울이 다음과 같이 고백한 이유입니다.

> 믿음은 들음에서 나며 들음은 그리스도의 말씀으로
> 말미암았느니라. (롬 10:17)

주님!
부활하신 주님을 믿는다면서도 주님의 말씀을
먼저 들으려 하지를 않았습니다.
언제나 내가 먼저 말하려 했습니다.
그래서 우리의 모든 기도와 간구는
실은 의미 없는 주문과 같았고,
우리의 모든 행위는 무익한 헛그물질과 같았습니다.
이제부터 먼저 주님의 말씀을 듣기 위해
침묵하는 법을 배우게 하옵소서.
먼저 듣기 위해 침묵함으로써 우리의 기도가
참된 간구가 되게 하시고,
침묵 끝에 수반되는 우리의 찬양이

살아 있는 시편이 되게 하옵소서.
주님 앞에서 먼저 침묵함으로
주님의 말씀에 귀를 기울이는 것만이
주님의 부활을 믿는 진정한 증거임을 잊지 말게 하소서.
이 침묵의 길이가 우리 신앙의 수준을 결정짓게 됨을
기억하게 하소서.
먼저 주님의 말씀에 귀 기울이는 우리의 언행이
주님을 닮아 가게 하시고,
그와 같은 우리의 삶을 통하여 이 땅의 모든 교회가
이 땅의 빛이 되게 하옵소서.
내일부터가 아니라 바로 이 순간부터,
먼저 부활하신 주님의 말씀에 귀 기울이기 위하여
침묵할 줄 아는 자가 되게 하옵소서.
     ……………………………………………………………
     ……………………………………………………………
     ……………………………………………………………
     ……………………………………………………………
아멘.

13

나를 사랑하느냐(Ⅰ)

저희가 조반을 먹은 후에 예수께서 시몬 베드로에게 이르시되
"요한의 아들 시몬아, 네가 이 사람들보다 나를 더
사랑하느냐?" 하시니
가로되 "주여, 그러하외다. 내가 주를 사랑하는 줄
주께서 아시나이다."
가라사대 "내 어린 양을 먹이라" 하시고
또 두 번째 가라사대 "요한의 아들 시몬아, 네가 나를
사랑하느냐?" 하시니
가로되 "주여, 그러하외다. 내가 주를 사랑하는 줄
주께서 아시나이다."
가라사대 "내 양을 치라" 하시고
세 번째 가라사대 "요한의 아들 시몬아, 네가 나를
사랑하느냐?" 하시니
주께서 세 번째 "네가 나를 사랑하느냐?" 하시므로
베드로가 근심하여 가로되 "주여, 모든 것을 아시오매
내가 주를 사랑하는 줄을 주께서 아시나이다."
예수께서 가라사대 "내 양을 먹이라."

요한복음 21:15~17

새벽이 동터 오는 갈릴리 바닷가에서, 제자들은 주님께서 그들을 위하여 친히 준비해 주신 조반을 소리 없이 나누었습니다. 누구 한 사람 말을 꺼내는 사람은 없었습니다. 그들은 한결같이 침묵하고 있었습니다. 들리는 것이라곤 바닷가에서 부서지는 파도 소리, 그리고 바람 소리뿐이었습니다. 그 정적 속에서 요한복음 마지막 장 마지막 단락의 막이 오르고 있습니다. 만약 우리 자신들이라면 이 최후의 극적인 순간에 무엇을 어떻게 할 수 있겠는지, 우리 각자 이 상황 속으로 한번 들어가 봅시다.

내가 지난 3년 동안 밤잠을 설치면서까지 먹여 주고 입혀 주었으며, 나의 마지막 진액이 다하기까지 혼신의 힘을 다하여 내가 아는 모든 것을 전수해 주었던 나의 수하들이 나를 배신했습니다. 그것도 가장 결정적인 순간에 나를 배신했습니다. 공개석상에서 나를 욕하고 저주하면서 나를 배신했습니다. 그리고 그들의 배신이 내게 안겨 준 것은 처참하면서도 고독한 죽음이었습니다. 그렇지만 나는 죽음에서 다시 살아났습니다. 살아난 내가 제일 먼저 한 것은 배신자를 찾아가는 것이었습니다. 그리고 지금 그 배신자들이 내 앞에 앉아 있습니다. 누구 한 사람 감히 말할 엄두를 내지 못한 채 침묵으로 일관하면서, 내 입에서 과연 무슨 말이 나올지 긴장하며 귀를 곤두세우고 있습니다. 이런 상황 속에서 우리라면, 나라면 어떻게 하겠습니까? 감정이 앞서는 사람이라면 나중에 후회할망정 일단 배신자를 향해 욕설을 퍼부으며 주먹부터 휘두르고 볼 것입니다. 감정을 절제할 줄 아는 사람이라면 내가 그들에게 얼마나 잘해 주었는지 상기시키면서, 그럼에도 불구하고 도대체 왜 나를 배신했는지 그 이유를 따지려 들 것입니다. 그리고 그보다 더 나은 사람이라면 지나간 과거는 모두 불문에 붙인 채 다시는 인간답지 않게 배신자가 되지 말 것을 점잖게, 그러나 따끔하게 훈계할 것입니다. 배신자를 찾아가지 않았다면 모르되 일단 찾아간 이상, 대개의 경우 우리는 이 세 가지 대응방법 중 한 가지를 택하게 될 것입니다.

그러나 주님께서 택하신 방법은 우리와는 전혀 달랐습니다. 주님께서는 배신자들에게 보복을 가하시거나 배신의 원인을 규명하시거나 훈계하시려 하지 않았습니다. 주님께서는 제자들의 대표 격인 베드로에게 단지 이렇게 물으셨을 뿐입니다.

"네가 나를 사랑하느냐?"

주먹으로 때린다고 해서 사람이 되는 것은 아닙니다. 이유를 따지거나 훈계를 한다고 해서 다시 배신치 않는 것도 아닙니다.

한 번 배신한 사람은 기회만 닿으면 몇 번이고 다시 배신하는 법
입니다. 그러나 사랑하면 됩니다. 사랑은 등을 돌리지 않습니다.
사랑은 배신하지 않습니다. 사랑엔 오직 따름과 좋음이 있을 뿐
입니다. 그래서 주님께서는 주님을 배신했던 제자들을 향하여
"네가 나를 사랑하느냐?"고 물으셨던 것입니다.

　진정으로 사랑한다는 것은 사랑의 대상에 최고의 가치를 부여
하는 것을 의미합니다. 춘향이가 변학도의 회유와 협박 그리고
모진 고문 속에서도 끝까지 정절을 지킬 수 있었던 것은, 이 세
상에서 이몽룡보다 더 귀한 사람이 적어도 그녀에게는 있을 수
없었던 까닭입니다. 사랑하는 아버지를 위하여 심청이가 인당수
물 속으로 꽃다운 자신의 청춘을 던질 수 있었던 것은, 자기 생
명보다는 아버지의 눈뜸을 더 귀하게 여겼기 때문입니다. 안중
근 의사가 조국을 위해 자신의 생명을 초개같이 버릴 수 있었던
것은, 그 당시 그에게 있어서 사랑하는 조국의 독립보다 더 귀한
일은 없었기 때문입니다. 하나님의 독생자이신 예수님께서 하늘
의 보좌를 버리시면서까지 이 땅에 오시어 인간의 구원자 되셨
던 것은, 하늘의 보좌를 지키는 것보다 인간을 사랑하는 것이 그
분에게는 더 귀중했기 때문입니다. 그래서 배신의 전과자를 향
해 주님께서는 본문 15절을 통하여 이렇게 물으셨습니다.

　　"요한의 아들 시몬아, 네가 이 사람들보다

　　나를 더 사랑하느냐?"

　지금 주님 앞에 사람이라고는 11명의 제자들밖에 없습니다. 따
라서 '이 사람들'이란 베드로를 제외한 10명의 나머지 제자들을

뜻하게 됩니다. 즉 주님께서는 베드로에게 다른 10명의 제자들보다 더욱 주님을 사랑하고 있는지를 물으셨던 것입니다. 그런데 성경의 본문을 자세히 살펴보면 '사람들보다' 라는 단어 우측 상단에 '2'란 숫자가 붙어 있음을 알게 됩니다. 그래서 성경 아래쪽 주 난을 보면 2번에 '혹 것들보다' 라고 표시되어 있습니다. 헬라어 '투톤'(touton)은 지시대명사(these)로 '이것들'이라는 의미이기도 하기 때문입니다. "네가 이 사람들보다 나를 더 사랑하느냐?"고 말씀하셨더라도 거기에는 상당한 의미가 있습니다. 주님께서 체포당하셨을 때 다른 제자들과는 달리 베드로는 주님을 저주하기까지 하여 결과적으로 제자들 중 가장 큰 배신자가 되었었기에, 이제는 역으로 누구보다 더 앞장 서서 주님을 사랑하는 자가 되기를 촉구하는 의미일 수 있습니다. 그러나 주님께서 '네가 이것들보다 나를 더 사랑하느냐?'고 말씀하셨다면, 그것은 더욱 의미심장한 말씀이 됩니다. 여기에서 사람이 아니라 사물을 가리키는 '이것들'이란 구체적으로 무엇을 의미하겠습니까? 제자들의 삶의 터전인 갈릴리 바다를 의미합니다. 지금 제자들 앞에 놓여 있는, 방금 잡은 생선을 의미하기도 합니다. 그들이 모든 것으로 여기며 살아온 세상을 의미하기도 합니다. 주님께서는 그런 것들보다 주님을 더 사랑하는지를 물으셨던 것입니다. 그렇다면 주님의 말씀은 바로 이런 말이 됩니다.

주님께서는 제자들이 밤이 맞도록 헛그물질만 하던 갈릴리를 가리키며 말씀하셨습니다.

'네가 이 공허한 갈릴리보다 나를 더 귀하게 여기고 있느냐?'

주님께서는 제자들이 주님과의 약속을 망각하면서까지 소유하기 위해 혈안이 되었던 물고기를 가리키면서 말씀하셨습니다.

'이제 곧 썩어질 이 소유보다 나를 더 귀하게 여기느냐?'

주님께서는 팔을 벌려 이 세상을 가리키시며 물으셨습니다.

'네가 공동묘지로 끝날 수밖에 없는 이 덧없는 세상보다 나를 더 귀하게 여기느냐?'

주님께서는 이 아침 우리 앞에 서시어 우리가 가장 귀하게 여기며 불끈 움켜쥐고 있는 그것을 가리키시면서 묻고 계십니다.

'네가 이것들보다 나를 더 귀하게 여기느냐?'

주님의 이 질문에 응답하는 것으로부터 우리의 참된 신앙은 시작됩니다. 여러분은 과연 무엇이라 대답할 수 있습니까?

베드로는 마침내 침묵을 깨뜨리고 이렇게 대답했습니다.

"주여, 그러하외다. 내가 주를 사랑하는 줄 주께서
아시나이다'. (21:15중)

베드로는 '내가 주님을 사랑하였다'고 과거형으로 대답하지 않았습니다. '내가 지금 주를 사랑하고 있다'고 현재형으로 대답하였습니다. 조금 전까지만 해도 베드로는 주님보다 허망한 갈릴리 바다를 더 귀하게 여겼기 때문입니다. 곧 썩어질 생선에, 덧없는 세상에 더 큰 가치를 두고 있었기 때문입니다. 그래서 주님의 말씀도 주님도 망각한 채 밤이 맟도록 헛그물질만 했던 것입니다. 그런데 지금 베드로는 '내가 이제는 주님을 사랑하고 있다'고 고백하고 있습니다. 이제는 이 세상의 그 어떤 것보다 주님을 더 귀하게 여기고 있노라는 고백이었습니다. 베드로의 이 코페르니쿠스적 대전환이 어떻게 가능했겠습니까? 베드로 앞에 계신 주님께서 부활하신 그리스도이셨기 때문입니다. 길이요 진리요 생명이신 부활의 주님 앞에 다시 섰을 때 그가 밤이 맞도록 추구해 왔던, 갈릴리로 통칭되는 이 세상이 얼마나 공허하고 덧없는 것인지를 뼈저리게 느꼈던 것입니다. 주님 없는 세상을 목적으로 삼는 삶이 얼마나 어리석은 삶인지를 통감했던 것입니다. 그래서 베드로는 주님을 향하여 '내가 지금은 주님을 사랑한다'고, '내가 이제는 주님을 가장 귀하게 여기노라'고 고백치 않을 수 없었습니다.

그 고백이 얼마나 진실된 고백이었던지 베드로는 '내가 주를 사랑하는 줄 주께서 아시나이다'라고 단언할 정도였습니다. 자신이 이제 주님을 가장 귀하게 여기고 있음을 주님께서 이미 아신다는 것입니다. 한 인간이 진정으로 주님을 사랑하는지, 이 세상에서 주님을 가장 귀하게 여기고 있는지의 여부는, 이 세상 사람은 아무도 모를지라도 그 당사자와 주님만은 정확하게 알고 계신다는 의미입니다. 그렇지 않습니까? 내가 정녕 주님만을 귀하게 여기며 사는지 이 세상 것을 더 귀하게 여기며 사는지 나 자신은 정확하게 알고 있지 않습니까? 내가 아는 것을 왜 내 중심을 꿰뚫어보시는 주님께서 모르시겠습니까? 숙달된 나의 위선으로 세상 사람은 속일 수 있을지언정 나 자신과 주님만은 속일 수 없다는 사실을 너무나 잘 알고 있지 않습니까? 그렇다면 우리는 베드로처럼 진정으로 "내가 주님을 가장 귀하게 여김을 주님께서 알고 계시지 않습니까?" 하고 고백할 수 있어야겠습니다. 베드로가 이와 같은 고백을 할 수 있었던 것은 베드로가 위대했기 때문이 아닙니다. 부활하신 주님께서 배신자였던 베드로를 친히 찾아와 주셨기 때문입니다. 그것도 세 번씩이나 말입니다. 베드로가 한 것이라고는 단지 부활하신 주님 안에 있는 그 영원한 생명과 사랑을 확인한 것뿐이었습니다. 2,000년 전 베드로를 찾아 갈릴리로 향하셨던 그 부활의 주님께서 지금은 어디에 계십니까? 우리를 찾아오시어 우리 가운데 계십니다. 그렇다면 이제 우리가 그분의 영원한 생명과 사랑을 확인할 차례입니다. 보십시오. 그분의 생명, 그분의 사랑이 아니셨던들 어찌 우리 같은 죄인이, 나 같은 진리의 배신자가 감히 이 거룩한 자리에 거룩한 성도의 자격으로 나와 앉아 있을 수 있겠습니까? 그 영원한 생명 속에, 그 사랑의 법칙 속에 거하는 자가 되십시오. 그 순간부터 여러분은 그 생명과 사랑의 영원한 가치를 알게 될 것입니다. 그 가치를 앎으로 세상을 더 귀하게 여기던 여러분의 어리석은 삶은 비로소 종식될 것입니다. 그리고 영원한 생명과 사랑을 가장 귀하게 여기는 삶보다 더 귀한 삶은 있을 수 없기에, 여러분은 스스럼없이 이렇게 고백하게 될 것입니다.

"내가 주를 사랑하는 줄 주께서 아시나이다."

그런데 여기에서 우리가 결코 간과해서는 안 될 중요한 사실이 있습니다. 주님께서 베드로에게 "네가 나를 사랑하느냐?"고 한 번만 물으신 것이 아니라는 사실입니다. 16절이 이렇게 증거하고 있습니다.

또 두 번째 가라사대
"요한의 아들 시몬아, 네가 나를 사랑하느냐?"

그것으로 그치신 것이 아닙니다. 17절 역시 이렇게 시작되고 있습니다.

"요한의 아들 시몬아, 네가 나를 사랑하느냐?"

왜 주님께서는 똑같은 질문을 세 번씩이나 되풀이하고 계십니까? 베드로의 대답이 미덥지 못했던 탓입니까? 베드로를 진정으로 사랑하셨던 까닭입니다. 우리는 주님께서 잡히시던 날 밤 베드로가 주님을 모른다고 부인했던 사실을 잘 알고 있습니다. 한 번도 아니고 세 번씩이나 말입니다. 그것도 불가항력적인 무력이나 강압의 위협 앞에서가 아니라 대제사장 집의 비천한 여종 앞에서 지레 겁을 먹고서 말입니다. 그 직후 베드로는 밖으로 뛰쳐나가 땅을 치며 통곡하였습니다. 그러나 그렇게 통곡한들 한심한 자신에 대한 자괴심이 가셔졌겠습니까? 주님의 면전에서 세 번씩이나 주님을 모른다고 부인했던 베드로의 배신은 베드로의 가슴 속에 지울 수 없는 상처로 새겨지고 말았을 것입니다. 이 사실을 누구보다 잘 알고 계시는 부활하신 주님께서 베드로에게 "네가 나를 사랑하느냐?"고 세 번 되풀이해 물으시사, 베드로로 하여금 "내가 주를 사랑하는 줄 주께서 아시나이다"라고 세 번 반복하여 주님에 대한 사랑을 고백할 기회를 주심으로, 베드로의 가슴에 새겨진 상처를 치유해 주신 것이었습니다. 돌이킬 수 없는 한심한 자신의 허물을 속죄할 수 있는 기회를 부활하신 주님께서 친히 찾아오시어 베풀어 주실 때 베드로의 감격이 얼마나 컸겠습니까? 주님께서 이 날 아침 그 귀한 기회를 베드로에게 허락치 않으셨던들 베드로의 심령에 새겨졌던 상처는 치유되지 못했을 것이고, 그는 자기 자신으로부터 비롯된 영적 억압에서 결코 자유로울 수 없었을 것입니다. 이 이후 베드로가 위대한 사도로서 그의 삶을 영위할 수 있었던 것은, 이 날 아침 주님께서 베드로에게 주님 앞에 떳떳하게 설 수 있는 기회를 베풀어 주셨던 결과였습니다.

이렇게 보면 모든 것이 실은 기회로 설명됨을 알 수 있습니다. 구원이 무엇입니까? 죽을 수밖에 없는 죄인에게 하나님께서 새로운 삶의 기회를 주신 것이 구원입니다. 회개가 무엇입니까? 또 한 번의 기회를 간구하는 것입니다. 용서가 무엇입니까? 또 기회를 주는 것입니다. 사랑이 무엇입니까? 다시 기회를 허락하는 것입니다. 구제가 무엇입니까? 삶의 기회를 주는 것입니다. 왜 주님께서 십자가 위에서 못 박혀 돌아가셨습니까? 왜 주님께서 죽음을 깨뜨리시고 영원히 부활하셨습니까? 인간답지 않은 우리에게 참 사람답게 살 수 있는 기회를 주시기 위함이었습니다.

그렇다면 이와 같은 관점에서 볼 때 그리스도인 됨의 의미는 무엇이겠습니까? 주님에 의해 쓰임 받는 기회의 도구가 되는 것입니다. 다시 말해 한 사람이라도 더 많은 사람에게 어떤 의미에서건 기회를 주는 삶을 사는 것입니다. 그래서 이 이후 베드로는 한 사람이라도 더 많은 사람에게 새 삶의 기회를 주는 일에 자신의 전생애를 아낌없이 바쳤습니다. 남에게 기회를 줄 줄 모르는 삶, 오히려 남의 귀한 기회를 박탈하는 삶은 어떤 경우에도 그리스도인의 삶일 수가 없습니다. 내 마음에 드는 사람에게만 기회를 주는 것도 그리스도인의 삶일 수 없습니다. 참된 그리스도인이란 내가 좋아하는 사람은 말할 것도 없고 나를 배신한 사람에게까지도 기회를 베푸는 자입니다. 그 이유는 무엇입니까? 참된 그리스도인이란 생명이요 사랑이신 주님을 그 중심에 모신 자요, 주님께서 주님을 배신했던 나에게 새로운 기회를 주시고 내 중심에 좌정하고 계신 것은, 나를 배신한 그 사람에게 나를 통하여 나에게 주셨던 것과 똑같은 기회를 주시기 위함임을 알고 있는 자가 바로 그리스도인인 까닭입니다. 나는 할 수 없지만, 배신자였던 내게 새 삶의 기회를 주신 주님을 힘입어 그분의 생명으로 할 수 있는 것입니다.

　사랑하는 교우 여러분!
　지금 여러분의 가슴 속에 배신의 못을 박은 사람이 누구입니까? 지금 여러분이 버리려고 작정한 사람이 누구입니까? 이미 여러분의 마음속에서 지워 버린 사람이 누구입니까? 오늘 아침 주님께서는 바로 그 사람에게 기회를 주라고 명령하십니다. 아니 여러분을 통하여 그 사람에게 주님께서 친히 기회를 주기 원하십니다. 우리에게 오늘 하루가 주어졌다는 것은 또 하루의 기회가 더 주어졌음을 의미합니다. 무엇을 위한 또 하루의 기회이겠습니까? 내 마음속에서 버려 버리기로 작정한 바로 그 사람에게 기회를 주기 위한 또 한 번의 기회인 것입니다. 이 때 우리는 철저하게 고독할 수 있으나, 그러나 그 고독을 두려워할 필요는 없습니다. 우리가 우리를 배신한 자에게 기회를 주기 위해 고독하면 고독할수록, 배신자였던 우리에게 기회를 주시기 위하여 십자가 위에서 처절하게 고독하셨던 주님께서 더더욱 우리와 함께하시기 때문입니다. 이것을 깨닫고 실천할 때 우리는 비로소 경제논리에서 자유하는, 사랑의 논리로 살아가는 참된 그리스도인—이 삭막한 세상을 밝히는 따스한 등불이 될 수 있습니다. 가만히 귀를 기울여 보십시오. 경제논리가 아닌 오직 사랑의 논리로 당신 자신을 태움으로 배신자였던 우리에게 생명의 빛과 기

회를 주신 주님께서, 오늘 아침 우리 심령의 갈릴리에서 이렇게
묻고 계시지 않습니까?
"네가 나를 사랑하느냐?"

주님!
우리는 모두 하루살이와 다를 바 없는
존재들임에도 불구하고,
주님께서 우리에게 주신 구원의 가치를 알지 못했습니다.
주님께서 주신 생명의 가치에 무지했습니다.
그래서 어리석게도 주님께 등을 돌린 채,
공허한 갈릴리를 귀하게 여기느라
정작 귀하신 주님을 배신하고 말았습니다.
그럼에도 불구하고 주님께서는 우리를 다시 찾아와
주셨습니다.
한 번이 아니라 연거푸 찾아와 주셨습니다.
그리고 우리에게 다시 새로운 기회를 주셨습니다.
우리를 향한 주님의 사랑도 구원도 자비도 용서도
모두 이 기회를 주시기 위함이었음을
깨닫게 해 주셔서 감사합니다.
주님께서 이 기회 주심은
경제논리에 의해서가 아니라,
철저하게 사랑의 논리에 의해서임을
잊지 않기를 원합니다.
주님께서 주신 이 값진 기회를
다시는 의미 없이 상실해 버리는

어리석은 자가 되지 않기를 원합니다.
우리가 지금 외면하고픈 사람
— 그러나 주님께서 우리를 통해
기회를 주시기를 원하는 사람
— 바로 그 사람에게 새로운 기회를 베푸는
주님의 도구가 기꺼이 됨으로,
주님께서 우리에게 주신 이 기회의 의미를
극대화하기를 원합니다.
주님께서 또 하루의 기회를 주신 오늘의 가치를
바로 세우기를 원합니다.
그 사람에게 기회를 제공함으로써
배신자였던 우리에게 기회를 주신 주님의 사랑에
보답하기를 원합니다.
우리는 불가능하나 우리 속에 계신 주님의 생명과
사랑으로는 가능하오매,
부족하고 연약한 우리를 도와 주시기를 간구합니다.
그리하여 우리의 그와 같은 삶을 통하여
우리 주위가 살 만한 하나님의 나라로
일구어져 가게 하시고,
우리 모두 주님 앞에서 베드로처럼 고백하게 해 주십시오.
'내가 주를 사랑하는 줄 주께서 아시나이다'. 아멘.

14

나를 사랑하느냐(Ⅱ)

저희가 조반을 먹은 후에 예수께서 시몬 베드로에게 이르시되
"요한의 아들 시몬아, 네가 이 사람들보다 나를 더
사랑하느냐?" 하시니
가로되 "주여, 그러하외다. 내가 주를 사랑하는 줄
주께서 아시나이다."
가라사대 "내 어린 양을 먹이라" 하시고
또 두 번째 가라사대 "요한의 아들 시몬아, 네가 나를
사랑하느냐?" 하시니
가로되 "주여, 그러하외다. 내가 주를 사랑하는 줄
주께서 아시나이다."
가라사대 "내 양을 치라" 하시고
세 번째 가라사대 "요한의 아들 시몬아, 네가 나를
사랑하느냐?" 하시니
주께서 세 번째 "네가 나를 사랑하느냐?" 하시므로
베드로가 근심하여 가로되 "주여, 모든 것을 아시오매
내가 주를 사랑하는 줄을 주께서 아시나이다."
예수께서 가라사대 "내 양을 먹이라."

요한복음 21:15~17

　우리말로는 전혀 구별이 되지 않지만, 신약성경을 기록한 헬라어는 의미와 대상에 따라 사랑을 네 단어로 구별하고 있습니다. 첫째는 '에로스'란 단어로 이것은 남녀 사이에 이루어지는 이성간의 사랑을 의미합니다. 두 번째로 가족간에 주고받는 사랑은 '스토르게'라 합니다. 세 번째로 친구간의 사랑, 즉 우정은 '필리아'입니다. 이 세 가지 사랑의 공통점은 모두 조건적이라는 것입니다. 남녀간에 이루어지는 에로스적 사랑의 생명이 오래 지속되지 못하는 까닭은 에로스 자체가 본래부터 조건적이기 때문입니다. 조건이 변함과 동시에 에로스는 흔적도 없이 사라져 버리는 것입니다. 흔히 가족간의 사랑엔 조건이 없는 것으로 생각합니다. 그러나 그것은 사실이 아닙니다. 세월이 흘러갈수록 부모 자식간의 갈등이 왜 점점 더 커져 가기만 합니까? 한 부모의 몸 속에서 태어났음에도 불구하고 남남보다 더 못한 관계를 맺고 살아가는 형제들이 어찌 그다지도 많습니까? 가족간의 사랑인 스토르게 역시 조건적 사랑 이상일 수가 없는 탓입니다. 같은 학교에 다녔다고 해서 모두 다 친구가 되는 것은 아닙니다. 그 중에서 참된 친구란 손가락으로 꼽을 정도에 불과하게 됩니다. 친구지간의 사랑인 필리아 또한 조건적인 사랑에 지나지 않기 때문입니다. 이와 같이 조건적인 사랑과 구별하여 사용되는 헬라어의 네 번째 단어가 바로 '아가페'입니다.

아가페란 무조건적인 사랑을 의미합니다. 상대의 상태나 수준, 나에 대한 상대의 태도 여하에 상관없이 행하는 헌신적인 사랑입니다. 이처럼 아가페의 사랑으로 사랑하는 것을 뜻하는 헬라어 동사는 'agapao'입니다. 이 동사의 본뜻은 '진심으로 기뻐한다', '진정으로 잘되기를 바랍니다', '중심으로 귀하게 여긴다'는 의미입니다. 내가 누구를 기뻐하다가 어느 날부터 갑자기 싫어진다면, 불현듯 상대의 승승장구에 배가 아프도록 시기심이 인다면, 느닷없이 어떤 형태로든 상대를 한 번 짓밟아 버리고 싶어진다면, 그것은 그에 대한 나의 사랑이 아가페의 사랑이 아니었음을 의미합니다. 아가페는 조건을 따지지 않기에 오직 아가페만 어떤 경우에도 흔들림이나 변함없는 사랑일 수 있습니다. 그리스도인들이 추구해야 할 사랑이 바로 이 아가페의 사랑임은 두말 할 나위가 없습니다. 우리말 성경으로는 구별할 수가 없지만 그러나 헬라어 원전을 보면, 본문이 사랑을 분명히 구별하여 사용하고 있음을 발견하게 됩니다.

새벽이 동터 오는 갈릴리 바닷가―제자들은 아무 말이 없었습니다. 그들은 한결같이 침묵을 지키고 있었습니다. 주님께서 무

슨 말씀을 하실지 듣기 위함이었습니다. 마침내 주님께서 새벽
녘 갈릴리의 정적과 고요를 가르시며 제자들의 대표 격인 베드
로에게 물으셨습니다.

Σίμων Ἰωάννου, ἀγαπᾷς με

'요한의 아들 시몬아, 네가 나를 조건 없는 아가페의 사랑으로
사랑하느냐' 는 물음이었습니다. 주님께서는 길이요 생명이시지
않습니까? 그러므로 주님을 조건 없는 아가페의 사랑으로 사랑
하느냐는 주님의 질문은 곧 이런 뜻이었습니다.—'요한의 아들
시몬아, 네가 어떤 경우에도 이 길을 진심으로 기뻐하느냐?' '네
가 변함없이 진리가 흥왕하기를 진정으로 즐거워하느냐?' '네가
이 세상 그 무엇보다도 영원한 생명을 중심으로 귀하게 여기느
냐?' 이것 없이는 이 세상 속에서 참된 그리스도인으로서 영원
한 삶을 바르게 추구할 도리가 없기 때문이었습니다. 그러나 베
드로는 주님의 말씀을 알아듣지 못했습니다. 주님께서 말씀하시
는, 아가페의 사랑으로 사랑한다는 말을 제대로 이해하지 못했
던 것입니다. 그래서 베드로는 이렇게 대답하였습니다.

σὺ οἶδας ὅτι φιλῶ σε.

'내가 주님을 필리아의 사랑으로 사랑하는 줄 주님께서 알고
계십니다.'—이것이 베드로의 답변이었습니다. 베드로의 앞에
계신 주님께서는 여자가 아니었기에 베드로는 이성간의 사랑인
에로스의 사랑으로 사랑한다고 고백할 수 없었습니다. 예수님과
가족관계가 아니었으므로 가족간에 주고받는 스토르게의 사랑으
로 사랑한다고 말할 수도 없었습니다. 따라서 아가페의 참뜻을
알지 못했던 베드로로서는 주님을 향해 친구지간의 사랑, 즉 필
리아의 사랑으로 사랑한다고 고백할 수밖에 없었습니다. 베드로

로서는 그것이 주님께 드릴 수 있었던 최고의 사랑 고백이었던 것입니다. 그러나 베드로는 그토록 자신 있게 고백한 그 필리아의 사랑이란 실은 조건적인 사랑에 불과하다는 사실을 모르고 있었습니다. 주님을 향한 베드로의 사랑이 그처럼 조건적인 사랑이었기에 주님께서 십자가에 못 박히실 때, 더 이상 쓸모없는 존재로 보였을 때, 주님을 배신할 수밖에 없었다는 사실에 대해 베드로는 무지했습니다. 그처럼 조건을 따지는 사랑으로서는 얼마든지 주님을 또다시 배신할 수 있다는 사실을 베드로는 전혀 인식치 못하고 있었던 것입니다.

그래서 주님께서는 베드로에게 두 번째로 다시 물으셨습니다.

Σίμων Ἰωάννου, ἀγαπᾷς με

'요한의 아들 시몬아, 네가 조건 없는 아가페의 사랑으로 나를 사랑하느냐?' 그러나 베드로는 이번에도 주님께서 던지시는 질문의 진의를 깨닫지 못했습니다. 베드로가 다시 주님께 대답을 드렸습니다.

σὺ σὺ οἶδας ὅτι φιλά

'내가 주님을 필리아의 사랑으로 사랑하는 줄 주님께서 알고 계십니다.'—처음과 똑같은 답변이었습니다. 그것은 주님께서 원하시는 답변이 아니었습니다. 그러나 그 사실을 알지 못했던 베드로는 자신 있게 처음의 대답을 되풀이했습니다.

바로 이것이 베드로의 한계요 수준이었습니다. 3년 동안이나 베드로와 숙식을 함께하시면서 베드로를 가르치셨던 주님으로서는 참으로 한심할 수밖에 없는, 무어라 질책치 않을 수 없는, 정녕 짜증스러울 수밖에 없는 상황이었습니다. 이런 상황 속에서 주님께서는 놀랍게도 베드로에게 세 번째로 이렇게 물으셨습니다.

Σίμων Ἰωάννου, φιλεῖς με

'요한의 아들 시몬아, 네가 필리아의 사랑으로 나를 사랑하느냐?'―주님께서는 또다시 조건 없는 아가페의 사랑을 다그치신 것이 아니었습니다. 왜 여태 그런 것도 알지 못하느냐고 질책하신 것도 아니었습니다. 정말 네가 친구의 사랑으로 나를 사랑하고 있느냐고 물어 주심으로써 베드로의 불완전한 고백을 고스란히 수용해 주신 것이었습니다. 다시 말해 주님께서 원하시는 수준에 베드로가 다다르지 못하는 것을 꾸짖으시는 것이 아니라 주님께서 친히 베드로의 수준으로 당신 자신을 낮추어 주신 것이었습니다. 한마디로 표현한다면, 주님께서는 베드로에게 조건 없는 아가페의 사랑을 일방적으로 요구하신 것이 아니라, 주님께서 먼저 조건 없는 아가페의 사랑으로 베드로를 사랑하고 계셨던 것입니다. 베드로의 형편없음에도 불구하고, 베드로의 한심함에도 불구하고, 베드로의 한계에도 불구하고, 그와 같은 베드로를 'agapao' 하고 계셨던 것입니다. 그처럼 형편없는 베드로를 진심으로 기뻐하고 계셨던 것입니다.

우리는 여기에서 귀중한 교훈을 얻게 됩니다. 우리 그리스도인들이 추구해야 할 아가페의 사랑이란 상대가 나의 수준에 맞추어 주기를 요구하는 것이 아니라, 상대의 수준에 나를 맞추어 주는 자발적인 자기 부인의 능력입니다. 우리가 그리스도인으로서 한 인간을 'agapao' 한다는 것은 그의 모든 허물과 유치함에도 불구하고 지금 현재 있는 그대로의 그의 전존재를 먼저 수용하는 것입니다. 아가페는 여기에서부터 시작되는 것입니다.

그렇다면 주님께서 베드로의 수준으로 당신을 낮추어 주셨을 때 베드로는 어떻게 되었습니까? 그는 자신의 수준이 최고의 경지라 착각했습니까? 자신이 모든 면에서 완성된 존재인 양 오해하는 교만에 빠졌습니까? 아니었습니다. 오늘의 본문 17절 상반절이 이렇게 증거하고 있습니다.

> 세 번째 가라사대
> "요한의 아들 시몬아, 네가 나를 사랑하느냐?" 하시니
> 주께서 세 번째 "네가 나를 사랑하느냐?" 하시므로
> 베드로가 근심하여 가로되

주께서 세 번째로 베드로의 수준에 당신을 맞추어 주셨을 때 베드로가 근심하였다고 본문이 증거하고 있습니다. 그러나 원문에 나타나 있는 단어 'lupeo'는 '근심하다'는 뜻이 아닙니다. 이 단어는 '가슴이 찢어지게 아프다거나 비탄에 빠지다'는 의미입니다. 주님께서 베드로에게 아가페의 사랑으로 사랑하는지를 물었을 때 엉뚱하게도 필리아의 사랑을 두 번씩이나 그토록 당당하게 고백했던 베드로가, 주님께서 베드로의 수준에 당신을 맞추어 주셨을 때 더욱 의기양양해지기는커녕 오히려 그는 가슴에 찢어지는 아픔을 느낌과 동시에 말할 수 없는 비탄에 빠지고 말았습니다. 그것은 베드로 자신도 전혀 예기치 못한 일이었습니다. 이것은 도대체 무엇을 의미하고 있습니까? 베드로에게 당신의 수준을 맞춰 주시는 주님의 베드로에 대한 조건 없는 아가페의 사랑이 베드로에게, 베드로 자신의 실상을 비추어 주는 거울이 되었다는 것입니다.

만약 주님께서 세 번째에도 베드로가 아가페의 수준에 이르기

를 요구하시는 질문을 던졌다면, 주님의 질문과 베드로의 답변
은 계속 평행선을 그었을 것입니다. 베드로는 불완전하기 짝이
없는 필리아의 답을 하고서도 변함없이 당당하기만 했을 것입니
다. 그러나 주님께서 조건 없는 사랑으로 베드로의 수준으로 내
려가시어 있는 그대로의 베드로를 온전히 품어 주셨을 때, 그 사
랑 앞에서 그 사랑에 의해 베드로는 자신의 허물과 부족함을 보
았던 것입니다. 자신의 불완전함과 형편없음과 한심함을 처절하
게 확인했던 것입니다. 불과 열흘여 전에 그는 주님을 세 번씩이
나 부인하여 저주하였을 뿐만 아니라 십자가에 못 박히시는 주
님을 버리고 배신치 않았습니까? 어디 그뿐입니까? 지난밤, 아
니 몇 시간 전까지만 할지라도 주님을 까맣게 잊은 채 공허한 갈
릴리가 마치 인생의 모든 것인 양 헛그물질만 하고 있지 않았습
니까? 그럼에도 불구하고 주님을 향해 두 번씩이나 '주님을 사
랑하노라' 그토록 당당하게 고백했으니 자기란 인간은 얼마나
뻔뻔스러운 존재입니까? 베드로는 가슴이 찢어지는 아픔과 자신
에 대한 비탄을 금할 수가 없었습니다. 바로 그와 같은 처절함
속에서 베드로는 이렇게 대답하였습니다.

"주여, 모든 것을 아시오매 내가 주를 사랑하는 줄을
주께서 아시나이다". (21:17중)

처음과 두 번째 그의 대답은 이러하였습니다.

"주여, 그러하외다. 내가 주를 사랑하는 줄
주께서 아시나이다."

당당하기 짝이 없는 답변이었습니다. 그러나 그의 세 번째 답
변 속에서는 방금 전의 당당함을 찾아볼래야 찾을 수가 없습니
다.

"주여, 모든 것을 아시오매 내가 주를 사랑하는 줄을
주께서 아시나이다."

여전히 아가페의 사랑이 아닌 필리아의 사랑으로 고백하고 있
지만, 그러나 그 본질적인 의미는 먼저 두 번의 고백과는 판이하
게 달랐습니다. 먼저 두 번의 답변이 자기 수준을 완전하다 착각
하는 자의 교만한 자기 과시라 한다면, 마지막 답변은 자기 수준
의 불완전함을 깨달은 자의 겸손한 자기 회개로서 바로 다음과
같은 의미였습니다.
　'주님, 저는 주님께 등을 돌렸던 배신자였습니다. 아직도 저는
허물투성이입니다. 주님을 향한 저의 사랑은 여전히 부족하기 짝
이 없습니다. 저는 주님께서 말씀하시는 아가페의 사랑이 무엇
을 의미하는지 잘 알지 못합니다. 그러나 제가 할 수 있는 사랑
을 다하여 주님을 진심으로 사랑하기 원하는 저의 중심을 주님
께서는 잘 알고 계십니다. 비록 불완전하다 할지라도 저의 그 중
심을 주님께서 열납해 주시기를 바랍니다'.
　베드로가 주님께 드렸던 숱한 고백 중에서 가장 진실된, 그리
고 겸손한 고백이었습니다. 그렇다고 해서 베드로가 계속하여 이
고백의 수준, 다시 말해 필리아의 사랑의 수준에 안주해 버린 것
은 아니었습니다. 이 이후 베드로가 사도행전의 막을 올리는 진
정한 사도가 되었다는 것은 필리아의 수준에서 벗어나 아가페의

수준에 이르렀음을 의미합니다. 사도행전의 막은 아가페에 의해서만 열려지는 까닭입니다. 베드로의 수준이 이처럼 장성할 수 있었던 것은 주님께서 조건 없는 아가페의 사랑으로 당신 자신을 형편없는 베드로의 수준에 맞추어 주셨기 때문입니다. 베드로는 자신의 수준으로 내려와 주신 주님의 사랑에 의해, 그 사랑을 힘입어, 그 사랑에 이끌려 아가페의 수준에 다다르게 된 것이었습니다. 주님께서 먼저 당신을 낮추시어 'agapao' 해 주시지 않았던들 결코 있을 수 없는 오름이었습니다.

그렇다면 우리는 이 아침 우리가 추구해야 할 아가페의 사랑을 다시 이렇게 정의할 수 있습니다.—'아가페의 사랑이란 상대의 수준에 나를 맞추어 주는 자발적인 자기 부인의 능력인 동시에, 나를 주님의 수준에 다다르게 하는 능동적인 힘이다.'

베드로가 주님을 향해 자신의 사랑을 고백했던 이 날로부터 30여 년이 흐른 뒤, 노인이 된 베드로는 베드로전서 4장 7~8절을 통하여 이렇게 호소하였습니다.

> 만물의 마지막이 가까웠으니 그러므로 너희는
> 정신을 차리고 근신하여 기도하라.
> 무엇보다도 열심히 서로 사랑할지니
> 사랑은 허다한 죄를 덮느니라.

베드로는 무엇보다도 열심히 서로 사랑하라고 권면하고 있습니다. 서로 필리아의 사랑으로 우정을 쌓으라는 말이 아닙니다. 아가페의 사랑으로 서로 'agapao' 하라는 말입니다. 아가페의 사랑 속에서만 허물투성이인 상대의 수준까지 내려갈 수 있고 그를 그리스도의 수준까지 끌어올려 줄 수 있기에, 아가페의 사랑 아니고서는 누구도 참사랑을 아는 참사람다울 수 없음을 자신의 삶을 통하여 확인했기 때문이었습니다. 아가페를 알지 못했을 때 그는 주님과 사람을 동시에 배신하는 짐승에 지나지 않았던 것입니다.

바로 여기에서 우리는 에베소서 4장 15절 말씀이 누구에게든 가능하다는 사실을 비로소 확인할 수 있습니다.

오직 사랑 안에서 참된 것을 하여
범사에 그에게까지 자랄지라.
그는 머리니 곧 그리스도라.

어떻게 우리 같은 하찮은 인간이 범사에 그리스도에게까지 다다를 수 있겠습니까? 많은 사람들이 불가능하다고 아예 포기하고 있습니다. 그러나 성경은 '오직 사랑 안에서' 가능하다고 증거하고 있습니다. 여기에서의 사랑 역시 아가페의 사랑임은 두 말 할 필요조차 없습니다. 오직 아가페의 사랑 안에서 주님의 수준에까지 이를 수 있음은, 그 사랑 안에 거할 때 그 사랑의 원천 되시는 주님께서 우리의 수준으로 내려오시사 우리를 범사에 걸쳐 당신의 수준으로 끌어올려 주심입니다. 그래서 그 사랑 안에서 사람과 주님을 동시에 바르게 사랑하는 그리스도의 바른 사람이 될 수 있는 것입니다.

우리가 이 암울하기 짝이 없는 현실 속에서도 소망을 잃지 않을 수 있는 것은 주님의 아가페의 사랑이 우리와 함께하시기 때문입니다. 주님께서 우리와 함께하신다는 것은 오늘도 주님께서 당신 자신을 우리의 수준으로 낮추어 주셨음을 의미합니다. 무엇을 위해서입니까? 지금 현재의 나를 그대로 품으시사 당신의 수준을 향해 또 한 단계 끌어올려 주시기 위함입니다.

사랑하는 교우 여러분!

바로 그 아가페 속에 거하십시오. 그 아가페를 힘입어 사람을 향해서는 땅 아래까지 내려갑시다. 그 아가페의 능력으로 위로는 주님에게까지 올라갑시다. 신앙이란 이처럼 주님의 아가페 안에서 우리의 수준을 확장시켜 가는 것을 의미합니다. 이 확장 없이는 내 몸에서 태어난 자식도, 내게 생명을 주신 부모님도 바르게 사랑할 수가 없습니다. 행복은 결코 경제나 소유 그 자체에 있지 않습니다. 오히려 목적으로서의 경제와 소유는 인간의 행복을 파괴하는 흉기일 뿐입니다. 행복은 언제나 지금 나의 수준을 깨뜨려 가는 존재의 완성, 즉 참사람이 되어 가는 속에 있고 그것은 아가페의 사랑 속에서만 가능하기에, 결국 인간의 행복은 아가페 안에만 존재하는 것입니다. 그렇기에 2,000년 전 갈릴리 바닷가에서 주님께서 베드로에게 하셨던 말씀은 단순히 베드로 개인을 향한 질문이 아니라 실은 우리 모두를 주님의 아가페로 초청하는, 우리를 향한 주님의 사랑 고백인 것입니다.

Σίμων Ἰωάννου, ἀγαπᾷς με

주님!
우리는 우리 자신이 생각해도 정말 한심하기 짝이 없는 인간들입니다.

아무리 생각해도 우리는 주님 앞에 설 수조차 없는
부끄러운 죄인들입니다.
그럼에도 불구하고 주님께서는 오늘도 우리의 수준으로
친히 내려오셔서 우리와 함께해 주시고 계십니다.
우리를 또 다시 끌어올려 주시기 위함입니다.
주님! 오늘 이 아침이 2,000년 전 갈릴리 바닷가의 새벽이
되게 해 주시옵소서.
베드로처럼 이 사랑에 우리 자신을 완전히 내어맡기는
자가 되게 하옵소서.
이 사랑을 힘입어 아래로는 사람을 향해,
위로는 주님을 향해
우리 수준의 폭이 매일 확장되게 하옵소서.
이 사랑 속에서 사람과 주님을 바르게 사랑하는 희열을
맛보게 하옵소서.
이 사랑을 힘입어 나의 수준을 끊임없이 탈피하여
그리스도의 참사람 되어 가는 행복을 누리게 하옵소서.
이 사랑에 이끌려 살아가는 우리의 삶이
이 암울한 사회 속에서
새 역사의 막을 올리는 이 시대의 사도행전이
되게 하옵소서. 아멘.

15

요한의 아들 시몬아

저희가 조반을 먹은 후에 예수께서 시몬 베드로에게 이르시되
"요한의 아들 시몬아, 네가 이 사람들보다 나를 더
사랑하느냐?" 하시니
가로되 "주여, 그러하외다. 내가 주를 사랑하는 줄
주께서 아시나이다."
가라사대 "내 어린 양을 먹이라" 하시고
또 두 번째 가라사대 "요한의 아들 시몬아, 네가 나를
사랑하느냐?" 하시니
가로되 "주여, 그러하외다. 내가 주를 사랑하는 줄
주께서 아시나이다."
가라사대 "내 양을 치라" 하시고
세 번째 가라사대 "요한의 아들 시몬아, 네가 나를
사랑하느냐?" 하시니
주께서 세 번째 "네가 나를 사랑하느냐?" 하시므로
베드로가 근심하여 가로되 "주여, 모든 것을 아시오매
내가 주를 사랑하는 줄을 주께서 아시나이다."
예수께서 가라사대 "내 양을 먹이라."

요한복음 21:15~17

우리가 어떤 사람을 부를 때, 그 사람에 대한 우리의 호칭이 언제나 동일한 것은 아닙니다. 상황에 따라 호칭은 달라지게 마련입니다. 이를테면 우리 자녀들을 부를 때 이름을 사용할 수도 있고, '얘야'라고 말할 수도 있고, 경우에 따라서는 '이놈'하고 부를 수도 있습니다. 중요한 것은 우리가 어떤 상황에서 어떤 호칭을 사용하느냐에 따라, 실은 우리의 인격과 성품, 나아가 생각과 철학까지 드러나게 된다는 것입니다. 이런 관점에서, 인간의 몸으로 이 땅에 오셨던 예수님의 베드로에 대한 호칭이 어떤 상황에서 어떻게 달라졌는지를 살펴보는 것은 대단히 중요한 의미를 지니게 됩니다.

베드로의 본래 이름은 시몬이었습니다. 그러나 시몬을 처음 만난 주님께서 '게바'라는 새 이름을 지어 주셨습니다. 게바란 당시 유대인들이 사용하던 아람어로 '반석'이란 뜻이었습니다. 아람어란 앗수르 제국의 언어로서, 앗수르의 지배를 오래도록 받았던 이스라엘은 그 때까지 아람어를 함께 사용하고 있었습니다. 마치 우리가 여태껏 중국의 한자를 병용하고 있는 것과 같습니다. 주님께서 반석이란 의미의 새 이름을 주셨던 것은, 시몬이 반석과도 같은 굳건한 믿음의 소유자가 되기를 원하셨기 때문입니다. 바로 이 반석이란 뜻을 지닌 헬라어가 'petros' 입니다. 따라서 우리에게 베드로라고 더 잘 알려진 이 이름은 본래 시몬의 본명이 아니라, 주님께서 시몬에게 지어 주신 게바란 이름의 헬라식 표기인 것입니다.

평소 주님께서는 베드로에게 시몬이란 유대식 이름의 호칭을 가장 즐겨 사용하셨습니다.

"시몬아, 네 생각은 어떠하뇨?" (마 17:25)

"시몬아, 자느냐? 네가 잠시 동안도 깨어 있을 수 없더냐?" (막 14:37)

주님께서 평소에 베드로를 베드로가 가장 친근감을 느낄 유대식 이름 시몬으로 불러 주셨다는 것은, 주님께서 베드로를 단순한 제자가 아닌 때로는 자식으로, 때로는 친구로, 때로는 형제로 여기고 계셨음을 의미합니다.

가이샤라 빌립보에서 주님께서는 제자들에게 최초로 당신의 수난을 예고하셨습니다. 이제 머지않아 십자가에 못 박혀 돌아가실 것을 밝히셨던 것입니다. 그 때 베드로가 그런 일은 절대로 있을 수 없다며 주님의 말을 가로막고 나서자 주님께서는 베드로를 사단이라고 부르셨습니다.

"사단아, 내 뒤로 물러가라!" (마 16:23)

그렇다고 이 이후로 주님께서 베드로를 계속 사단으로 취급하셨던 것은 아니었습니다. 이 때 베드로를 사단이라 호칭하심으로, 하나님의 일보다 사람의 생각을 더 중시하는 것은 결국엔 사단일 수밖에 없음을 일깨워 주시기 위함이었습니다.

예루살렘에서 주님께서 제자들과 마지막 만찬을 가지신 직후였습니다. 이제 몇 시간 후면 예수님께서 잡혀가시게 될 최후의 순간이었습니다. 그 절대 절명의 순간에 제자들은 서로 누가 더 높은지 또다시 다투기 시작했습니다. 그 모습을 침통하게 보시던 주님께서는 베드로를 극히 이례적으로 베드로라고 헬라식으로 부르셨습니다.

"베드로야, 내가 네게 말하노니 오늘 닭 울기 전에

네가 세 번 나를 모른다고 부인하리라." (눅22:34)

베드로란 이름의 뜻은 반석이라고 했습니다. 베드로가 전혀 반석 같지 않게 행동하는 그 한심한 순간에 오히려 반석이라 부르심으로, 어떤 경우에도 반석이어야만 할 베드로의 정체성을 역설적으로 강조하신 것이었습니다.

그런데 오늘 본문에서 주님께서는 베드로에게 매우 특이한 호칭을 사용하고 계심을 발견할 수 있습니다. 본문 15절이 이렇게 시작되고 있습니다.

저희가 조반 먹은 후에 예수께서 시몬 베드로에게 이르시되
"요한의 아들 시몬아"

평소 베드로를 시몬이라 부르시던 주님께서 이번에는 '요한의 아들 시몬'이라 부르신 것입니다. 본래 족보를 중시하던 유대인

들은 제3자를 소개하거나 혹은 자기 자신을 소개할 때 누구의 자식인지를 밝히는 관습을 갖고 있었습니다. 예를 들어 '저 사람은 아무개의 아들 아무개입니다', 혹은 '나는 누구의 아들 누구입니다' 하는 식이었습니다. 그러나 2인칭 상대에 대한 호격으로 이와 같은 호칭이 사용되는 예는 흔치 않았습니다. 굳이 사용한다면 상대에 대하여 격식을 갖추어 예의를 표할 때였습니다. 말하자면 상대를 존중히 여기는 표현인 셈이었습니다. 지금 주님께서는 베드로에게 예의를 갖추어 "요한의 아들 시몬아" 하고 부르신 것입니다. 이것은 무엇을 의미합니까?

물론 주님께서 베드로에게 이와 같은 호칭을 사용하신 것이 이번이 처음인 것은 아니었습니다. 예수님께서는 이와 같은 호칭을 예전에 딱 한 번 사용하신 적이 있었습니다. 주님께서 제자들에게 너희들은 도대체 나를 누구라 생각하느냐고 물으셨을 때에 베드로가 주님을 향해 거침없이 고백하였습니다.

"주는 그리스도시요 살아계신 하나님의 아들이시니이다." (마 16:16)

주님을 향한 인간의 고백 중에서 가장 위대한 신앙고백이었습니다. 그 때 주님께서는 베드로를 극찬하시면서, 베드로를 '바요나 시몬아' 라고 부르셨습니다. 바로 '요한의 아들 시몬아' 와 같은 말이었습니다. 이를테면 주님께서 베드로를 칭찬하실 때에도 베드로에게 최고의 예의를 표하셨던 것입니다. 그러나 그 때는 그 한 번으로 끝이었습니다. 그런데 오늘 본문에서는 '요한의 아들 시몬' 을 한 번만 부르신 것이 아니었습니다. 본문 16절에서도, 그리고 17절에서도 베드로를 "요한의 아들 시몬아" 라고 부르고 계십니다. 베드로를 향해 같은 자리에서 연거푸 세 번씩이나

"요한의 아들 시몬아"라는 호칭을 사용하신 것입니다. 베드로에 대한 예수님의 모든 호칭에 의미가 있었음을 상기할 때 여기에는 필히 더 깊은 의미가 있을 수밖에 없습니다. 그 의미가 도대체 무엇이겠습니까? 주님께서는 우리에게 무엇을 일깨워 주시기 위하여 "요한의 아들 시몬아"라는 호칭을 세 번씩이나 되풀이하셨겠습니까?

우리는 본문의 상황을 이미 알고 있습니다. 주님께서는 새벽이 동트는 갈릴리 바닷가에서 베드로에게 "네가 나를 사랑하느냐"고 세 번 물으심으로, 베드로로 하여금 주님에 대한 사랑을 세 번 고백하게 해 주셨습니다. 주님 잡히시던 밤 세 번씩이나 주님을 모른다 부인했던 베드로에게 속죄의 기회를 주시기 위함이었습니다. 다시 말해 베드로가 주님 앞에 떳떳하게 설 수 있는 기회를 부여키 위함이었습니다. 그뿐만이 아니었습니다. 주님께서는 베드로에게 무조건적인 아가페의 사랑을 물으셨는데, 베드로는 두 번씩이나 조건적인 필리아의 사랑으로 응답하였습니다. 그러나 주님께서는 세 번째 질문을 통하여 베드로의 수준으로 내려가 주심으로, 주님을 조건에 따라 제한적으로밖에 사랑하지 못한 베드로를 온전히 품어 주셨습니다. 주님께서는 이처럼 베드로에게 새로운 기회를 주시고 필리아의 수준에 있는 베드로를 온전히 품어 주심으로, 주님을 배신했던 베드로의 모든 죄와 허물과 잘못을 깨끗이 용서해 주신 것입니다. 베드로에 대한 주님 사랑의 실체는 바로 용서였던 것입니다. 이 이후 만약 베드로가 본문 속의 갈릴리를 일평생 잊지 못했다면, 새벽이 동터 오는 이 갈릴리야말로 베드로 자신을 향한 주님의 위대한 용서의 선포식

장이었기 때문입니다. 이처럼 주님께서 베드로에게 용서를 선포하시는 이 극적인 순간에 주님께서는 베드로를 향하여 예의를 갖추어 "요한의 아들 시몬아" 하고 부르신 것입니다. 그것도 한 번이 아니라 세 번씩이나 말입니다. 그렇다면 여기에서 이제 우리는 두 가지의 깊은 의미를 발견하게 됩니다.

첫째, 참된 사랑은 참된 용서요, 참된 용서는 반드시 상대에 대한 예의로 나타나야 된다는 것입니다. 바꾸어 말해 참된 용서는 상대에 대한 존중으로 귀결되어야 한다는 것입니다. 누구를 용서한다면 그에게 돈이 많거나 지위가 높아서가 아니라 그 사람 자체가 귀하고 중하기 때문입니다. 우리는 흔히 누군가의 잘못을 용서할 때 큰 은혜를 베푸는 시혜자가 됩니다. 시혜자가 된다는 것은 높은 곳에서 용서의 대상을 내려다보는 것을 의미합니다. 용서를 베푼 내가 언제나 그보다 우월하다는 교만한 마음을 뜻합니다. 그렇기에 우리는 용서를 하고서도 그 대상을 존중하거나 그에게 예의를 표할 수가 없습니다. 이것이 우리의 용서가 상대를 변화시키지 못하는 이유입니다. 상대를 업수이 여기는 교만한 마음으로 행하는 용서는 용서가 아니라 자기 과시에 지나지 않습니다. 이와 같은 자기 과시적 용서는 조건의 변화에 따라 언제든지 철회되거나 상대에 대한 굴종을 강요하기에, 그 곳에는 참된 생명의 역사가 일어날 수 없는 것입니다.

그러나 우리에게 하나님께서 행하신 것을 보십시오. 진리의 배신자였던 우리를 구원하시고 더러운 우리의 죄를 용서해 주시기 위하여, 하나님께서 그 누구도 아닌 당신의 독생자를 친히 우리에게 보내어 주셨다는 것 자체가 우리를 향한 하나님의 예의 아니겠습니까? 우리의 죄값을 치러 주시기 위해 성자 하나님께서 친히 못 박혀 돌아가셨다는 것 자체가 우리를 향한 더할 수 없는 하나님의 예의 아닙니까? 하나님의 영이신 성령님께서 하찮은 우리와 날마다 함께해 주신다는 것 자체가 우리를 지극히 존중히 여기고 계심이 아닙니까? 하나님께서 벌레만도 못한 우리에게 왜 이처럼 하나님의 예의를 다하시면서 우리를 존중히 여겨 주십니까? 하나님은 사랑이시고, 사랑은 용서며, 용서는 예의이고, 예의는 존중이기 때문입니다. 그래서 하나님의 용서는 겸손한 용서이고, 그 겸손한 용서 속에 하나님의 생명의 역사가 담겨지고 일어나게 되는 것입니다.

이것을 바로 깨닫는다면 우리는 상대를 위해서가 아니라 나 자신을 위해 참된 용서의 사람이 되어야만 합니다. 내가 예의와 존중으로 귀결되는 참된 용서의 사람이 된다는 것은, 곧 내가 하나님 앞에서 참된 사랑의 사람으로 바로 서는 것을 의미하는 까닭입니다. 그러므로 용서는 선택 사항이 아니라, 그리스도인의 의무가 되는 것입니다.

베드로를 "요한의 아들 시몬아"라고 부르시는 주님의 호칭 속에서 우리가 두 번째로 발견할 수 있는 더 깊은 의미가 있습니다. 즉 주님의 용서를 믿는 자란 먼저 자기가 자신을 용서하는 자요, 용서받은 자신을 스스로 존중히 여기는 자가 되어야 한다는 것입니다. 많은 사람들이 하나님의 용서를 말하기는 하면서도 스스로 자신을 용서하지 못합니다. 그래서 죄를 회개하긴 하지만 죄의식에서 벗어나지는 못하는 것입니다. 그 결과 난 안 된다고, 어쩔 수 없다고 자포자기해 버리고 맙니다. 그러나 자신을 용서할 수 없는 자는 자신을 존중할 수 없고, 자신을 존중할 수

없는 자는 하나님의 말씀 앞에 바로 설 수가 없습니다. 자신을
용서하지 못한다는 것은 하나님의 용서를 믿지 못함을 의미하기
때문입니다.

　우리는 사도 바울을 잘 알고 있습니다. 그는 본래 그리스도인
들을 잡아죽이던 사람이었습니다. 그의 고백대로 그는 죄인 중
의 괴수였습니다. 그런데 그가 어느 날 주님의 부르심을 받았습
니다. 주님의 용서하심을 받았던 것입니다. 그렇다고 그가 하루
아침에 성인 군자가 된 것은 아니었습니다. 시시각각 엄습하는
죄의 유혹 앞에서 아직 정죄감에 사로잡혀 있던 그는 수없이 흔
들렸습니다. 그래서 그는 다음과 같이 탄식할 수밖에 없었습니
다.

> 내 속 사람으로는 하나님의 법을 즐거워하되
> 내 지체 속에서 한 다른 법이 내 마음의 법과 싸워
> 내 지체 속에 있는 죄의 법 아래로
> 나를 사로잡아 오는 것을 보는도다.
> 오호라, 나는 곤고한 사람이로다.
> 이 사망의 몸에서 누가 나를 건져 내랴. (롬 7:22~24)

　바울의 이 실패의 탄식은 자신이 자신을 용서하지 못한 결과
였습니다. 정죄감의 노예 되었을 때 바울은 도저히 자신을 용서
할 수 없었습니다. 하나님의 용서보다 과거의 죄가 더 크게 보였
고 하나님의 은혜보다 자신의 죄성이 더 중하게 여겨졌던 까닭
이었습니다. 자신이 자신을 용서하지 못할 때 자신은 도저히 하
나님의 뜻대로 살 수 없는 절망적인 존재였고, 당연한 결과로 그

는 자신을 형편없는 자로 자학할 수밖에 없었습니다. 그런데 '나는 곤고한 사람이라'고 자포자기하던 사도 바울이 마침내 자신을 향해 이렇게 선포하게 됩니다.

> 그러므로 이제 그리스도 예수 안에 있는 자에게는
> 결코 정죄함이 없나니
> 이는 그리스도 예수 안에 있는 생명의 성령의 법이
> 죄와 사망의 법에서 **너를** 해방하였음이라. (롬 8:1~2)

여기에서 너란 두말 할 것도 없이 바울 자기 자신이었습니다. 바로 바울의 자기 자신에 대한 용서의 선포였습니다. 그 용서의 근거는 재론할 것도 없이 주님의 용서였습니다. 주님께서 먹물보다 더 더럽던 자신의 죄를 용서해 주셨음을 믿지 못할 때 그는 자기 자신을 용서하지 못한 채 자포자기하며 탄식하고 절망할 수밖에 없었습니다. 그러나 주님의 용서를 확신할 때 바울은 주저없이 자기 자신을 용서할 수 있었습니다. 주님께서 자신을 용서해 주셨거늘 자기가 자신을 용서치 못할 이유가 없었던 것입니다. 아니 주님께서 용서해 주셨기에 자기 또한 자기를 용서함이 마땅하였습니다. 그래서 바울은 이렇게 외치지 않을 수 없었습니다.

> 그런즉 누구든지 그리스도 안에 있으면 새로운 피조물이라.
> 이전 것은 지나갔으니 보라, 새것이 되었도다. (고후 5:17)

저는 성경에서 이 구절을 읽을 때마다 있는 힘을 다해 외치는 바울의 음성을 들을 수 있습니다. 얼마나 감격적인 외침입니까? 그것은 타인을 향한 외침이기 이전에 바울 자신을 향한 외침이었습니다. 이와 같이 바울이 주님의 용서하심을 믿음으로써 자기가 자신을 용서하고 자신도 주님 안에서 새로이 시작할 수 있는 새로운 피조물 됨을 믿고 인정했을 때, 그는 평생 자기 자신에 대하여 예의를 다하며 자신을 존중하는 삶으로 일관했으니 곧 주님께 예의를 다하고 주님을 존중하는 것이었습니다. 주님께 예의와 존중을 다 바치는 것이야말로 주님 안에서 새로운 피조물 된 자기 자신에 대한 최고의 예의요, 자기 자신을 존중하는 최상의 행위였던 것입니다.

베드로는 주님의 면전에서 주님을 모른다고 부인했습니다. 그리고 그가 뛰어나가 땅을 치고 통곡했지만 그러나 자신에 대한 정죄감으로부터 자유할 수는 없었습니다. 간밤만 하더라도 주님을 까마득하게 잊고 허망한 헛그물질만 계속했습니다. 그런데 주님께서 다시 찾아오신 것입니다. 주님 앞에서 베드로의 자신에 대한 절망감이 얼마나 컸겠습니까? 난 안 된다고, 난 어쩔 수 없다고 자포자기하며 정죄감에 몸서리쳤을 것입니다. 그러나 주님께서는 배신자였던 베드로를 용서하시면서 예의를 다해 ‘요한의 아들 시몬’이라고 불러 주셨습니다. 그것도 세 번씩이나 불러 주신 것입니다. 내가 너를 이만큼 존중하니 내가 존중하는 너를 너 자신도 용서하라는 의미였습니다. 내가 너에게 예의를 다할 정도로 너는 새로운 피조물이 되었음을 믿으라는 요청이었습니다. ‘내가 너를 이토록 사랑하는 만큼 내가 사랑하는 너 자신에 대해 너 스스로 예의와 존중을 다하라’는 촉구였습니다. 이 이후 우리는 사도행전 속에서 전혀 다른 베드로를 만나게 됩니다. 사

랑과 용서의 베드로, 하나님과 사람에게 예의와 존중을 다하는
베드로, 곧 거듭난 자기 자신에 대해 예의와 존중을 다하는 베드
로의 모습입니다.

　그렇다면 바울과 베드로로부터 우리는 참으로 귀한 교훈을 얻
게 됩니다. 자신을 먼저 용서할 줄 아는 사람만 타인을 용서할
수 있습니다. 새로운 피조물 된 자신에게 예의와 존중을 다할 줄
아는 자가 하나님과 사람에게 예의를 다하며 존중할 수 있습니
다. 자신을 용서하고 자신에게 예의를 다할 줄 아는 사람만 주님
의 사랑과 용서를 진정으로 믿는 믿는 자이기 때문입니다.

오라, 우리가 변론하자.
너희 죄가 주홍 같을지라도 눈과 같이 희어질 것이요
진홍같이 붉을지라도 양털같이 되리라.　(사 1:18)

나 곧 나는 나를 위하여 네 허물을 도말하는 자니
네 죄를 기억지 아니하리라.　(사 43:25)

동이 서에서 먼 것같이(여호와께서) 우리 죄과를 우리에게서
멀리 옮기셨으며　(시 103:12)

하나님께서 깨끗케 하신 것을 네가 속되다 하지 말라.
(행 10:15)

　하나님께서 이미 용서하신 것을 스스로 용서하지 못하는 불신
앙의 어리석음을 더 이상 범치 마십시오. 죄에 민감하라는 말은

지금 죄와 맞서 싸우라는 것이지, 이미 회개한 것을 다시 기억하고 그로 인한 죄의식의 노예가 되라는 말이 결코 아닙니다. 그것은 하나님의 용서를 믿지 못함의 증거일 뿐입니다. 어떤 경우에도 가룟 유다가 되지 마십시오. 가룟 유다는 두 가지의 큰 잘못을 범했습니다. 먼저는 우리가 잘 아는 바와 같이 주님을 판 것입니다. 그러나 이것은 실은 중요하지 않을 수도 있습니다. 우리 역시 우리의 유익에 따라 늘 주님을 팔고 있기 때문입니다. 가룟 유다의 더 큰 잘못은 자신을 용서하지 못했다는 것입니다. 가룟 유다는 자살로 그 생을 마감하고 말았습니다. 자신을 정죄했기 때문입니다. 그는 예수님을 판 뒤에 그것이 잘못되었음을 깨달았습니다. 그리고 제사장에게서 받았던 은 30냥을 되돌려 주었습니다. 그의 선한 양심이 회복되었던 것입니다. 그러나 그는 자신을 용서하지 못한 채 정죄해 버리고 말았습니다. 만약 그가 그리스도의 용서하심을 믿음으로 자신을 정죄치 않았던들 그에게 구원의 기회가 주어지지 않았으리라고 그 누가 단정할 수 있겠습니까?

더 이상 죄의식의 노예가 되지 마십시오. 더 이상 자포자기하지 마십시오. 이미 회개한 죄로 인해 더 이상 자신을 정죄치 마십시오. 하나님의 용서를 믿음으로 자신을 용서하십시오. 하나님께서 당신의 독생자를 내어 주실 정도로 존중해 주신 자신을 존중하십시오. 그리스도 안에서 새로운 피조물이 되었음을 믿으십시오. 새로운 피조물답게 그리스도 안에서 살아갈 수 있음을 확신하십시오. 하나님과 사람을 향해 예의를 다함으로 거듭난 자신에 대해 예의를 갖추십시오. 날마다 우리의 죄를 용서해 주시는 주님을 은혜 속에서 우리 자신을 용서하며 존중하는 삶을 살아가는 가운데 우리 역시 진리의 사람으로 굳건하게 설 수 있습니다. 예수님을 면전에서 배신한 베드로도 되었는데, 그리스도인들을 색출하여 죽이던 바울도 되었는데, 남의 아내를 빼앗고 그 남편을 죽여 버리기까지 했던 다윗도 되었는데 어찌 우린들 가능치 않겠습니까? 나로서는 불가능하지만 내게 하나님으로서의 예의를 다하시며 나를 존중해 주시는 주님께서 나와 함께하시므로 가능합니다. 그래서 예수 그리스도는 언제나 우리의 복음입니다.

주님께서 용서해 주신 나 자신을 용서하지
못하는 우를 범했습니다.
주님께서 존중해 주시는 나 자신에 대해
절망하고 자포자기하는 무례를 범했습니다.
그래서 주님을 믿는다면서도 우리의 삶은
늘 무기력했고, 무의미했습니다.
그럼에도 불구하고 배신자였던 베드로를
'요한의 아들 시몬'이라 불러 주시고
용서해 주신 주님께서, 하나님으로서의 예의를 다해
오늘 아침 우리를 다시 불러 주시고 품어 주시니
감사합니다.
주님 안에서 우리 자신을 용서케 하소서.
우리 자신을 용서하는 것으로부터 우리를 용서하신
주님에 대한 참된 믿음이 시작됨을 잊지 않게 하옵소서.
주님을 존중히 여김으로 새로운 피조물 된
나 자신을 존중히 여기는 자가 되게 하옵소서.

주님께 예의를 다함으로 거듭난 나 자신에 대한
예의를 갖추게 하옵소서.
우리의 삶을 통하여 사랑은 용서요,
용서란 예의요, 예의란 존중임이
이 세상에 보여지게 하옵소서.
그와 같은 삶을 통하여 우리 모두 사도행전 속의
베드로와 사도 바울 되는 기쁨을
맛보게 하옵소서. 아멘.

16

내 어린 양, 내 양, 내 양

저희가 조반을 먹은 후에 예수께서 시몬 베드로에게 이르시되
"요한의 아들 시몬아, 네가 이 사람들보다 나를 더
사랑하느냐?" 하시니
가로되 "주여, 그러하외다. 내가 주를 사랑하는 줄
주께서 아시나이다."
가라사대 "내 어린 양을 먹이라" 하시고
또 두 번째 가라사대 "요한의 아들 시몬아, 네가 나를
사랑하느냐?" 하시니
가로되 "주여, 그러하외다. 내가 주를 사랑하는 줄
주께서 아시나이다."
가라사대 "내 양을 치라" 하시고
세 번째 가라사대 "요한의 아들 시몬아, 네가 나를
사랑하느냐?" 하시니
주께서 세 번째 "네가 나를 사랑하느냐?" 하시므로
베드로가 근심하여 가로되 "주여, 모든 것을 아시오매
내가 주를 사랑하는 줄을 주께서 아시나이다."
예수께서 가라사대 "내 양을 먹이라."

요한복음 21:15~17

아주 작은 도시에서 목회를 하고 있는 젊은 목회자로부터 상담 전화를 받았습니다.

누구보다도 열성적으로 교회를 섬기는 남자 집사님이 있습니다. 그의 헌신적인 신앙생활을 목사님은 늘 자랑스럽게 생각하고 있었습니다. 몇 해 전 목사님의 부임 당시, 누군가가 그를 가리켜 '천사를 가장한 악마'라 말했을 때에도 그 의미를 이해할 수가 없었습니다. 그러나 하나님 앞에서 무엇이 숨겨지겠습니까? 그 남자 집사님이 교회 밖에서 얼마나 형편없는 사람인지를 목사님이 뒤늦게 알게 된 것입니다. 그로부터 오래도록 육체적으로 유린당해 왔던 한 여인이 자살을 결심하고 죽기 전, 목사님을 찾아와 하소연함으로써 모든 것이 밝혀지기 시작한 것이었습니다. 알고 보니 그 집사님으로부터 피해당한 여인은 그 한 명이 아니었습니다. 그의 사업장에 있는 여인들을 야비한 수법으로 벌써 몇 명이나 짓밟았음이 밝혀진 것입니다. 처음에는 도저히 믿을 수 없었지만 모든 것이 사실로 확인되자 목사님의 충격은 참으로 컸습니다. 더 고통스러운 것은 정작 그 남자 집사님은 타인이 자기의 비행을 알고 있다는 것을 전혀 모른다는 사실입니다. 그는 자신이 유린한 여인들에게, 만약 사실을 누구에게든 누설하기만 하면 반드시 죽여 버리겠노라고 단단히 협박해 둔 터라 누구도 알 리가 없으리라 믿고 있는 것입니다. 그래서 주일이면 어김없이 교회에 나와 태연하게 봉사를 다하는 것입니다. 그가 누구보다도 열성적으로 교회를 섬기는 집사님이고 보면 젊은 목회자가 그로 인해 인간에 대해 느낄 배신감과 절망감, 그리고 목회자로서 자기 자신에 대해 통감할 무력감을 넉넉히 짐작할 수 있습니다. 바로 그와 같은 처참한 상황 속에서 저에게 상담을 청해 온 것이었습니다. 이 사실을 알고 있는 사람들이 아직까지는 소수에 불과하지만 머지않아 백일하에 공개될 것이고, 그 때에는 작은 도시 전체가 떠들썩함은 물론 교회가 큰 시험에 빠지게 될 터인데 자신이 목회자로서 무엇을 어떻게 해야 좋을지를 물었습니다. 그래서 제 나름대로 생각되는 방도를 밝힌 뒤에 다음과 같은 말을 덧붙였습니다.

"목사님 보시기에 그처럼 위선적인 집사님은 목사님 교회의 교인이요 목사님은 그 교회의 목회자라는 사실을 잊지 마십시오. 다시 말해 그분이 정말 형편없는 사람이긴 하지만, 이 땅의 수없이 많은 교회 중에서 하필 목사님이 목회하는 교회의 교인이 되어 있다는 것은 하나님께서 그 집사님을 목사님에게 맡기셨음을 의미한다는 것입니다. 하나님께서는 목사님을 통해 그분을 바로 세우시기를 원하시고 계시는 것입니다. 그분에 관한 한 하나님께서는 목사님을 믿고 계시는 것입니다. 이 사실을 잊지 말아야 목사님은 변함없이 목회자로서 그분을 대할 수 있고, 사람을 함부로 포기하거나 버리는 실수를 범치 않을 수 있습니다.”

그러나 이것은 비단 목회자에게만 국한된 이야기가 아닙니다. 그리스도인들이란 자신의 삶 속에서 만난 모든 사람들을, 실은 하나님께서 자신을 믿으시고 자신에게 맡겨 주시거나 보내 주신 사람이라 인식하며 살아가는 자들이어야 합니다. 그리스도인들이란 모든 인간의 만남이 하나님의 섭리임을 믿는 자들일 뿐만 아니라, 주 예수 그리스도께서 그처럼 명령하고 계시기 때문입니다.

새벽이 동터 오는 갈릴리 바닷가―그 새벽의 정적을 깨뜨리고 주님께서 베드로에게 물으셨습니다.

“요한의 아들 시몬아, 네가 이 사람들보다 나를 더 사랑하느냐?”

“요한의 아들 시몬아, 네가 나를 사랑하느냐?”

“요한의 아들 시몬아, 네가 나를 사랑하느냐?”

그 때마다 베드로가 대답했습니다.

“주여, 그러하외다. 내가 주를 사랑하는 줄 주께서 아시나이다.”

“주여, 그러하외다. 내가 주를 사랑하는 줄 주께서 아시나이다.”

“주여, 모든 것을 아시오매 내가 주를 사랑하는 줄을 주께서 아시나이다.”

주님께서 베드로에게 세 번 물으셨고, 베드로 역시 자신의 주님에 대한 사랑을 세 번 고백하였습니다. 그리고 베드로의 고백이 끝날 때마다 주님께서 이렇게 명령하셨습니다.

"내 어린 양을 먹이라."

"내 양을 치라."

"내 양을 먹이라."

주님에 대한 사랑을 고백하는 베드로를 향해 이처럼 당신의 양을 치고 먹이라는 말씀을 세 번 되풀이하심으로써 주님께서는 베드로에게, 주님을 사랑한다는 것은 곧 주님의 양들을 돌보는 것임을 일깨워 주고 계십니다. 바꾸어 말하면, 주님의 양들을 돌봄이 없이 주님을 사랑한다 함은 있을 수 없다는 뜻입니다. 그렇다면 우리가 주님을 사랑하기에 주님을 사랑하는 증거로서 우리가 돌보아야 할 주님의 양 떼란 구체적으로 누구입니까?

본문을 다시 보면 주님께서 베드로에게 명령하실 때 처음에는 '내 어린 양을 먹이라' 말씀하셨고, 두 번째와 세 번째에는 '내 양'이라 언급하신 것으로 되어 있습니다. 말하자면 첫 번째의 언급에서 '어린'이란 형용사를 제쳐 놓고 보면, 세 번 다 '양'으로 표기되어 있어 아무런 차이가 없어 보입니다. 그러나 많은 헬라어 사본에 의하면, 예수님께서는 세 번 다 양을 각각 다른 단어로 표현하심으로 분명히 구별하고 계심을 발견하게 됩니다.

베드로에게 "내 어린 양을 먹이라"고 처음 명령하실 때 주님께서는 'arnion'이란 단어를 사용하셨습니다. 'arnion'이란 양 중에서도 특별히 어린 양을 가리키는 'areen'의 '지소어'입니다. 전문용어 'diminutive'를 직역한 '지소어'란 우리말에는 없는 문법적 형태로서, 어떤 단어로부터 그 단어가 갖고 있는 본래의 의미보다 훨씬 작은 개념을 나타내기 위하여 파생된 말을 뜻합니

다. 이를테면 악기 비올라(Viola) 중에 가장 작은 비올라에 'in'
이란 접사를 붙여 바이올린(Violin)이라 부르는 것과 같습니다.
즉 바이올린이란 비올라의 지소어인 것입니다. 다시 말해 바이
올린이란 처음부터 독립적인 악기로 만들어진 것이 아니라, 비
올라를 계속 작게 만들다 보니 그 이름이 비올라의 지소어인 바
이올린이 된 것입니다. 따라서 주님께서 어린 양을 가리키는
'areen'의 지소어인 'arnion'을 말씀하셨음은 어린 양 중에서도
가장 어리고 작은 양, 이제 갓 태어난 양을 의미하고 계시는 것
입니다.

  주님께서 두 번째 '내 양을 치라'고 명령하실 때에는
'probation'이라는 단어를 사용하셨습니다. 이것은 장성한 양의
통칭인 'probaton'의 지소어입니다. 'arnion'보다는 크지만 그
러나 장성한 양이 되기에는 턱없이 부족한 상태의 양을 뜻합니
다. 사람으로 말한다면 청소년기에 해당될 수 있습니다. 그리고
주님께서 마지막으로 "내 양을 치라"고 말씀하실 때에는 발육이
끝나 정상적인 상태에 있는 양을 의미하는 'probaton'을 사용하
셨습니다.

  이처럼 주님께서 당신의 양을 돌보라고 명령하시되 어떤 특정
상태의 양만을 국한하여 지칭하신 것이 아니라, 갓 태어난 양에
서부터 중간치를 거쳐 발육이 끝난 양에 이르기까지 모든 양들
을 구별 없이 돌보라 명령하신 것입니다. 즉 어떤 장소, 어떤 상
황, 어떤 시간에 상관없이 만나는 모든 양들을 돌보라는 것입니
다. 다시 말해 주님을 진정으로 사랑한다면, 만나는 모든 사람을
주님께서 나에게 믿고 맡겨 주신 주님의 양으로 인식하라는 것
입니다. 때로는 갓 태어난 아이처럼 짐덩어리일 뿐이요, 유치하

기 짝이 없는 사람일 수도 있습니다. 어떤 경우에는 사춘기에 처한 청소년처럼 매사에 반항적이고 심사가 꼬여 있는 사람일 수도 있습니다. 경우에 따라서는 자기 중심으로만 살아온 어른처럼 지배자와 같이 군림하려고만 하는 사람일 수도 있습니다. 그 어떤 경우의 사람이든 상관없이 일단 내 곁에 있는 사람이라면 그들 모두를 구별 없이, 주님께서 나를 믿으시고 맡겨 주신 주님의 양들로 생각하고 돌보라는 것입니다.

왜 주님께서 이런 명령을 내리시고 계십니까? 우리 모두가 다 베드로처럼 주님 앞에서 때로는 유치하기 짝이 없는 'arnion' 아니었습니까? 매사에 반항적인 'probation' 아니었습니까? 주님을 배신하고 주님을 지배하려는 'probaton' 아니었습니까? 그럼에도 불구하고 주님께서는 단 한 번도 우리를 향해 너는 내 양이 아니라고 포기하신 적이 없습니다. 오히려 변함없이 끝까지 책임져 주셨기에 오늘 우리가 이처럼 주님과 함께 영적인 갈릴리 바닷가에 거하는 거듭난 베드로가 될 수 있었습니다. 그렇기에 주님을 믿는 우리 역시 주님을 본받아 살지 않을 수가 없는 것입니다.

주님에 대한 우리의 모든 변덕과 배신에도 불구하고 주님께서 변함없이 우리를 당신의 양 떼로 인정하시고 품어 주신 결과로 오늘의 우리가 있을 수 있었기에, 우리 역시 만나게 되는 모든 사람을 주님께서 내게 맡겨 주신 사람으로 인정하며 사는 것이 주님의 사랑에 대한 보답임을 깨닫고 나면, 우리는 이제 비로소 주님께서 마태복음 13장을 통해 말씀하신 '가라지 비유'의 의미를 바로 이해하게 됩니다.

어떤 사람이 자기 밭에 좋은 곡식의 씨를 뿌렸습니다. 그런데 못된 원수가 밤에 와서 몰래 나쁜 가라지 씨앗을 덧뿌리고 도망 쳤습니다. 시간이 흐르자 밭에는 좋은 곡식과 가라지가 함께 자라게 되었습니다. 가라지를 발견한 종들이 알곡을 보호하기 위하여 가라지를 뽑아 버리려 하자 주인이 종들을 제지합니다. 가라지를 뽑으려다가 도리어 알곡까지 잘못 건드릴 수 있으므로 가만히 두었다가, 추수 때에 가라지를 따로 뽑아 불에 태우자는 것입니다. 이 비유에서 좋은 곡식은 하나님의 자녀들을, 가라지는 악의 자식들을, 그리고 밭 주인은 하나님을 의미합니다.

그렇다면 여기에서 우리는 중요한 질문을 제기하지 않을 수 없습니다. 왜 전능하신 하나님께서는 당신의 자녀들이 살아가는 밭에 악한 자들이 가라지를 뿌리는 것을 허락하셨는가 하는 것입니다. 모든 것을 감찰하시는 하나님께서 아예 처음부터 가라지를 뿌리지 못하게 막아 주셨다면 알곡들은 더 편안하지 않았겠습니까? 왜 하나님께서는 가라지를 용인하시고 추수 때까지 알곡들이 가라지와 함께 살지 않을 수 없도록 하셨습니까?

알곡들이 가라지와 함께 살면서도 도태되지 않고 끝까지 살아남을 수 있는 길이 있다면 가라지보다 더 크고 강한 생명력을 지니는 것입니다. 가라지 때문에 알곡들은 살아남기 위해 그 생명력이 강인해지는 것입니다. 가라지가 아니라면 기대조차 할 수 없는 일입니다. 그렇다면 가라지야말로 하나님께서 알곡을 온상 속에서 자라는 연약한 생명이 아니라, 폭풍 속에서도 버틸 수 있는 강한 생명으로 세워 주시기 위한 하나님의 은총인 것입니다. 이것이 주님께서 이 비유를 통해 우리에게 주시고자 하는 교훈입니다. 주님께서 우리에게 요구하시는 것은 단지 풍성하기만 한

수확이 아니라 내 곁에 있는 모든 자들과 더불어 살아가는 강하고 큰, 바른 생명력입니다. 바른 생명이 아니고서 맺는 열매란 아무리 양이 많아도 참된 생명의 알곡일 수가 없는 까닭입니다. 만약 이 사실을 알곡이 바르게 이해했다면 어떤 입장을 취해야 하겠습니까? 적어도 알곡은 지금 자기 곁에 있는 것이 무엇이든지 가림 없이 모든 것과 더불어 살아가는 법을 훈련해야 합니다. 알곡이라면 더불어 좋은 열매를 거둘 수 있어서 좋고, 가라지라면 자신의 생명력을 더욱 강인케 해 주는 좋은 도구가 되어 줄 것이기에 배척할 이유가 없는 것입니다.

우리가 우리 곁에 있는 모든 사람들을 하나님께서 나를 믿고 내게 맡겨 주신 사람, 혹은 나를 위하여 내 곁에 두신 사람들로 인식하며 살아가야 할 이유가 여기에 있습니다. 내 곁에 있는 자가 설령 가라지와 같이 못된 자라 할지라도 그가 내 곁에 있는 한, 그 사람은 하나님께서 나의 생명을 더 크고 강하게 가꾸어 주시기 위해 마련해 두신 도구이기 때문입니다. 이 사실을 깨닫고 살아갈 때에만 우리는 당신의 'arnion'을, 당신의 'probaton'을 구별 없이 치고 먹이라는 주님의 명령에 바르게 응답하는 진정한 그리스도인이 될 수 있습니다. 이 사실을 깨닫지 못할 때 그리스도인의 수적 증가는 늘 새로운 다툼과 분열의 시작일 뿐입니다.

지난 5월 8일 어버이날에 아이들로부터 감사 편지와 함께 선물을 받았습니다. 그런데 셋째 아이의 선물이 좀 특이했습니다. 일본인 나카타니 아키히로가 쓴 책으로, 책 제목이 〈20대에 운명을 바꾸는 50가지 작은 습관〉이었습니다. 그런 제목의 책을 선사했다는 것이 그 아이가 아직까지 저를 20대의 젊은이로 보고 있다는 의미인지, 아니면 제게 바꾸어야 할 좋지 못한 습관이 50가지나 될 정도로 저를 한심하게 보고 있다는 의미인지는 알 수 없으나, 여하튼 그 아이가 서점에서 저를 위해 생각 끝에 고른 책이라고 하니 아들을 사랑하는 아비로서 읽어 보지 않을 도리가 없었습니다. 바로 그 책 속에 다음과 같은 구절이 있었습니다.

"직장 같은 곳에서 당신이 싫어하는 사람과 부딪힐 경우가 있습니다. 그 때 당신은 어째서 이 사람은 이렇게 배려하지 않을까 하고 실망합니다. 이렇게 싫어하는 사람과 부딪히면, '나도 혹시 이 사람과 똑같은 행동을 하지 않았을까' 하고 자신을 돌이켜보도록 합시다. 싫어하는 사람은 신(神)이 대신 보낸 사람입니다. '때때로 너도 이런 식으로 행동한다구. 어때, 언짢지?' 하고 가르쳐 주고 있는 것입니다. 싫어하는 사람을 만나면 신이 보낸 사람이다 생각하고 감사하십시오."

사랑하는 교우 여러분!

여러분의 인생이 진정 바뀌기를 원하십니까? 그렇다면 지금 여러분들을 둘러싸고 있는 사람들이 어떤 사람이건, 그 사람들은 모두 하나님께서 여러분들을 믿으시고 맡기신 사람들이요 여러분을 위하여 보내 주신 하나님의 은총임을 잊지 마십시오. 그들 모두와 더불어 살아가는 강하고 큰 그릇―그리스도 안에서 바른 생명이 되십시오. 이것 하나로 여러분의 인생은 완전히 달라집니다. 그와 같은 사람이 주님을 진정으로 사랑하는 자요, 그 같은 사람을 통하여 주님에 의한 사도행전의 새 역사가 시작되기 때문입니다.

주님!
우리는 주님을 사랑합니다. 언제나 주님을 사랑하기를
원하고 있습니다.
그러나 주님의 사랑을 바르게 이해하지 못하여
우리의 삶 속에는
늘 분열과 다툼, 대립과 대결밖에 없었음을 고백합니다.
그래서 우리의 수적 증가가 오히려 이 사회의 혼란만
가중시켜 왔음을 회개합니다.
그러나 주님께서 이처럼 형편없는 우리를 향해
‘너는 내 양이 아니다’라고 한 번도 거부치 않으시고
오늘도 변함없이 우리를 찾아와 주님의 양으로 품어
주시니 감사합니다.
참된 그리스도인이란 열과 성을 다하는
헌신과 봉사 이전에,
내 곁에 있는 모든 사람과 먼저 더불어 사는
사람이어야 함을 잊지 말게 하옵소서.
진정한 주님의 교회란 교회의 호칭이나,
예배당을 소유치 않고 헌금의 50퍼센트로
선교 구제하는 제도에 의해 세워지는 것이 아니라,
교회의 문턱을 넘어 서는
모든 부류의 사람을
주님의 양으로 알고 진심으로 영접하며
함께 조화를 이루는 삶에 의해 구축되는 것임을
늘 기억하게 하옵소서.
주님을 사랑한다는 것은

내게 보내 주신 모든 사람을 수용하는
강하고 바른 생명력을 지니는 것으로 증명됨을
망각치 말게 하옵소서.
그와 같은 우리의 삶을 통하여,
절망과 암울과 혼돈의 이 세상 속에
새로운 사도행전의 서막이 오르게 하옵소서. 아멘.

17

내 양을 먹이라, 치라

저희가 조반을 먹은 후에 예수께서 시몬 베드로에게 이르시되
"요한의 아들 시몬아, 네가 이 사람들보다 나를 더
사랑하느냐?" 하시니
가로되 "주여, 그러하외다. 내가 주를 사랑하는 줄
주께서 아시나이다."
가라사대 "내 어린 양을 먹이라" 하시고
또 두 번째 가라사대 "요한의 아들 시몬아, 네가 나를
사랑하느냐?" 하시니
가로되 "주여, 그러하외다. 내가 주를 사랑하는 줄
주께서 아시나이다."
가라사대 "내 양을 치라" 하시고
세 번째 가라사대 "요한의 아들 시몬아, 네가 나를
사랑하느냐?" 하시니
주께서 세 번째 "네가 나를 사랑하느냐?" 하시므로
베드로가 근심하여 가로되 "주여, 모든 것을 아시오매
내가 주를 사랑하는 줄을 주께서 아시나이다."
예수께서 가라사대 "내 양을 먹이라."

요한복음 21:15~17

한 가수가 주님을 만났습니다. 진리 안에서 새 생명을 얻은 것입니다. 자연히 그는 모든 면에 걸쳐 달라지기 시작했습니다. 생각이 달라졌습니다. 가치 기준이 달라졌습니다. 부르는 노래가 바뀌었습니다. 만나는 사람들이 바뀌었습니다. 무엇보다 모든 결정의 근거가 하나님의 말씀으로 바뀌었습니다. 그래서 그는 주일이면 사업장의 문을 닫았습니다. 일반 대중을 상대로 하는 그의 사업장은 일주일 중 일요일의 매출이 가장 높았습니다. 그러나 '안식일을 거룩하게 지키라'는 제4계명, 즉 하나님의 명령을 안 이상, 일주일의 첫날이 자신에게 가장 큰 매출을 안겨다 주는 일요일이 아니라 주님에게 바쳐야 할 주일임을 안 이상, 그는 주일이면 주저 없이 사업장의 문을 닫는 것을 철칙으로 삼았습니다. 그리고 그는 종업원들의 발 앞에 무릎을 꿇고서 진심으로 그들에게 용서를 구했습니다. 그 동안 주일에도 영업을 해 왔음은 종업원들이 주님을 만나 주님께 경배드릴 기회를 박탈한 범죄 행위라 여겨졌기 때문이었습니다.

　지난 5월 초 그는 하나님을 경배하는 찬양 콘서트를 개최하였습니다. 그가 하나님께 찬양을 드릴 때마다 많은 사람들이 소리 없이 눈물을 닦았습니다. 저도 그 중의 한 사람이었습니다. 그만큼 그 공연은 은혜스러웠습니다. 그 날 그 공연장이야말로 한 인간이 신앙인이 된다는 것이 무엇을 의미하는지를 잘 보여 주는 본보기였습니다. 만약 그가 아직 주님을 만나지 못한 사람이었다면 그 날 그가 부르는 노래의 레퍼토리가 달랐을 것입니다. 그 자리에 앉아 있는 청중도 달랐을 것이요, 그가 청중에게 던지고자 한 메시지도 달랐을 것이며, 공연장의 분위기 또한 광란 이상은 되지 못했을 것입니다. 그러나 그가 주님을 만남으로 인하여 노래도 밴드도 청중도 분위기도 모든 것이 다 바뀌어지고 만 것입니다. 말하자면 그 한 사람을 중심으로 전개되는 세계가 완전히 달라진 것입니다. 바로 이것이 참된 신앙의 실체입니다.

　신앙이란 삶의 방향을 바꾸는 것입니다. 이제껏 걸어오던 길을 바꾸는 것입니다. 이처럼 새로운 방향으로 새로운 길을 걷노라면 전개되는 세계가 달라질 수밖에 없습니다. 어둠의 세계에서 빛의 세계로, 죽음의 세계에서 생명의 세계로, 욕망의 세계에서 진리의 세계로, 굴종의 세계에서 자유의 세계로, 카오스의 세계에서 코스모스의 세계로 향한 대전환이 일어나지 않을 수가 없습니다. 따라서 믿음의 성숙도란 바로 이 새로워진 세계의 넓이, 즉 이 세계 속에 얼마나 많은 사람을 초청하고 수용할 수 있느냐에 따라 결정되는 것입니다.

새벽이 동터 오는 갈릴리 바닷가—그 새벽의 고요함을 깨뜨리고 주님께서 베드로에게 물으셨습니다.

"요한의 아들 시몬아, 네가 이 사람들보다 나를 더 사랑하느냐?"

"요한의 아들 시몬아, 네가 나를 사랑하느냐?"

"요한의 아들 시몬아, 네가 나를 사랑하느냐?"

그 때마다 베드로가 대답했습니다.

"주여, 그러하외다. 내가 주를 사랑하는 줄 주께서 아시나이다."

"주여, 그러하외다. 내가 주를 사랑하는 줄 주께서 아시나이다."

"주여, 모든 것을 아시오매 내가 주를 사랑하는 줄을 주께서 아시나이다."

주님께서는 주님을 세 번 부인했던 배신자 베드로에게 세 번이나 같은 질문을 반복해 주심으로, 베드로로 하여금 주님에 대한 사랑을 세 번 되풀이할 수 있는 기회를 부여해 주셨습니다. 그리고 베드로의 사랑의 고백이 끝날 때마다 주님께서는 이렇게 명령하셨습니다.

"내 arnion을 먹이라."

"내 probation을 치라."

"내 probaton을 먹이라."

주님께서는 이 세 번에 걸친 명령을 통하여 주님을 사랑한다는 것은, 갓 태어난 새끼에서부터 시작하여 중간기를 거쳐 큰 양에 이르기까지 만나는 모든 양을 구별 없이 먹이고 치는 것임을 강조하고 계십니다. 즉 만날 수 있는 모든 종류의 사람들에 대한 돌봄 없이 주님을 사랑한다 함은 성립될 수 없음을 분명히 밝히신 것입니다. 이에 대하여는 지난 주일 상세하게 살펴보았습니다. 그렇다면 주님의 양들을 치고 먹인다는 것은 구체적으로 무엇을 의미하겠습니까?

양을 먹인다는 동사 'bosko', 그리고 친다는 동사 'poimaino'는 아무에게나 해당되는 단어가 아닙니다. 오직 목자에게만 사용되는 단어입니다. 그것도 어설픈 목자가 아니라 전문 목자이어야 합니다. 양을 먹이고 치는 전문 목자가 행하여야 할 가장 중요한 일이 있다면 무엇이겠습니까? 우리는 그 해답을 시편 23편 1∼2절을 통하여 얻을 수 있습니다.

여호와는 나의 목자시니 내가 부족함이 없으리로다.
그가 나를 푸른 초장에 누이시며
쉴 만한 물가으로 인도하시는도다.

아무 꼴이든 눈앞에 있는 것을 양에게 먹이는 것은 비단 전문 목자가 아니라 하더라도 누구나 할 수 있는 일입니다. 진정 좋은 목자란 자신의 양 떼에게 최상의 꼴을 먹일 수 있는 초장과 최적의 안식처가 될 물가를 알고 그 곳으로 양 떼들을 인도하는 자입니다. 다시 말해 양 떼들에게 가장 좋은 환경, 최선의 세계를 제공하는 자입니다. 그 세계를 향하여 양들의 방향을 바꾸어 주는 자입니다. 그 세계를 향하는 길 위로 양들을 인도하는 자입니다. 그래서 방향과 길을 바꾼 양 떼들 앞에는 최상의 세계가 전개될 수밖에 없습니다. 그들을 인도하는 목자가 그 세계를 이미 알고 있는 그 세계의 전문가인 까닭입니다. 그러나 아무리 그 세계가 푸른 초장이요 쉴 만한 물가라 할지라도 그 속으로 인도하여 들인 양이 몇 마리에 불과하다면 그 목자는 전문 목자일 수가 없습니다. 참된 목자란 최상의 세계 속으로 한 마리라도 더 많은 양을 인도하고 수용하며 책임지는 자임은 두말 할 나위조차 없습니다.

그렇다면 주님을 진정으로 사랑하기에 주님의 양들을 치고 먹이는 자란 어떤 자라 정의할 수 있겠습니까? 먼저 그리스도 안에서 자신의 세계가 바뀌어진 자요, 그 생명의 세계, 진리의 세계, 빛의 세계 속으로 한 사람이라도 더 많은 사람을 인도해 들이는 자입니다. 다시 말해 그 세계를 향하여 한 사람이라도 더 많은 사람의 삶의 방향과 길을 바꾸어 주는 목자가 되는 것입니다.

400년에 걸친 애굽의 노예 생활로부터 해방을 얻은 이스라엘 백성들이 자유를 찾아 나온 역사적 기록이 구약 성경 두 번째 책인 출애굽기입니다. 이 출애굽기를 영어로는 'exodus'라고 합니다. 그 의미는 '대이동', '대탈출'이란 뜻입니다. 1~20명 혹은 수백 명이 아닌 거대한 한 민족이 출애굽 했다는 관점에서 본다면 그것은 대이동이요, 출애굽 할 때 마치 도망치듯 황급히 나왔다는 의미에서 본다면 대탈출임이 분명합니다. 그러나 영어 'exodus'의 어원인 헬라어 'exodos'의 본뜻은 '대이동' 혹은 '대탈출'과는 거리가 멉니다.

주전 250년경 랍비들이 히브리어로 기록되어 있는 구약성경을 당시의 공용어인 헬라말로 번역하면서 출애굽기의 제목을 헬라어로 'exodus'라 붙인 이래, 이것은 출애굽기의 공식 명칭이 되었습니다. 'exodos'란 전치사 'ex'와 명사 'hodos'가 합쳐진 합성어인데 'ex'란 '～로부터' 혹은 '～밖으로'란 뜻이고, 'hodos'란 '길'이란 의미입니다. 따라서 'ex-hodos'의 본래 의미는 '그 길 밖으로'의 뜻입니다. 다시 말하면 이제껏 걸어오던 길을 바꾸었다는 말이요, 방향을 바꾸었다는 말입니다. 죄악과 죽음과 어둠과 욕망의 노예 상태를 상징하는 애굽의 길을 벗어 던졌다는 것입니다. 어디를 향하여? 가나안을 향하여, 가나안에 이르는 길을 향하여 말입니다. 그렇다면 'ex-hodos'의 참된 의미는 세계의 전환입니다. 'ex-hodos'함으로써 애굽이란 어둠과 죽음과 욕망의 노예된 세계가, 가나안이란 빛과 생명과 자유의 세계로 바뀌게 된 것이었습니다.

이 'ex-hodos'의 대역사를 이끈 자가 누구였습니까? 바로 모세였습니다. 어떻게 그가 이 일을 이룰 수 있었습니까? 하나님의 인도하심 속에서 그는 이미 40년 전에 ex-hodos를 실천했던 사람, 애굽이란 어둠의 세계를 벗어 던진 자였기 때문입니다. 비록 그의 몸은 40년 동안 미디안 광야라는 공간 속에 거하고 있었지만, 그의 심령 속에는 이미 새로운 빛의 세계가 찬란하게 펼쳐지고 있었습니다. 그는 그 세계를 품고 애굽으로 돌아갔습니다. 그리고 그 세계 속에 이번에는 400년 동안 어둠의 노예 생활 하던 그 백성들을 품었을 때 가나안을 향하여 이스라엘 민족의 세계가 바뀌어지는 대장정이 시작되었으니, 바로 이것이 출애굽의 의의요 'ex-hodos'의 본질입니다. 이런 의미에서 모세는 훌륭한 목자였습니다. 이와 같은 출애굽의 역사, 'ex-hodos'는 구약에만 있었던 것이 아닙니다. 신약시대에도 있었습니다.

우리는 변화산 사건을 잘 알고 있습니다. 어느 날 주님께서 제

자 중 베드로와 요한 그리고 야고보만을 데리고 기도하러 높은
산으로 올라가셨습니다. 그 곳에서 제자들은 놀라운 광경을 목
격하게 됩니다. 기도하시는 예수님의 용모가 변화되어 얼굴이 해
같이 빛나며 옷이 빛처럼 희어지는 것이었습니다. 더 놀라운 것
은 그 순간 하늘에서 모세와 엘리야가 내려오더니 주님께서 그
들과 더불어 말씀을 나누시는 것이었습니다. 그 때 무슨 말씀을
나누었는지를 누가복음은 이렇게 증거하고 있습니다.

문득 두 사람이 예수와 함께 말하니
이는 모세와 엘리야가 영광 중에 나타나서
장차 예수께서 예루살렘에서 별세하실 것을
말씀할새 (눅 9:30~31)

주님께서는 이제 곧 당신께서 예루살렘에서 별세하실 것에 대
하여 말씀을 나누셨습니다. 별세란 십자가에 못 박혀 돌아가실
것을 의미함은 물론입니다. 그런데 여기서 '별세하실 것'이란 이
단어를 헬라어 원문은 'ex-hodos', 즉 출애굽기의 제목과 똑같
은 용어를 사용하고 있습니다. 바로 주님의 십자가가 'ex-
hodos', 또 하나의 출애굽기였습니다. 십자가야말로 죽음과 멸
망으로 이를 수밖에 없는 세계에서 벗어나 영원한 생명과 부활
의 세계로 이르게 해 주는 길이었던 것입니다. 그래서 예수님께
서는 목자 중의 목자, 목자장이 되셨습니다. 이처럼 주님께서 먼
저 'ex-hodos' 하시사 우리를 영원한 새 세계로 품어 주셨기에
우리가 구원받은 하나님의 자녀가 되었음을 깨닫는다면, 이 세
계 속으로 한 사람이라도 더 많은 사람을 인도해 들이는 이 시

대의 'ex-hodos', 이 시대의 출애굽기를 우리의 삶으로 엮어 나가지 않을 수 없습니다.

그러나 'ex-hodos'는 그냥 엮어지는 것은 아닙니다. 'ex-hodos'는 자기 희생, 자기 헌신을 기꺼이 감당하는 자에 의하여만 이루어집니다. 출애굽기의 대역사는 모세의 자기 희생과 헌신 위에서 이루어졌고, 부활의 'ex-hodos'는 예수 그리스도의 십자가 죽음을 통하여 전개되었습니다. 이것은 마치 양초가 자기를 태우는 희생을 감수함으로써 빛의 세계를 던져 주고, 소금이 스스로 소멸되는 헌신을 주저치 않음으로 생명의 세계를 제공해 주는 것과 같은 이치입니다. 이것은 아무도 부인할 수 없습니다.

그러나 한번 깊이 생각해 봅시다. 양초가 자기를 태우는 것이 과연 자기의 희생이기만 합니까? 소금이 스스로 녹는 것이 정녕 자기 헌신입니까? 빛을 발할 수 없는 양초라면 그것은 이미 양초가 아닙니다. 양초라면 반드시 어둠 속에 빛의 세계를 던져야 하고, 그러기 위해서 양초는 필히 스스로를 태워야 합니다. 그렇다면 그것은 양초의 자기 희생이 아니라 스스로 빛의 세계가 되기 위한 자기 승화입니다. 짠맛을 낼 수 없는 소금이라면 그것은 주님의 말씀처럼 길가에 버리워져 사람의 발 아래 짓밟히는 무용지물일 뿐 어떤 경우에도 더 이상 소금이 아닙니다. 소금은 짠맛을 내어야 생명을 지킬 수 있고 이를 위해서는 반드시 녹아야만 합니다. 이런 의미에서 소금이 기꺼이 녹아지는 것이야말로 스스로 생명의 세계로 화하기 위한 자기 존중입니다. 예수님께서는 영원한 생명의 세계로 향하는 길을 우리에게 열어 주시기 위하여 당신 자신이 십자가 위에서 죽으셔야만 했습니다. 그러나 만약 그분이 우리를 위하여 죽으시지 않았다면 인간으로 오신 그분이 어찌 우리를 위한 임마누엘 하나님이 되실 수 있겠습니까? 그분이 십자가 위에서 스스로 당하신 죽음이야말로 하나님으로서 하나님이신 하나님 당신을 증거하는 하나님의 자기 증명이었습니다. 출애굽의 대역사를 위하여 모세는 자신의 여생을 온전히 던져야만 했습니다. 그러나 그렇게 하지 않았을 경우 모세의 말년이 미디안 광야에서 의미 없는 실패자로 끝나 버렸을 것을 감안한다면, 모세의 자기 던짐이야말로 하나님으로부터 새 세계를 얻은 목자로서의 자기 완성이었습니다.

그럼에도 불구하고 자기를 못 박고 자기를 불태운다는 것은 엄청난 아픔이요 고통일 수 있습니다. 그러나 자기를 불태우지 않거나 자신을 못 박지 않고서야 어찌 자신을 빛으로 생명으로 승화시킬 수 있겠습니까? 자신을 던지지 않고서야 어찌 타인을 수용하는 빛과 생명의 세계로 자신을 완성시켜 갈 수가 있겠습니까? 그렇기에 그 아픔은 아픔일 수만은 없습니다. 그것은 마치 해산하는 여인의 진통이 아픔으로 시작하나 태어난 생명으로 인해 환희로 끝나듯이, 새로운 'ex-hodos'의 시발점이기에 전혀 다른 차원의 기쁨이 되는 것입니다. 이 사실을 깨달은 베드로는 이 이후 사도행전의 막을 여는 첫 목자가 되었습니다. 사도행전이 무엇입니까? 어둠과 죽음의 세계 속에 있는 사람들을 빛과 생명의 세계로 인도해 낸 또 다른 출애굽기, 'ex-hodos'를 이루어 낸 목자들의 이야기입니다. 이처럼 베드로는 진리의 빛을 위해 자신을 불태움으로 '내 양을 치고 먹이라'는 주님의 명령을 완수 할 수 있었습니다. 그것은 진리의 배신자였던 자기 자신에 대한 눈부신 자기 승화였습니다.

진리 안에서 자기를 못 박고 진리를 위해 자신을 불태우기를 두려워 마십시오. 그것은 자기를 빛으로 승화시키는 동력입니다. 그것은 한 사람이라도 더 많은 사람을 위하여 이 시대의 'ex-hodos', 이 시대의 출애굽기를 자신의 삶으로 기록하는 목자의 지혜입니다. 그것은 바로 목자장 되신 주님을 사랑하는 참그리스도인 됨의 사랑의 증거입니다. 그렇기에 내 양을 먹이라는 것은 다른 사람을 위하기 이전에 바로 나 자신을 바른 사람 만들어 주시려는 주님의 은총이요, 사랑입니다.

진리의 배신자였던 우리를 변함없이 사랑하여 주시사
죽음과 어둠의 세계로부터 우리를 빛과 생명의 세계로
'ex-hodos' 시켜 주신 주님을 사랑합니다.
이 세계 속으로 한 사람이라도 더 많은 생명을
인도해 들이기 위하여
이 시대의 빛과 소금이 되기를 주저치 말게 하소서.
그것은 자기 희생이 아니라 자기 승화요, 자기 존중이요,
자기 완성을 뜻하기에,
우리를 사랑하시는 주님에 대한 우리 사랑의 증거임을
잊지 않게 하소서.
진리를 위하여 자신을 불태우는 우리의 삶이
많은 사람의 삶의 방향을 바꾸어 주는
생명의 신호등이 되게 하소서.
한 사람이라도 더 많은 사람의 삶의 길을 바꾸어 주는
진리의 길잡이가 되게 하소서.

경제 위기 속에서 지칠 대로 지친
이 나라의 백성들을 위해,
이 시대의 'ex-hodos'를 엮어 가는 진정한 출애굽의
목자들이 되게 하옵소서. 아멘.

18

죽음으로 영광을

"내가 진실로 진실로 네게 이르노니
젊어서는 네가 스스로 띠 띠고 원하는 곳으로 다녔거니와
늙어서는 네 팔을 벌리리니 남이 네게 띠 띠우고
원치 아니하는 곳으로 데려가리라".
이 말씀을 하심은 베드로가 어떠한 죽음으로
하나님께 영광을 돌릴 것을 가리키심이러라.
이 말씀을 하시고 베드로에게 이르시되 "나를 따르라" 하시니
베드로가 돌이켜 예수의 사랑하시는 그 제자가 따르는 것을
보니 그는 만찬석에서 예수의 품에 의지하여
"주여, 주를 파는 자가 누구오니이까?" 묻던 자러라.
이에 베드로가 그를 보고 예수께 여짜오되
"주여, 이 사람은 어떻게 되겠삽나이까?"
예수께서 가라사대 "내가 올 때까지 그를 머물게 하고자
할지라도 네게 무슨 상관이냐? 너는 나를 따르라." 하시더라.
이 말씀이 형제들에게 나가서 그 제자는 죽지 아니하겠다
하였으나 예수의 말씀은 그가 죽지 않겠다 하신 것이 아니라
'내가 올 때까지 그를 머물게 하고자 할지라도 네게 무슨
상관이냐?' 하신 것이러라.
이 일을 증거하고 이 일을 기록한 제자가 이 사람이라.
우리는 그의 증거가 참인 줄 아노라.

요한복음 21:18~24

　이 땅에 살고 있는 우리로서는 로마의 카타콤베 — 즉 지하묘소를 선뜻 이해하기가 어렵습니다. 옛날 로마제국은 로마 시내에서의 매장을 법률로 금지하고 있었기 때문에, 사람들은 로마 교외의 땅 속에 거대한 지하 묘소를 만들었습니다. 지하 4층 깊이에 너비 1미터 가량의 지하도를 만들고, 그 좌우 벽에 벽감을 층층이 내어 그 벽감마다에 죽은 사람들의 유해를 안치한 다음 벽돌이나 대리석판으로 밀폐하였습니다. 이런 형태의 지하 묘소가 거미줄같이 얽혀 있어 로마 교외의 지하 묘소의 총 연장 길이가 무려 20여 킬로미터 이른다니, 그 규모는 상상을 초월할 정도입니다. 실제로 로마의 카타콤베 속으로 들어가 옛날 시체가 안치되어 있던 층층의 벽감들 사이 지하도를 걸으면서, 그리고 그 웅대한 규모에 압도당하면서, 하필이면 지하에 그 엄청난 카타콤베를 건설한 로마인들을 이해할 수가 없었습니다. 나중에 안 일이지만, 로마의 카타콤베는 우리와는 전혀 다른 그 곳의 토양으로 인해 가능할 수 있었습니다.

카타콤베가 만들어진 곳의 토양은 예외 없이 응회질이라고 합니다. 응회질의 토양은 얼마나 부드러운지 맨손으로도 파낼 수 있지만, 일단 공기가 닿으면 시간이 흐르면서 돌처럼 딱딱하게 굳어져 응회암이 됩니다. 그래서 그들은 별다른 기구나 기술 없이도 대를 거듭하면서 지하 4층 깊이에 길이 20여 킬로미터에 이르는 거대한 지하 묘소를 건설할 수 있었습니다. 이를테면 우리 나라 매장보다 그들이 지하 묘소를 파는 것이 더 쉬웠던 것입니다. 그뿐만이 아니었습니다. 응회질은 토양이 공기와 맞닿아 응회암으로 응고되는 과정에서 시체의 썩는 냄새와 썩은 물을 완벽하게 흡수하기에 묘소로서는 최적의 환경이었습니다. 그래서 산 사람들이 지하 묘소 속의 지하도를 언제나 왕래할 수 있었고, 더욱이 죽은 자의 시체가 안치된 벽감 앞 혹은 아래에서 가족들이 죽은 자를 기리며 거리낌없이 음식을 나눌 수도 있었습니다.

바로 이 카타콤베가 로마의 초기 교회 시절 그리스도인들의 예배 장소로 사용되었다는 것은 이미 알려진 사실입니다. 복음이 로마에 막 전파된 후 폭군 네로 황제에 의하여 기독교 박해가 시작되었을 때 그리스도인들은 공개 장소를 피하여 예배를 드릴 수밖에 없었고, 그 때 기독교인들의 비밀집회 장소가 카타콤베였습니다. 카타콤베는 땅 속이라 사람들의 눈을 피하기가 용이하였고, 만일의 경우 발각되었을 때에도 지하 묘소의 통로가 미로처럼 얽혀 있어 피신하기에 더없이 좋은 곳이었습니다. 이처럼 로마의 기독교가 카타콤베에서 시작되었다는 것은 그 자체로서

크나큰 메시지가 아닐 수 없습니다.

카타콤베란 지하 묘소라 했습니다. 아니 '지하 묘지 세계'라 함이 더 적절한 표현입니다. 오른쪽에도 왼쪽에도 위에도 아래에도 앞에도 뒤에도 있는 것이라곤 온통 죽은 시체들뿐입니다. 땅 속 전체가 거대한 죽음 그 자체입니다. 그 죽음 한 가운데에서 기독교인들은 예배를 드렸습니다. 그 죽음 속에서 로마의 초기 기독교는 시작된 것입니다. 이것은 과연 무엇을 의미합니까? 죽음을 알지 않고서는, 죽음을 직시하지 않고서는, 죽음을 외면하고서는, 결코 참된 그리스도인이 될 수 없다는 것입니다. 눈에 보이는 저 죽음들이 곧 자신의 모습이요 실체임을 바르게 아는 자만, 영원한 생명이신 주님을 인격적으로 만날 수 있다는 것입니다.

카타콤베 속에 누워 있는 즐비한 시체들의 공통점은 무엇이겠습니까? 세상의 모든 것을 고스란히 남겨 두고 왔다는 것입니다. 억만금을 소유한 부자였건 깡통만을 지닌 걸인이었건 간에 상관없이, 무엇 하나 가지고 온 시체가 없다는 것입니다. 그저 지니고 온 것이 있다면 숨이 넘어간 육체이지만 그나마 이내 썩어져 사라져 버리고 맙니다. 그렇다면 죽음이란 무엇이겠습니까? 죽음이란 모든 것을 두고 가는 것입니다. 죽음이란 움켜쥐고 있던 것들을 모두 내려놓고 두 손 털고 가는 것입니다. 죽음이란 곧 이런 것임을 증명해 주는 곳이 카타콤베요, 그 증거가 카타콤베의 시체들이었습니다. 바로 그 현장 속에서 그리스도인들은 예배를 드렸습니다. 무엇을 뜻하는 것입니까? 이 세상의 그 무엇도 결코 영원히 지니고 가지 못함을 바로 아는 자만, 비로소 손을 뻗어 영원한 것을 붙들 수 있음의 의미였습니다.

초기 로마의 그리스도인들이 네로 황제의 박해를 피하여 카타
콤베에서 예배를 드리던 때는 주후 60년경이었습니다. 그 때는
육신을 입고 이 땅에 오셨던 예수 그리스도께서 이미 하늘에 오
르신 뒤였습니다. 그대신 유대인의 절기로 오순절에 강림하신 성
령님께서 교회의 주체가 되신 때였습니다. 하나님의 영이신 보
혜사 성령님께서 교회의 주관자가 되신 것입니다. 그리고 그 때
초기 로마의 기독교인들은 카타콤베에서 예배를 드렸습니다. 이
것은 또 무엇을 의미합니까? 겉으로 보기에는 폭군 네로의 박해
를 피하여 그리스도인들이 자진하여 카타콤베를 찾아가 예배드
린 것 같지만, 실상은 네로의 박해를 이용하여 그리스도인들을
카타콤베로 인도한 분은 성령님이었음을 의미합니다. 초기 그리
스도인들로 하여금 죽음의 한복판인 카타콤베 속에서, 죽음이란
이 세상 모든 것을 버리고 가는 것임을 증명하는 지하묘소 속에
서 예배드리게 하신 분이 그 누구도 아닌 성령님이셨던 것입니
다. 그렇다면 성령 충만한 사람이란 과연 어떤 사람이겠습니까?
자신 역시 예외가 될 수 없는 자신의 죽음을 직시하는 자요, 모
든 것을 두고 가는 것이 죽음이라는 죽음의 의미를 꿰뚫고 있는
사람—그 사람이 성령 충만한 사람입니다. 그와 같은 사람만 거
대한 카타콤베 같은 이 세상 속에서 죽음을 뛰어넘어, 성령님을
좇아 진리를 따라 바르게 살아갈 수 있기 때문입니다.

새벽이 동터 오는 갈릴리 바닷가—그 새벽의 정적을 깨뜨리고
주님께서는 베드로에게, 주님을 사랑한다 함은 주님의 양들을 치
고 먹이는 구체적 삶이어야 함을 일깨워 주셨습니다. 그리고 주
님의 말씀은 본문 18절을 통하여 계속 이어지고 있습니다.

"내가 진실로 진실로 네게 이르노니
젊어서는 네가 스스로 띠 띠고 원하는 곳으로 다녔거니와
늙어서는 네 팔을 벌리리니 남이 네게 띠 띠우고
원치 아니하는 곳으로 데려가리라."

주님께서 하신 이 말씀의 의미를 19절 상반절은 이렇게 설명하고 있습니다.

이 말씀을 하심은 베드로가 어떠한 죽음으로
하나님께 영광을 돌릴 것을 가리키심이러라.

이 구절로 인해 베드로에 대한 예수님의 말씀은 베드로의 순교를 예고하신 것으로 해석되고 있습니다. 실제로 말년의 베드로가 로마에서 순교한 것을 감안한다면 그와 같은 해석은 정당합니다. 그러나 만약 그와 같은 해석이 본문으로부터 몇십 년 후에 벌어질 베드로의 순교 자체만을 의미하는 것으로 이해한다면, 그것은 본문의 깊은 의미를 간과해 버린 결과가 되고 맙니다.
본문 속의 베드로는 지금 인생을 마무리하는 시점에 있는 것이 아닙니다. 그는 아직도 앞길이 창창한 20대 청년입니다. 주님과 함께 한 기간은 이제 겨우 3년에 불과합니다. 이 시간 이후 사도행전, 즉 새 시대의 막을 여는 새로운 삶을 시작하려는 문턱에 서 있습니다. 지나간 3년이 사도가 되기 위한 수습 기간이었다면, 이제 후로는 몇십 년에 걸친 사도로서의 삶이 구체적으로 펼쳐지게 됩니다. 베드로의 일생을 놓고 볼 때 지금 베드로는 한 평생 중 가장 중요한 기로에 서 있습니다. 앞으로 베드로가 참된

사도로 살아갈 수 있느냐 아니냐가, 주님과 마지막으로 마주한 지금 이 순간에 의해 판가름나게 되는 것입니다. 이처럼 중요한 순간 주님께서 베드로에게 "어떠한 죽음으로 하나님께 영광을 돌릴 것을" 일깨워 주셨다면, 그것은 몇십 년 후에나 베드로에게 닥칠 순교 그 자체만을 의미하는 것이 아님을 넉넉하게 분별할 수 있습니다.

지금 주님께서는 본문을 통하여 베드로에게 인생의 본질을 일깨워 주고 계시는 것입니다. 다시 말해 베드로에게 그 어떤 인간도 예외일 수 없는 죽음, 원치 않는 때에 원치 않는 곳에서 원치 않는 방법으로 느닷없이 엄습할 죽음을 직시하게 해 주고 계시는 것입니다. 죽음의 의미를 각인시켜 주고 계시는 것입니다. 베드로 네가 지금은 젊은이라 할지라도 너 역시 반드시 무덤 속에 시체로 드러누울 수밖에 없다는 것, 그 때에는 이 세상 모든 것을 고스란히 두고 갈 수밖에 없다는 것, 그러므로 공허한 갈릴리로 대변되는 이 세상의 것을 움켜쥐기 위하여 욕망의 허리띠를 졸라매고 밤낮 헛그물질 하느라 안달하던 손을 이제 내려놓아야 한다는 것, 그리고 하나님을 향해 두 팔을 벌려 항복함으로써 하나님의 인도하심을 따르는 삶만이 죽음에 이르도록 하나님께 영광된 삶일 수 있음을, 지금 주님께서는 베드로에게 일깨워 주고 계시는 것입니다. 그리고 이 말씀을 하신 뒤 19절 하반절을 통하여 베드로에게 "나를 따르라"고 이르셨습니다. 죽음을 직시하고 죽음의 의미를 바로 깨닫는 사람만 길이요 진리요 생명이신 주님을 진정으로 따를 수 있다는 의미였습니다. 이 말씀의 의미를 바로 깨달은 베드로가 이 이후 사도행전의 막을 여는 주역이 되며, 십자가에 거꾸로 못 박혀 순교하기까지 그의 삶이 참된 사도의 삶으로 일관될 수 있었던 것은 조금도 이상한 일이 아닙니다. 바꾸어 말해 4복음서가 끝나는 요한복음 21장의 마지막 단락에서 주님께서 베드로로 하여금 죽음을 알게 하시고 직시케 하시는 것은 너무나 당연한 일이었습니다. 그것이야말로 주님께서 베드로를 진정으로 사랑하시는 사랑의 증거였습니다. 죽음을 가르쳐 주는 것보다 더 큰 사랑도 없습니다. 죽음을 아는 자만 참된 생명을 얻을 수 있고 참된 생명을 소유한 사람의 삶만 하나님께 영광일 수 있기 때문입니다.

이 모든 사실을 바르게 깨닫고 나면 우리가 이 세상을 살아가면서 무엇을 잃어 본다는 것이 얼마나 큰 은총인지를 분명히 알게 됩니다. 한평생을 사노라면 재산을 잃게 되는 경우가 있습니다. 건강을 잃을 수도 있습니다. 때로는 사랑하는 사람을 잃을 수도 있습니다. 그 때마다 그것이 귀한 만큼 우리는 속이 상하는 아픔을 겪습니다. 그리고 잃어버린 바로 그것을 되찾기 위하여 하나님 앞에서 발버둥을 치곤 합니다. 그러나 생각해 보십시오. 하나님께서 우리를 얼마나 사랑하십니까? 더러운 죄인인 우리를 죽음 속에 버려 두지 않고 구원하시기 위해 당신의 독생자를 십자가에 못 박기까지 우리를 사랑치 않으십니까? 그처럼 우리를 사랑하시는 하나님께서 우리로 하여금 우리가 귀히 여기는 그 무엇을 잃게 하셨다면, 어찌 그 속에 하나님의 더 깊은 사랑의 의미가 없을 수 있겠습니까?

우리 모두는 죽음을 피할 수 없습니다. 그렇기에 죽음은 그 누구의 것도 아닌 바로 나 자신의 것입니다. 그 죽음의 의미가 무엇이라 했습니까? 죽음이란 모든 것을 두고 가는 것이라 했습니다. 쥐고 있던 모든 것을 툴툴 털고 빈손으로 가는 것입니다. 그렇다면 이 세상에서 무엇을 잃어 본다는 것이야말로 살아 있는 동안 죽음을 연습해 보는 것입니다. 버리는 훈련을 해 보는 것입니다. 손을 터는 공부를 해 보는 것입니다. 살아 생전 이 훈련 없이 어떻게 어느 날 느닷없이 엄습하는, 모든 것을 버려야 하는 죽음을 바르게 수용할 수 있겠습니까? 죽음을 바르게 수용할 수 없는 자가 어떻게 죽음이 이르기까지 주님을 따라 바른 삶을 살 수 있겠습니까? 살아 생전 주님을 쫓아 바른 삶을 살지 못하는 자가 자신의 육체가 시체 되는 그 죽음의 순간에 어찌 죽음을 넘어 하나님의 앞에 떳떳하게 설 수 있겠습니까?

하나님께서는 우리를 진정으로 사랑하십니다. 그래서 우리의 영혼이 하나님 앞에 서는 날 부끄럼 없이 하나님을 대면할 수 있도록 해 주시기 위하여, 우리가 이 세상을 사는 동안 무엇인가를 잃어 보게 하십니다. 모든 것을 버려야 하는 죽음의 의미를 깨닫게 하시고, 모든 것을 털고 가야 하는 죽음을 연습케 해 주시기 위함입니다. 그렇기에 하나님을 믿는 자가 이 세상에서 무엇을 잃게 되는 것이야말로 하나님의 엄청난 은총이요 사랑이 아닐 수 없습니다. 그것을 잃지 않고서는 삶과 죽음을 바르게 수용할 수 없고, 그 당연한 결과로 영원하신 하나님 앞에 영원히 설 수 없음을 하나님께서는 분명히 알고 계시는 것입니다.

전국민의 25퍼센트에 해당되는 200만여 명의 양민을 학살하여 캄보디아를 온통 붉은 피로 물들였던 킬링필드의 주범 폴포트가 지난달 사망하였습니다. 그리고 그의 시체 사진이 지난 4월 17일 메스컴을 통하여 공개되었습니다. 수의를 걸칠 형편도 되지 못하여 남루한 옷을 입은 채 헝클어진 머리, 솜으로 틀어막힌 코, 허공을 향해 벌어진 입, 새파란 입술—한편으로 측은해 보이기까지 하는 그의 시체 역시 빈손이었습니다. 만약 그가 그 사실을 진작부터 알았더라면, 그 역시 시체가 될 수밖에 없고 이 세상 그 무엇도 가져갈 수 없다는 사실을 바르게 알고 있었다면, 권력을 쥐고 있던 불과 3년 8개월 동안 200만여 명을 학살하는 인간 백정은 분명히 되지 않았을 것입니다. 그야말로 죽음과 죽음의 의미를 직시하지 못하는 자의 삶이 얼마나 무지막지할 수 있는지를 보여 주는 좋은 본보기입니다.

인도의 언론인이자 철학자인 M. V. 카마스가 세계사에 큰 족적을 남긴 51명의 위인들이 죽음을 앞두고 남긴 마지막 말과 행동을 정리하여 〈위대한 인물 51인의 마지막 행적〉이란 책을 썼습니다. 그 책 속에서 특별히 두 사람의 마지막 말이 서로 대조되면서 눈길을 끌고 있습니다. 자신의 친형제를 살해했을 뿐만 아니라 친아버지마저 감옥에 가두고 왕위에 올랐던 인도 무갈제국의 아우랑제브는 임종하면서 이런 말을 남겼습니다.

"나는 혼자 왔다가 이제 방랑객이 되어 떠난다. 권력을 잡는 순간, 그 뒤에는 슬픔만 남았다."

왜 절대 권력을 휘두르던 그에게 죽기 직전 남은 것이라고는 슬픔뿐이었겠습니까? 그 자신도 반드시 죽어야 하며, 죽음이란 이 세상의 모든 것을—권력마저도 두고 가야 하는 것임을 알지 못했던 까닭입니다. 그런가 하면 미국의 흑인 인권 지도자였던 마틴 루터 킹은 암살범이 쏜 흉탄에 맞아 운명하기 전 이렇게 말했습니다.

"나는 마침내 자유를, 마침내 자유를 얻었다. 감사하게도 나는 마침내 자유를 얻었도다."

미국이 낳은 가장 위대한 흑인 지도자였을 뿐만 아니라 불과 35세 때에 노벨평화상을 수상하여 세계적 지도자의 반열에 오른 그가 겨우 39세의 젊은 나이에, 그것도 흉탄에 맞아 비명횡사한다면 얼마나 통탄스러운 일이겠습니까? 죽지 않으려 결사적으로 발버둥이라도 쳐야 마땅치 않겠습니까? 그럼에도 불구하고 그는 어찌 죽음 앞에서 이처럼 자유로울 수 있었습니까? 평소 그는 죽음과 죽음의 의미를 직시하며 살던 사람이었기 때문입니다. 그렇기에 원치 않는 때에 원치 않는 곳에서 원치 않는 방법으로 느닷없이 죽음이 찾아왔음에도 불구하고, 그는 이 세상 그 무엇에도 얽매임이 없이 자유하는 그리스도인으로 하나님 앞에 설 수 있었습니다.

오늘은 성령강림 주일입니다. 누가 과연 성령 충만한 사람이겠습니까? 보십시오. 이 세상이 실은 거대한 카타콤베임이 보이십니까? 그 속에 시체로 누워 있는 자신의 모습이 보이십니까? 이 세상의 그 무엇도 가져가지 못한 채 철저하게 빈손으로 누워 있는 자신의 시체가 보이십니까? 바로 그 사람이 성령 충만한 사람입니다. 죽음과 죽음의 의미를 직시하고 있는 그 사람은 날마다 주님을 따라 살지 않을 수 없습니다. 그렇기에 죽음을 아는 자의 삶은 하나님께 영광일 수밖에 없습니다.

"내가 진실로 진실로 네게 이르노니
젊어서는 네가 스스로 띠 띠고 원하는 곳으로 다녔거니와
늙어서는 네 팔을 벌리리니 남이 네게 띠 띠우고
원치 아니하는 곳으로 데려 가리라."

우리는 우리의 태어난 날을 알고 있지만,
우리의 죽을 날과 시간을 알지는 못합니다.
그러나 한 가지 분명한 사실은
우리가 비록 우리 죽음의 날과 시를 알지 못한다 할지라도,
그 시간은 어김없이 우리에게 다가오고 있다는 것입니다.
그럼에도 불구하고 우리는 이 엄연한 사실을
외면하며 살아왔기에
지나온 우리의 삶은 인간 백정이었던 폴포트 이상도
이하도 아니었습니다.
사랑의 주님!
이 시간 우리를 사랑하시사 예외 없이 찾아올
죽음과 죽음의 의미를 직시하게 해 주시니 감사합니다.
이제 주님을 향해 우리의 두 팔을 벌립니다.
이 팔을 뻗어 오직 주님만을 좇기를 원합니다.
성령님께서 진리로 띠 띠워 주시고 날마다 생명의 길로
인도하여 주시옵소서.
성령 충만한 우리의 삶이 하나님께 영광된
사도행전이 되게 하옵소서.
주님 안에서 바르게 살다가 바르게 죽어
하나님 앞에 바로 서는
진정한 자유인이 되게 하여 주옵소서. 아멘.

19

너는 나를 따르라

"내가 진실로 진실로 네게 이르노니
젊어서는 네가 스스로 띠 띠고 원하는 곳으로 다녔거니와
늙어서는 네 팔을 벌리리니 남이 네게 띠 띠우고
원치 아니하는 곳으로 데려가리라".
이 말씀을 하심은 베드로가 어떠한 죽음으로
하나님께 영광을 돌릴 것을 가리키심이러라.
이 말씀을 하시고 베드로에게 이르시되 "나를 따르라" 하시니
베드로가 돌이켜 예수의 사랑하시는 그 제자가 따르는 것을
보니 그는 만찬석에서 예수의 품에 의지하여
"주여, 주를 파는 자가 누구오니이까?" 묻던 자러라.
이에 베드로가 그를 보고 예수께 여짜오되
"주여, 이 사람은 어떻게 되겠삽나이까?"
예수께서 가라사대 "내가 올 때까지 그를 머물게 하고자
할지라도 네게 무슨 상관이냐? 너는 나를 따르라" 하시더라.
이 말씀이 형제들에게 나가서 그 제자는 죽지 아니하겠다
하였으나 예수의 말씀은 그가 죽지 않겠다 하신 것이 아니라
'내가 올 때까지 그를 머물게 하고자 할지라도 네게 무슨
상관이냐?' 하신 것이러라.
이 일을 증거하고 이 일을 기록한 제자가 이 사람이라.
우리는 그의 증거가 참인 줄 아노라.

요한복음 21:18~24

뚜렷한 목적과 목표가 없을 때, 사람들은 그 같은 행보를 가리켜 방랑 혹은 방황이라고 부릅니다. 방황의 시간이 길고 방랑의 거리가 멀어질수록 그 삶이 지치고 고달플 수밖에 없는 것은, 목적과 목표를 상실한 삶 속에서는 생의 참된 의미를 찾을 수 없기 때문입니다. 의미 없는 삶의 반복은 생의 고갈에 지나지 않기에 그것은 고통 이상일 수가 없습니다. 이런 의미에서 무릇 인간은 살아 있는 동안 분명한 목적과 목표를 지니고 있어야 합니다. 분명한 목표를 향한 삶만이 하루하루 생의 보람으로 축적되게 됩니다. 그러나 뚜렷한 목표를 갖는 것보다 더 중요한 것은 뚜렷하되 바른 목표를 세우는 것입니다. 목표가 바르지 못할 때 보람을 느낄 수는 있으나, 아니 더 진한 보람을 얻을 수 있지만 그러나 그것은 자신과 자신 주위 사람의 파멸로 귀결되고 맙니다.

한 말단 세무 공무원의 아내가 삶의 목표를 세웠습니다. 10년

이내에 10억 원을 모아 큰 평수의 아파트에 대형 자가용 차를 굴리며 남부럽지 않게 살겠다는 목표였습니다. 한마디로 그녀의 인생 목적은 떼부자가 되는 것이었습니다. 분명한 기간에 금액까지 설정했으니 얼마나 뚜렷하고 야무진 목표입니까? 그러나 그 여인은 자신의 목표를 이루기 위하여 소매를 걷어붙이고 나가 행상이라도 하면서 돈을 모으려 애쓰지 않았습니다. 그녀가 자신의 목표를 달성하기 위하여 전적으로 의존했던 것은 말단 세무 공무원인 남편이 관내 업체로부터 받아 오는 부정한 뇌물이었습니다. 그녀는 거의 하루도 빠짐없이 남편이 받아 오는 뇌물을 꼬박꼬박 가계부에 기재하였고, 그 액수가 자신의 예상보다 훨씬 많자 자신의 목표를 앞당겨 이룰 수 있겠다는 감격의 글귀를 가계부에 기록하기도 했습니다. 그 때 날마다 기대 이상의 돈을 모아 가는 그 여인에게 삶이 얼마나 보람찼겠습니까? 매일매일 뿌듯하기 그지없었을 것입니다. 그러나 부정한 뇌물 위에 세워진 그녀의 인생 목표는 분명하기는 했을망정 바른 목표는 아니었습니다. 변명의 여지 없이 그릇된 목표였습니다. 그리고 그 그릇된 목표는 삽시간에 자신의 가정을 파멸시키고 말았습니다. 남편은 부패 공무원, 자신은 범죄자의 아내, 그들의 자식은 부끄러운 탐관오리의 자식으로 전락해 버리고 말았습니다. 일이 터지자 그녀는 이렇게 항변했을지도 모릅니다. 이게 어떻게 우리만의 일이냐고, 다른 사람도 다 그렇게 하지 않느냐고, 우리만 억울하다고 말입니다. 그러나 참됨과 그릇됨은 결코 다수결에 의해 판가름나지 않습니다. 참됨과 그릇됨은 어떤 경우에라도 절대적일 뿐입니다. 그렇기에 그릇된 것은 오늘 흥하는 것 같으나 반드시 그 자체로 썩어 소멸될 뿐이고, 참된 것은 연한 순처럼 이내 이지러질 것 같으나 필경 굳게 영글고 맙니다. 따라서 우리의 삶이 참된 의미와 보람을 갖기 위해서는 분명할 뿐만 아니라 바른 목표를 지녀야만 합니다. 설령 이 세상 모든 사람들이 욕망에 사로잡혀 그릇된 목표를 당연한 듯 추구한다 할지라도, 우리는 그와 같은 시류에 휩쓸림 없이 바른 목표를 세우고 이루어 가야만 합니다. 그 이유는 너무나 간단합니다. 우리는 진리이신 예수 그리스도를 따르는 그리스도인들이기 때문입니다.

제자들이 밤이 맞도록 공허하게 헛그물질만 하던 갈릴리 바다—그러나 이제 새벽이 동터 오는 그 바닷가에서, 주님께서는 베드로에게 주님을 사랑한다 함은 주님의 양들을 구별 없이 치고 먹이는 구체적인 삶이어야 함을 일깨워 주셨습니다. 그리고 그와 같은 삶은 원치 않는 때에 원치 않는 장소에서 원치 않는 방법으로 느닷없이 찾아오게 될 죽음과 죽음의 의미를 직시하며 살아가는 자에게만 가능함과, 결국 그런 자의 삶과 죽음만이 하나님께 영광일 수 있음을 깨우쳐 주셨습니다. 그런 연후에 주님께서는 베드로에게 "나를 따르라"고 명령하셨습니다.

3년 전 갈릴리 바닷가에서 고기 잡던 베드로가 처음 주님을 뵙던 날, 주님께서는 그 날도 베드로에게 주님을 따라올 것을 명하셨습니다. 그 순간부터 베드로는 배와 그물은 물론이요 가정까지 버려둔 채 3년 동안이나 밤낮으로 주님을 따라다녔습니다. 그런데도 3년이나 지난 지금 왜 주님께서는 또다시 "나를 따르라"고 새삼스럽게 명령하고 계십니까? 베드로가 지난 3년 동안 주님과 동행했던 동인(動因)은 베드로의 욕망이었습니다. 자신의 두 눈으로 직접 확인했던 주님의 능력을 이용하여 자신의 욕망을 이루기 위함이었습니다. 그래서 지난 3년 동안 베드로의 몸은 비록 주님을 따라다녔을망정, 그의 마음은 반대로 주님을 이리저리 멋대로 끌고 다니려 하였습니다. 그 결과 자신의 생각과 상반되는 말씀을 하시는 예수님을 함부로 꾸짖는가 하면(마 16:22), 예수님 앞에서 누가 더 높은지를 놓고 제자들과 버릇없이 다투기도 하였고(눅 22:24), 또 예수님을 면전에서 세 번씩이나 부인하고 저주하였을 뿐만 아니라, 지난밤만 해도 주님의 명령을 무시하고 밤새도록 헛그물질을 해대었던 것입니다. 그것은 도저히 제자의 행동거지일 수가 없었습니다. 주님에 대하여 스스로를 주인이요 스승으로 착각한 어이없는 짓거리였습니다. 지난 3년 간 베드로의 몸이 주님을 따라다녔지만 그 삶이 참될 수도, 진실될 수도 없었던 이유가 바로 이것이었습니다.

그 모든 사실을 잘 알고 계시는 주님께서 지금, 복음서의 마지막 장 마지막 단락에서 다시 베드로에게 "나를 따르라"고 명령하고 계십니다. 그냥 "나를 따르라"고만 말씀하신 것이 아닙니다. "내가 진실로 네게 이르노니 젊어서는 네가 스스로 띠 띠고 원하는 곳으로 다녔거니와 늙어서는 네 팔을 벌리리니 남이 네게 띠 띠우고 원치 아니하는 곳으로 데려가리라"고 말씀하신 후, "나를 따르라"고 명령하셨습니다. 주님을 향해 두 팔을 벌려 항복하고 온 중심으로 주님을 따르라는 의미였습니다. 그 중심이 진리이신 주님을 따를 때에만 그 삶이 진리 안에서 참되고 바르게 가꾸어질 수 있음이었습니다. 주님의 이 명령에 대한 베드로의 반응이 어떠했는지를 본문 20~21절이 이렇게 전하여 주고 있습니다.

베드로가 돌이켜 예수의 사랑하시는 그 제자가 따르는 것을
보니 그는 만찬석에서 예수의 품에 의지하여
"주여, 주를 파는 자가 누구오니이까?" 묻던 자러라.
아에 베드로가 그를 보고 예수께 여짜오되
"주여, 이 사람은 어떻게 되겠삽나이까?" (21:20~21)

여기에서 '예수님의 사랑하시는 제자' 란 이미 아는 바와 같이 예수님의 제자 중 사도 요한을 의미하고 있습니다. 주님으로부터 "나를 따르라"는 명령을 받은 베드로는 앞에 계신 주님께 대답을 드리는 대신 뒤를 돌아다보았습니다. 그리고 자신의 등 뒤에 있는 동료 요한을 발견하고는 주님을 향하여 도리어 질문을 던졌습니다.—"주여, 이 사람은 어떻게 되겠삽나이까?" 이 질문이야말로 주님의 명령에 대한 베드로의 일종의 항변이었습니다.—'왜 제게만 주님을 따르라 명령하십니까?' '왜 요한에게는 두 팔을 벌려 주님께 항복하고 온 중심으로 주님을 따르라 명령치 않으십니까?' '보십시오, 온 세상 사람들이 다 하나님을 믿는 다면서도 적당히 살고 있지 않습니까? 그런데 왜 저만입니까?' 베드로의 이 항변에 대하여 본문 22절은 이렇게 증거하고 있습니다.

예수께서 가라사대 "내가 올 때까지 그를 머물게 하고자
할지라도 네게 무슨 상관이냐?
너는 나를 따르라" 하시더라. (21:22)

베드로의 항변에 대한 주님의 답변은 지극히 간단했습니다. 즉

주님께서 요한에게 무엇을 어떻게 하시건 그것은 베드로와는 아무런 상관이 없다는 것이었습니다. 다시 말해 베드로가 온 중심으로 주님을 따라야 하는 것은 상대적이 아니라 절대적이라는 것이었습니다. 이 세상 모든 사람이 주님께 등을 돌린다 할지라도 너는 절대적으로 진리 되신 주님만을 따라야 한다는 것이었습니다. 진리의 절대성 자체가 어떤 경우이든 상대화될 수 없는 까닭이었습니다.

이 이후 베드로가 어떤 삶을 살았는지를 우리는 먼저 사도행전을 통하여 확인해 볼 수 있습니다. 앉은뱅이로 태어나 마흔 살이 되기까지 예루살렘 성전 미문에서 구걸하던 거지가 베드로에 의해 주님의 이름으로 치유받는 역사가 일어났습니다. 그로 인하여 많은 사람들이 베드로가 전하는 복음에 귀 기울이게 되었습니다. 그러자 예수님을 십자가에 못 박아 죽였던 대제사장들과 장로들 그리고 서기관들이 한데 모여, 사도들에게 다시는 예수의 이름으로 그 어떤 일도 행치 말 것을 엄하게 명하였습니다. 만일 어길 경우 생명이 온전치 못할 것이라 위협하면서 말입니다. 수적으로는 대제사장 쪽이 압도적으로 많았습니다. 적어도 다수결 원칙에 의한다면 사도들은 대제사장 측의 명령을 따라야만 했습니다. 그러나 베드로는 그들의 명령을 다음과 같이 일축하였습니다.

하나님 앞에서 너희 말 듣는 것이
하나님 말씀 듣는 것보다 옳은가 판단하라.
우리는 보고 들은 것을 말하지 아니할 수 없다 하니

(행 4:19~20)

사도행전의 막이 오름과 동시에 이미 베드로는 절대적으로 진리이신 주님을 절대적으로 따르는 삶을 살고 있음을 발견할 수 있습니다. 아니 만약 베드로가 절대적으로 주님을 따르는 삶을 추구하지 않았던들, 베드로가 사도행전의 서막을 여는 주역이 되지는 못했을 것입니다.

그런가 하면 베드로는 베드로전서 2장 19~21절을 통하여 다음과 같이 증거하고 있습니다.

애매히 고난을 받아도 하나님을 생각함으로 슬픔을 참으면
이는 아름다우나
죄가 있어 매를 맞고 참으면 무슨 칭찬이 있으리요?
오직 선을 행함으로 고난을 받고 참으면
이는 하나님 앞에 아름다우니라.
이를 위하여 너희가 부르심을 입었으니
그리스도도 너희를 위하여 고난을 받으사
너희에게 본을 끼쳐 그 자취를 따라오게 하려 하셨느니라.

주님을 절대적으로 따르다가 설령 그로 인해 고난을 당한다 할지라도, 오히려 진리를 위해 고난을 당하신 주님을 생각하며 조금도 개의치 않는 반석과도 같은 베드로의 모습입니다.

그뿐만이 아닙니다. 외경 속에서는 말년의 베드로를 만나게 됩니다. 정경인 성경 속에는 들어가지 못했지만 복음과 관련하여 중요한 문서들을 따로 엮어 외경이라 부르는데, 그 외경의 베드

로행전은 베드로의 말년의 모습을 전해 주고 있습니다. 폭군 네로에 의한 기독교 대박해가 시작되었을 때, 베드로 역시 로마에 있었습니다. 로마 당국이 당시 기독교의 우두머리 격이었던 베드로의 색출에 혈안이 되어 있었기에 많은 사람들이 베드로에게 로마를 떠나 피신할 것을 권하였습니다. 베드로는 그들의 권유를 받아들여 변장을 한 뒤에 도주하기 시작합니다. 그런데 베드로행전 35장이 그 때의 상황을 이렇게 밝히고 있습니다.

베드로가 성문에 다다랐을 때에 베드로는 주님께서 로마로 들어오시는 것을 보았습니다.

베드로가 주님을 향해 "주여, 어디로 가시나이까?" 하고 물었습니다.

주님께서 베드로에게 대답하셨습니다.

"나는 다시 십자가에 못 박히기 위하여 로마로 들어간단다."

베드로가 주님께 또 물었습니다.

"주여, 주님께서 또다시 십자가에 못 박히실 작정이란 말입니까?"

주님께서 베드로에게 말씀하셨습니다.

"그렇단다. 베드로야, 내가 또 십자가에 못 박힐 수밖에 없구나."

그 때 베드로는 정신이 들었습니다.

베드로는 크게 기뻐하며 주님을 찬미하면서 로마로 되돌아갔습니다.

"내가 십자가에 못 박힌다"고 주님께서 말씀하신 것은, 바로 베드로 자신에게 일어나야 할 일임을 깨달았기 때문이었습니다.

로마를 떠나지 않고 그 곳에서 진리를 증거하는 것만이 주님을 절대적으로 따르는 것임을 깨닫는 즉시 베드로는 로마로부터 도망치던 길에서 돌아서 로마로 되돌아갔습니다. 그 길은 죽음의 길임을 알면서도 말입니다. 그에게 있어 그 길은 절대적인 길임을 확인했기 때문입니다. 바로 여기에서 영감을 얻은 작가 생케비치가 쓴 소설이 그 유명한 〈쿼바디스〉입니다.

이상에서 살핀 사도행전과 베드로전서 그리고 외경의 베드로행전은 무엇을 증명해 주고 있습니까? 그 동안 상대적으로 주님을 따랐던 베드로가, 새벽이 동터 오는 갈릴리 바닷가에서 주님을 절대적으로 따르기 시작한 이래 중년을 거쳐 노년기에 이르기까지 그의 삶이 흔들림 없이 지속되었음을 증거하고 있습니다. 모를 때는 어쩔 수 없었지만, 그러나 어떤 경우에도 진리는 상대화할 수 없고 절대적으로 수용해야 함을 바르게 안 이상, 일평생 주님을 절대적으로 따라야 한다는 그의 삶의 목적과 목표는 추호도 흔들릴 수 없었습니다.

2,000년 전 구라파와 중동 그리고 북부 아프리카까지 지배하던 거대한 로마제국에 비한다면, 당시 베드로라는 존재와 그가 행한 일이란 미미하기 짝이 없습니다. 그럼에도 불구하고 그의 삶이 소멸되지 않고 세월이 흘러갈수록 더욱 공고해짐은, 2,000년 전 그의 목표가 어떤 경우에도 주님만 따르는 참되고 바른 목표—절대적인 목표였기 때문입니다. 만약 그가 돈이나 권력을 목표로 했다면 그의 삶은 이미 흔적도 없이 사라져 버리고 말았을 것입니다. 그에게 돈이나 물질이 필요했다면 그것이 목적이거나 목표이어서가 아니라, 절대적으로 주님을 따르기 위한 도구로 삼기 위함이었습니다.

우리 그리스도인들이 추구해야 할 바른 목적과 목표가 있다면, 생의 전반에 걸쳐 주님만 따르는 절대적인 삶입니다. 주님께서 오늘 본문을 통해 우리 모두를 향하여, 세상 사람이 다 그릇되이 산다 할지라도 "너는 나를 따르라"고 절대적으로 명령하고 계시기 때문입니다. 주님께서 이처럼 절대적으로 명령하시는 까닭은 우리를 진정으로 사랑하시기 때문입니다. 절대 진리를 절대 목표를 삼는 삶만 소멸되지 않고 영원히 살아남기에, 그 영원한 삶을 주시기 위함입니다.

문자 그대로 맨손으로 상경하여 15년 동안 엄청난 돈을 벌었던 교우님이 있습니다. 그분은 돈을 버는 비결을 터득하고 있었습니다. 어떻게 검은 돈을 조성하여 어디에 얼마를 뿌리면 얼마만큼의 돈이 들어온다는 확실한 공식을 갖고 있었습니다. 따라서 그에게 돈을 벌기란 어려운 일이 아니었습니다. 그는 자신의 치부 방법을 나쁘다고 생각해 본 적이 없었습니다. 거의 모든 세상 사람이 다 그런 식으로 돈을 번다는 사실을 알고 있었기 때문입니다. 그러던 그가 어느 날 진리이신 주님을 인격적으로 만났습니다. 그리고 절대적인 진리의 잣대로 자신을 재어 보고는 깜짝 놀랐습니다. 불의하고 거짓된 방법으로 치부한 자신의 모습이야말로 진리의 거울 속에서 도둑으로 비쳐졌던 것입니다. 지금처럼 돈을 번다는 것은 돈을 벌면 벌수록 점점 더 지옥에 가까워지는 짓일 수밖에 없었습니다. 돈 자체를 목표로 삼는 부자가 천국에 들어가기란, 낙타가 바늘귀로 들어가는 것보다 더 어렵다는 말씀의 의미를 비로소 깨닫게 되었던 것입니다. 자신의 인생에서 가장 중요한 황금 같은 15년을 허망한 욕망으로 인해 죄와 맞바꾸었다는 사실을 견딜 수가 없었습니다. 그는 그 순간부터 삶의 목표를 바꾸었습니다. 진리이신 주님의 말씀을 절대적으로 따르는 것이었습니다. 불의하게 돈을 벌던 방법을 완전히 청산한 것입니다. 그리고 그 날부터 떨어지기 시작한 매출은 4분의 1에 이르렀습니다. 정직하게 회사를 경영했기 때문에 매출이 무려 75퍼센트나 감소된 것이었습니다. 그러나 그는 사라진 75퍼센트를 아쉬워하지 않았습니다. 오히려 정직하게 살고도 남아 있는 25퍼센트에 만족하였습니다. 하루는 중역이 그에게 간곡히 당부하였습니다. — 우리 나라 같이 총체적으로 부패한 사회 속에서 큰 돈을 벌려면 어쩔 수 없으니 옛날 방식대로 사업하자고 말입니다. 그러나 그는 일언지하에 거절하였습니다. 설령 억만금을 번다 할지라도 그리스도인 된 그가 예전 도둑으로 되돌아갈 수는 절대로 없었기 때문입니다.

모두(冒頭)에 부정한 뇌물을 받아 떼부자가 될 목표를 갖고 있던 말단 세무 공무원 부부에 관해 말씀드렸습니다. 말단 공무원이 불과 몇 년 만에 몇억 원을 치부한 그 사건이 터졌을 때 세상의 여론은 그 부부를 도둑 다루듯 했습니다. 그들의 행위가 사실 도둑이었던 것입니다. 그러나 우리가 결코 잊어서는 안 될 사실이 있습니다. 우리가 진리이신 주님을 절대적으로 따르는 삶을 목표로 갖지 않는 한, 그 도둑 같은 부부와 우리 사이에는 아무런 차이가 있을 수 없다는 것입니다. 주님 보시기에는 다 똑같은 도둑일 수밖에 없다는 것입니다. 하나님께서 십계명 중 제8계명을 통하여 '도적질하지 말라'고 명령하시는 것은 이미 교도소에 수감되어 있는 전과자들에게만 국한된 계명이 아닙니다. 절대적인 진리를 삶의 목표로 삼지 않는 우리 모두를 향한 명령입니다.

  주님께서는 우리로 하여금 도적처럼 살라고 십자가에 못 박혀
돌아가신 것이 아닙니다. 도둑의 삶을 청산하고 절대 진리를 목
표로 하는 새 사람으로 살게 해 주시기 위함입니다. 이 세상 모
든 사람이 거짓되이 사는 것을 당연히 여긴다 할지라도 그리스
도인 된 우리는 진리를 절대적으로 따르기를 포기치 맙시다. 절
대 진리를 목표로 삼는 참된 그리스도인 10명만 있으면 세계의
역사가 새로워질 수 있음이 이미 2,000년 전에 증명되었음을 상
기하며 용기를 가집시다. 거짓과 타협하는 불의한 사람들은 늘
이렇게 말합니다.─'털어서 먼지 안 나는 사람 있느냐' 고 말입니
다. 그러나 우리는 털어서 먼지 날 수밖에 없는 옷이나 물건이
아닙니다. 우리는 인격과 양심을 갖춘 인간입니다. 그렇기에 털
어서 먼지 안 나는 사람은 반드시 있어야 하고, 그 장본인은 바
로 우리 자신들이어야 합니다. 우리는 길이요 진리요 생명이신
예수 그리스도를 절대적으로 따르는 그리스도인이기 때문입니
다.

  주님!
  우리는 그 동안 주님을 따르기보다는 세상을 따랐습니다.
  많은 사람들이 거짓되이 살고 있음으로 인해
  우리의 거짓된 삶을 정당화시켜 왔습니다.
  그 결과 도적처럼 살아왔음에도 불구하고
  나 자신이 도적이라는 사실을 자각치도 못하는
  한심한 인간이었습니다.
  주님! 저는 요행히도 아직 수갑만 차지 않았을 뿐,

제가 바로 도적이었음을 이 시간
주님 앞에 고백합니다.
도적 같은 저로 인해 대한민국이라는 이 사회가
이처럼 총체적으로 부패한 사회가 되었음을 회개합니다.
우리의 사랑하는 자식들 역시
이 부패한 사회 속에서 우리처럼 거짓되고 불의한
방법으로 살기를 진정코 원치 않습니다.
이 시간 이후로, 우리 삶의 목표가 새로워지게 하옵소서.
절대 진리를 변함없는 목표로 삼는 참된 그리스도인이
되게 해 주옵소서.
그리스도인 된 우리로 인해 이제 이 사회가 맑아지게
도와 주시옵소서.
언젠가 이 세상을 떠나 주님 앞에 서게 될 때에
우리가 가지고 갈 수 있는 것은
불의하게 모은 재산이 아니라,
절대 진리 되신 주님을 따른 바른 믿음의 삶뿐임을
기억하며 살아가게 하옵소서. 아멘.

20

하신 것이 아니라

"내가 진실로 진실로 네게 이르노니
젊어서는 네가 스스로 띠 띠고 원하는 곳으로 다녔거니와
늙어서는 네 팔을 벌리리니 남이 네게 띠 띠우고
원치 아니하는 곳으로 데려가리라".
이 말씀을 하심은 베드로가 어떠한 죽음으로
하나님께 영광을 돌릴 것을 가리키심이러라.
이 말씀을 하시고 베드로에게 이르시되 "나를 따르라" 하시니
베드로가 돌이켜 예수의 사랑하시는 그 제자가 따르는 것을
보니 그는 만찬석에서 예수의 품에 의지하여
"주여, 주를 파는 자가 누구오니이까?" 묻던 자라.
이에 베드로가 그를 보고 예수께 여짜오되
"주여, 이 사람은 어떻게 되겠삽나이까?"
예수께서 가라사대 "내가 올 때까지 그를 머물게 하고자
할지라도 네게 무슨 상관이냐? 너는 나를 따르라." 하시더라.
이 말씀이 형제들에게 나가서 그 제자는 죽지 아니하겠다
하였으나 예수의 말씀은 그가 죽지 않겠다 하신 것이 아니라
'내가 올 때까지 그를 머물게 하고자 할지라도 네게 무슨
상관이냐?' 하신 것이러라.
이 일을 증거하고 이 일을 기록한 제자가 이 사람이라.
우리는 그의 증거가 참인 줄 아노라.

요한복음 21:18~24

몇 해 전 집 안에서 애완용 개를 키울 때입니다. 이 개가 오줌을 가리지 못해 아무 데나 싸는 것이었습니다. 따라서 식구들이 무심코 지나가다가 개의 오줌을 밟는 경우가 비일비재했습니다. 그 중에서도 첫째 아이가 개 오줌에 양말을 적시는 횟수가 제일 많았습니다. 그 날도 무심결에 개 오줌을 밟아 젖은 양말을 벗는 첫째 아이를 향해 제가 말했습니다.

"본래 마음씨가 착한 사람들이 개 오줌과 친하다더라."

그것은 순전히 속상해하는 첫째 아이를 위로하기 위해서 한 말이었습니다. 그런데 제 말이 떨어지기가 무섭게 당시 유치원생이던 셋째 아이가 토라진 표정으로 물었습니다.

"그럼 우리 집에서 제가 제일 못됐단 말이예요?"

희안하게도 우리 집 식구 중에서 개 오줌을 거의 밟지 않는 사람이 셋째였습니다. 용케도 개 오줌을 피해 다녔습니다. 그러므로 큰 형아가 마음씨가 착해 개 오줌과 가깝다면, 개 오줌을 거의 밟지 않는 자기는 제일 못됐을 수밖에 없지 않느냐는 반론이었습니다. 그러나 저는 첫째 아이가 착하다고 했지 셋째 아이가 못됐다고 말한 것이 아닙니다. 그것은 개 오줌에 또 양말을 적셔 속상해하는 첫째를 위로하기 위함이었지 셋째를 비판하거나 비난하기 위함이 아니었습니다. 그 날 해프닝은 해프닝으로 끝났기에 망정이지, 만약 셋째 아이가 아빠의 중심을 계속 외면한 채, 우리 아빠는 나를 못된 아이 취급하고 날 제일 미워한다고 말하며 다닌다면 가족 관계가 얼마나 뒤틀려지겠습니까? 그러나 이와 같은 일이 실은 우리의 삶 속에서 빈번하게 일어나고 있습니다.

콜라가 치아에 좋지 않다고 널리 알려져 있습니다. 그 단적인 예로 사람의 치아를 콜라 속에 넣어 두면 며칠 이내에 녹기 시작해 결국엔 형체도 없어져 버리는 것으로 알려져 있습니다. 저도 그렇게 믿고 있었습니다. 오래 전 아이들에게서 뽑아 낸 젖니로 콜라의 유해성을 아이들에게 직접 실험해 보이기로 했습니다. 아이들로 하여금 치아를 해친다는 콜라를 마시지 않도록 해 주기 위함이었습니다. 그 동안 귀동냥으로 들었던 대로 유리컵 속에 콜라를 가득 붓고는 아이의 젖니를 그 속에 넣었습니다. 그리고 그 젖니가 어떻게 삭아 없어지는지를 아이들과 함께 매일 관찰하였습니다. 그런데 이게 웬일입니까? 사흘 나흘은 물론이요 일주일 열흘 보름이 지나도 컵 속의 치아는 멀쩡하였습니다. 콜라를 새것으로 교체하여 한 달이 지나도 전혀 녹지 않았습니다. 50여 일이 되어 썩은 콜라 위에 곰팡이가 끼는 것을 보고서 실험을 중단해 버리고 말았습니다. 콜라 속에 치아를 넣어 두면 형체도 없이 녹는다는 것은 전혀 사실이 아니었습니다. 그러고 보니 생각나는 것이 있었습니다. 미국의 식품위생국(FDA)이 얼마나 까다로운 곳입니까? 전 미국인이 매일 즐겨 마시는 콜라가 정말 사람의 치아에 그토록 치명적이라면 식품위생국이 가만히 내버려 둘 까닭이 없지 않습니까? 세계에서 가장 송사가 많은 나라가 미국입니다. 최근에는 흡연으로 인하여 건강을 해친 사람들의 집단소송에 의해 미국의 담배회사들이 천문학적인 금액의 배상금을 물어 주고 있는 판입니다. 그러나 콜라로 인해 치아가 상했다며 콜라 제조사를 상대로 소송이 벌어졌다는 이야기를 그때까지 들어 본 적이 없었습니다. 저는 그 날부터 도가 지나치지 않는 한 아이들이 콜라 마시는 것을 금하지 않습니다. 물론 저도 즐거이 마십니다. 콜라가 치아에 치명적이라는 것은 사실이 아님을 제가 직접 확인했기 때문입니다. 이처럼 우리가 믿고 있거나 전하고 있는 말 가운데 진실과는 동떨어진 말, 전혀 사실 확인을 거치지 않은 무책임한 말들이 얼마나 많을지 모릅니다.

교회란 건물이나 제도가 아닙니다. 교회란 그리스도를 믿고 따르는 그리스도인들의 모임입니다. 우리 자신들이 교회입니다. 그렇기에 교회에서 가장 경계해야 할 것이 있다면 중심에서 이탈하거나 진실에서 벗어난 공허한 말입니다. 공허한 말이 판을 친다는 것은 그 모임의 명칭과는 상관없이, 그것이 주님과는 상관없는 단순한 인간의 모임에 지나지 않음을 증명해 주는 증거에 지나지 않습니다. 오늘 본문 24절이 이렇게 증거하고 있습니다.

이 일을 증거하고 이 일을 기록한 제자가 이 사람이라.
우리는 그의 증거가 참인 줄 아노라.

요한복음이라는 이름으로 이제껏 증거된 내용들이 모두 진실되고 참되다는 것입니다. 만약 그렇지 못하다면 요한복음이 성경 속에 포함될 수도 없었을 것이고, 우리가 요한복음을 하나님의 말씀으로 믿어야 할 이유도 없을 것입니다. 그런데 호리만한 거짓도 없이 참된 증거인 요한복음의 마지막 장, 아니 4복음서의 마지막 결론 장인 요한복음 21장의 마지막 단락은 도대체 어떤 사건으로 끝나고 있는지 본문 23절을 함께 살펴봅시다.

이 말씀이 형제들에게 나가서
그 제자는 죽지 아니하겠다 하였으나
예수의 말씀은 그가 죽지 아니하겠다 하신 것이 아니라
'내가 올 때까지 그를 머물게 하고자 할지라도 네게 무슨
상관이냐?' 하신 것이러라.

우리는 이것이 무슨 사건을 의미하는지, 그리고 이 사건의 전개 과정이 어떠한지를 이미 알고 있습니다.

새벽이 소리 없이 동터 오는 갈릴리 바닷가—그 새벽의 정적을 깨뜨리시고 주님께서는 베드로에게, 주님을 사랑한다는 것은 주님의 양들을 구별 없이 치고 먹이는 구체적인 삶이어야 함을 일깨워 주셨습니다. 그리고 그와 같은 삶은 원치 아니하는 때에 원치 아니하는 장소에서 원치 아니하는 방법으로 느닷없이 들이닥치게 될 죽음과 죽음의 의미를 직시하며 살아가는 자에게만 가능함과, 결국 그와 같은 자의 삶과 죽음만이 하나님께 영광일 수 있음을 깨우쳐 주셨습니다. 그런 연후에 주님께서는 베드로에게 "나를 따르라"고 명령하셨습니다. 온 중심으로 주님을 따르지 않

고서는 하나님께 영광된 삶도 죽음도 불가능함이었습니다. 그 때 베드로는 앞에 계신 주님을 향해 대답을 드리는 대신 고개를 돌려 뒤를 돌아다보았습니다. 그리고 자신의 등 뒤에 서 있는 요한을 발견하였습니다. 베드로는 요한을 가리키며 오히려 주님께 질문을 던졌습니다.

"주여, 이 사람은 어떻게 되겠삽나이까?"

그 때까지만 해도 베드로는 여전히 주님보다는 사람을 더 의식하고 있었던 것입니다. 베드로의 질문에 대하여 주님께서는 이렇게 대답하셨습니다.

"내가 올 때까지 그를 머물게 하고자 할지라도 네게 무슨 상관이냐? 너는 나를 따르라."

이제 곧 승천하실 주님께서 언젠가 재림하실 때까지 요한을 설령 남겨 둔다 할지라도—이것은 어디까지나 가정법일 뿐이었습니다—너와는 상관이 없으므로, 남과 비교하여 상대적으로 주님을 따르려 하지 말고, 절대 진리이신 주님을 절대적으로 따르라는 의미였습니다.

그런데 주님의 이 말씀이 세월이 흘러가면서 형제들 사이에 엉뚱하게 와전되기 시작했습니다. 여기에서 형제들이란 예수님의 제자들이 아니라 초대 교회의 교인들을 의미합니다. 예수님께서 승천하신 후 마가의 다락방에서 초대 교회가 시작되었습니다. 그곳의 교인들은 한 분이신 하나님 아버지의 자녀라는 의미에서 서로 형제 자매로 불렀습니다. 그 때는 아직까지 신약성경이 확정되기 전이었는데, 세월이 흘러가면서 교인들 사이에서는 엉뚱한 소문이 퍼지기 시작했습니다. 즉 주님께서 갈릴리 바다에서 제자들과 마지막으로 만나시던 새벽, 주님께서 요한 사도에게 너는 죽지 않는다고 단정적으로 말씀하셨다는 소문이었습니다. 그러나 그것은 절대로 진실이 아니었습니다. 그것은 거짓 소문이었을 뿐입니다. 그래서 요한 사도는 요한복음의 말미에서 교인들의 그릇된 인식을 분명하게 교정해 주고 있습니다.

"예수의 말씀은 그가 죽지 않겠다 하신 것이 아니라 '내가 올 때까지 그를 머물게 하고자 할지라도 네게 무슨 상관이냐' 하신 것이러라."

요한복음 마지막 장의 가장 마지막 절인 25절은 이렇게 증거하고 있습니다.

예수의 행하신 일이 이외에도 많으니
만일 낱낱이 기록된다면
이 세상이라도 이 기록된 책을 두기에 부족할 줄 아노라.

요한 사도가 기록한 요한복음을 포함한 4복음서는 예수님에 관한 모든 이야기가 아니라, 추리고 추린 결과란 의미입니다. 그러므로 4복음서에 기록되어 있는 내용이나 사건 중에서 의미 없거나 중요치 아니한 것이 있을 수 없습니다. 모든 것이 절대적일 수밖에 없습니다. 그렇다면 4복음서의 마지막 단락에서 초대 교회에 만연되어 있던 거짓 소문을 요한이 교정하는 것으로 4복음서의 막이 내리고 있음은 도대체 무엇을 의미합니까? 요한 사도는 왜 이 사건을 복음서의 맨 뒤에 기록함으로 요한복음을 끝맺고 있습니까? 교회란 건물이나 제도가 아니라 그리스도를 믿고 따르는 사람들의 모임이기에 정말 스스로 경계하지 않으면, 자칫 중심과 진실에서 벗어난 공허한 말이 지배하는 추악한 인간

의 집단, 건실해야 할 사람과 사람의 관계가 뒤틀리는 균열의 시
발점이 될 수밖에 없음을 일깨워 주기 위함이었습니다.

　생각해 보십시오. 초대 교인들 사이에 예수님께서 요한에게 죽
지 않겠다 말씀하셨다는 헛소문이 퍼졌을 때, 도대체 어떤 현상
이 벌어졌을 것인지는 쉽게 짐작할 수 있습니다. 교인들은 죽지
않을 것이라 믿는 요한을 마치 우상 섬기듯 하려 했을 것입니다.
눈에 보이지 않는 예수님의 말씀보다는 눈앞에 있는 불사조 요
한의 말을 더 중요시했을 것입니다. 요한이 아닌 다른 사도들의
말은 들으려고도 하지 않았을 것입니다. 그로 인하여 요한과 주
님의 관계, 요한과 사람의 관계는 심각하게 뒤틀려질 수밖에 없
었을 것입니다. 주님의 말씀을 떠나, 그릇되고 거짓된 공허한 말
이 판을 치는 교회는 결코 주님의 교회일 수가 없었습니다. 그래
서 요한 사도는 4복음서의 막을 내리면서 주님께서는 그렇게 말
씀하신 것이 아니라, 이렇게 말씀하신 것이라 천명하고 있습니
다. 아니 주님께서 친히 요한 사도를 통하여 거짓 소문을 믿고
퍼뜨리는 교인들에게, 나는 그렇게 말한 것이 아니라 이렇게 말
한 것이라고 질책하고 계시는 것입니다. 그리고 복음서가 끝나
고 사도행전의 막이 오릅니다. 사도행전이란 곧 초대 교회의 역
사이기도 합니다. 진리이신 주님의 말씀에 입각한 참되고 진실
한 말을 하는 자에 의해서만, 허물 많은 사람들의 모임이 진정한
주님의 교회일 수 있음을 본문은 역설하고 있는 것입니다.

　교회는 저기에 있지 않습니다. 여기에 있는 우리 자신이 곧 교
회입니다. 그렇기에 우리 교회의 수준은 저기 건축 중인 정신여
고 강당의 크기에 의해 결정되지 않습니다. 여기 있는 우리가 주

고받는 말에 의해 판가름납니다. 교회란 예수 그리스도를 믿고 따르는 그리스도인들의 모임이요, 그리스도인들이란 진리이신 그리스도 안에 있는 자들이기에 그들의 모든 말은 참되고 진실될 수밖에 없는 것입니다.

우리 자신들은 어떠합니까? 우리의 입에서 매일 쉬임없이 발해지고 있는 그 숱한 말들은 얼마나 참되고 진실됩니까? 첫째 아이의 정직을 말하는 데 왜 자기를 못됐다고 하느냐는 셋째 아이 말처럼, 지극히 자기 중심적으로 왜곡되어 있는 것은 아닙니까? 콜라 속에 치아를 넣어 두면 녹아 없어진다는 것처럼, 전혀 사실이 아닌 것을 마치 자신이 직접 확인해 본 것처럼 퍼뜨리고 있는 것은 아닙니까? 본문 속의 교인들처럼, 주님의 이름으로 거짓된 것을 믿고 전하고 있는 것은 아닙니까? 만약 그렇다면 우리는 어떤 경우에도 참된 주님의 교회일 수는 없습니다. 한평생 주님을 믿는 그리스도인으로 주님을 위한다고 열심히 말하며 살다가 주님 앞에 섰을 때, 나는 그렇게 말한 적이 없다고, 너의 말은 모두 거짓되다고, 나는 그렇게 말한 것이 아니라 이렇게 말한 것이라고 주님에 의해 전면 부정당한다면, 그보다 더 낭패스러운 일이 어디에 있겠습니까? 그러므로 우리는 사도 요한처럼 우리의 말을 늘 스스로 점검하는 자가 되어야만 합니다. 본문 24절 상반절을 통해 요한은 이렇게 증거하고 있습니다.

이 일을 증거하고 이 일을 기록한 제자가 이 사람이라.

(21:24상)

요한은 자기를 가리켜 자신이 요한복음을 기록한 장본인임을 밝히고 있습니다. 그리고 요한의 증언은 다음과 같이 계속되고 있습니다.

우리는 그 증거가 참인 줄 아노라. (21:24중)

여기에서 '우리'는 좁게는 요한 자신을 포함한 초대 교회의 교인들을 의미할 수도 있고, 넓게는 시간과 공간을 초월하여 요한복음을 읽게 될 모든 사람을 뜻할 수도 있습니다. 중요한 것은 "우리는 그의 증거가 참인 줄 아노라"고 표현함으로써 요한이 자기 자신을 객관화시키고 있다는 사실입니다. 제3자의 입장에서 자신의 모든 증언이 참됨을 확인하고 있는 것입니다. 이 때 요한이 자신을 객관화시켜 자신의 참됨 여부를 판단하는 기준이 무엇이었겠습니까? 두말 할 것도 없이 4복음서의 마지막 장인 요한복음 21장을 관통하고 있는 하나의 주제—즉 사랑입니다. 주님을 사랑한다는 것은 주님의 양들, 곧 주님의 사람들을 사랑하는 것을 의미한다는 이 하나의 주제를 위해 요한복음 21장이 존재하고 있으며, 그 요한복음 21장 마지막 단락은 자신을 객관화시켜 스스로를 점검하고 있는 요한의 모습을 보여 주고 있습니다. 이처럼 사랑의 기준으로 늘 자신을 객관화시키며 살아갈 때 요한의 모든 증언은 그릇되거나 거짓될 수가 없었습니다.

그렇다면 이제 우리 자신을 객관화시켜 봅시다. 제3자의 처지에서 우리 자신을 사랑의 잣대로 냉정하게 평가해 봅시다. 우리는 정녕 우리 주님을 사랑하고 있습니까? 우리 속에는 사람을 진정으로 사랑하는 참된 사랑이 깃들어 있습니까? 그렇다면 우리의 말은 참되지 않을 수 없을 것입니다. 진리 안에 거하는 자만 주님과 사람을 동시에 사랑할 수 있으며, 진리 안에 있는 우리의 말이 공허한 거짓으로 채워질래야 채워질 수가 없는 까닭입니다. 그리고 참된 말을 하는 우리들로 인해 우리의 가정에서, 일터에서, 교회에서, 주님의 교회는 더욱 든든해질 것입니다. 우리 자신이 바로 주님의 교회이기 때문입니다.

얼마 전에 한 사진작가를 만났습니다. 카메라를 잡은 지 10년이 넘었다는 그는 전혀 예상 밖의 이야기를 했습니다. 그는 순발력을 절대로 요하는 스냅의 경우를 제외하고는, 정말 훌륭한 작품은 필름의 양을 많이 쓴다고 얻어지는 것이 아니라, 자신과 피사체와의 친밀한 관계 속에서 얻어진다고 했습니다. 이를테면 정말 아름답거나 감동적인 풍경을 접했을 때, 그는 함부로 셔터를 누르지 못한다고 했습니다. 그 경우 사진은 십중팔구 실제의 풍경보다 못하기 때문이라고 했습니다. 그는 같은 장소를 몇 번이나 찾아가, 그 풍경이 자신에게 하고자 하는 말에 귀를 기울인다고 했습니다. 때로 손으로 만질 수 있는 것은 가만히 만지면서 피사체의 숨결과 체온을 느낀다고 했습니다. 그와 같은 과정을 거쳐 피사체와 친밀한 일체감을 느끼게 될 때, 그는 완벽한 구도, 완벽한 명암, 완벽한 색상의 살아 있는 작품을 얻을 수 있다고 했습니다. 정말 감동적인 이야기였습니다. 사진작가와 피사체의 관계가 이러할진대, 하물며 사람과 주님의 관계 그리고 사람과 사람의 관계야 두말 해 무엇하겠습니까?

10년 전 어린아이를 합쳐 50여 명으로 시작된 '주님의교회'가 10년 만에 우리의 자녀들을 포함하여 2,600여 명이 출석하는 교회가 되었습니다. 이 2,600명이야말로 서로 서로 사랑하며 살도

록 주님께서 한 곳에 모아 주신 주님의 양들입니다. 주님을 진정
으로 사랑하십니까? 그렇다면 주님에 대한 우리의 사랑은 주님
의 양들인 우리 모두를 향한 우리의 사랑으로 증명되어야 합니
다. 우리 서로 영혼의 소리에 귀 기울여 봅시다. 영혼의 숨결을
느껴 봅시다. 주님의 사랑으로 서로의 영혼을 감싸 봅시다. 우리
를 한 우리에 모아 주신 주님의 사랑 안에서 우리 모두 일체감
을 느껴 봅시다. 그 때 우리의 입 속에서 나오는 모든 말들은 주
님과 사람을 향한 사랑의 언어, 참된 말들이 될 것입니다. 사랑
은 진리요, 진리의 또 다른 이름이 사랑인 까닭입니다. 그리고
거짓 없는 참된 말을 하는 우리 자신이야말로 아름다운 주님의
교회, 아니 우리 주님의 살아 있는, 참된 작품이 될 것입니다. 참
된 말이야말로, 주님의 참된 작품 됨의 참된 증거입니다.

주님!
요한처럼 중단 없이 자신을 객관화시키며 사는 지혜를
허락하여 주옵소서.
주님을 사랑하기에, 주님께서 사랑하라 모아 주신
2,600명의 교우들이 서로 따뜻한 마음으로 사랑하는 법을
익혀 가게 하옵소서.
사랑하는 우리가 주고받는 모든 말들이
참된 말이 되게 해 주옵소서.
우리의 말이 사람과의 관계를 뒤틀리게 하는 것이 아니라,
오히려 뒤틀린 관계를 회복시키는
생명의 언어들이 되게 해 주소서.
행함으로 언어의 신뢰성을 되세우는 자들이

되게 해 주옵소서.
우리가 어떤 말을 하며 살 것인지는 우리의 자유이지만,
그러나 우리가 어떤 말을 하며 사느냐에 따라
우리의 일평생이 결정됨을 잊지 말게 하소서.
그리스도 안에서 참된 말을 하는 우리 자신이
바로 주님의 교회임을 자각하며 살아가는 우리의 삶이
주님의 살아 있는 작품— 곧 이 시대의 사도행전이
되게 해 주옵소서. 아멘.

21

부족할 줄 아노라

예수의 행하신 일이 이 외에도 많으니
만일 낱낱이 기록된다면
이 세상이라도 이 기록된 책을 두기에 부족할 줄 아노라.

요한복음 21:25

92년 4월 넷째 주일 이래, 지난 6년 2개월 동안 함께 은혜를
나누었던 요한복음 마지막 장 마지막 절은 이렇게 끝나고 있습
니다.

예수의 행하신 일이 이외에도 많으니
만일 낱낱이 기록된다면
이 세상이라도 이 기록된 책을 두기에 부족할 줄 아노라.

이것은 요한복음의 마지막 절인 동시에 4복음서를 종결하는
최종 구절이기도 합니다. 만약 이 마지막 구절이 없었다면, 우리
의 신앙은 필경 4복음서의 틀 안에 갇혀 기형화되고 말았을 것
입니다. 그러나 이 마지막 구절로 4복음서가 끝남으로 인하여,
우리는 4복음서를 토대로 하여 성경 전체를 통해 계시되신 삼위

일체 하나님으로서의 예수 그리스도와 바른 만남, 바른 사귐, 바른 섬김을 가질 수 있습니다.

생각해 보십시오. 인간의 모습으로 이 땅에 오셨던 임마누엘 하나님 되신 예수 그리스도께서, 온 인류를 위해 시공을 초월하여 이 땅 위에서 행하신 일이 어찌 고작 4복음서에 기록된 것뿐이겠습니까? 비천한 갈릴리의 어부에 불과했던 요한 사도 한 사람에게 베풀어 주신 은혜에 대해서만도, 요한은 요한복음보다 훨씬 더 긴 책을 쓸 수 있었을 것입니다. 어디 그뿐입니까? 지난 2,000년 동안 이 땅을 거쳐 간 수없이 많은 그리스도인들 개개인에게 주님께서는 요한 사도에게와 똑같은 은혜를 베풀어 주셨습니다. 그 한 사람 한 사람들의 삶이 다 한결같이 책 한 권 분량 이상의 은혜로 가능할 수 있었음을 감안한다면, 시간과 공간을 초월하여 요한 사도가 이렇게 말하는 것은 너무나 당연할 수밖에 없습니다.

예수의 행하신 일이 이 외에도 많으니
만일 낱낱이 기록된다면
이 세상이라도 이 기록된 책을 두기에 부족할 줄 아노라.

예수님께서 우리 각자에게 행하신 행적과 베푸신 은혜를 모두 기록할 경우 이 세상이라 할지라도 그 모든 책을 수용하기에 부족할 것이라는 이 말씀을 다르게 표현한다면, 우리를 향하신 주님의 은혜는 너무나 크고 엄청나서 주님 안에 거하는 한 우리에게 부족함이 있을 수 없다는 의미가 될 것입니다. 다윗이 무엇이라 노래했습니까?

여호와는 나의 목자시니 내가 부족함이 없으리로다. (시 23:1)

천지를 창조하신 하나님을 목자로 삼은 자에게 무슨 부족함이 있을 수 있겠습니까? 이런 의미에서 주님의 은혜를 모두 기록한다면 세상이 부족할 것이라는 요한의 고백과, '내가 부족함이 없다'는 다윗의 노래는 같은 의미의 다른 표현일 뿐임을 알게 됩니다.

그러나 만약 요한 사도의 이 고백으로 모든 것이 끝나 버렸다면, 오늘 아침 우리가 이 구절에 관심을 가질 이유가 없을 것입니다. 우리가 창립 10주년을 맞이하는 오늘, 요한복음의 이 마지막 구절에 유의하지 않을 수 없는 것은 바로 이 구절과 엇물려 사도행전의 막이 오르고 있기 때문입니다. 다시 말하면 이 마지막 구절을 교량으로 하여 4복음서와 사도행전이 연결되고 있다는 것입니다. 이것이 무슨 의미이겠습니까? 복음 안에서 부족함이 없는 주님의 은혜를 깨닫는 자만 사도행전의 삶을 펼쳐 갈 수 있다는 것입니다. 주님의 부족함이 없는 은혜—이것만이 사도행전의 문을 여는 열쇠요, 그 막을 올리는 동력입니다. 배운 것도 가진 것도 없던 갈릴리의 어부들이 어떻게 사도행전의 증인들이 될 수 있었겠습니까? 복음 안에서 얻은 부족함이 없는 주님의 은혜였습니다.

그렇다면 그들은 부족함이 없는 주님의 은총 속에서 구체적으로 어떻게 사도행전의 삶을 살았습니까? 거창한 구호부터 제정했습니까? 각 분야 전문가들의 자문을 구해 야심찬 마스터플랜부터 세웠습니까? 예루살렘 성전보다 더 웅장한 예배당을 그리스도의 이름으로 건축키 위해 전력투구했습니까? 아닙니다. 그들은 어느 곳에 있든 말씀의 증인—말씀을 전하고 말씀대로 살았을 뿐이었습니다. 그것이 전부였습니다. 그런데 제사장들을 비롯한 당시 유대교 지도자들은 그와 같은 사도들을 죽이려 안달하였습니다. 그들의 눈으로 볼 때 사도들이 하는 짓이란 기존의 모든 질서를 파괴하는 불온한 반체제 행위요, 그 같은 짓을 자행하는 사도들은 사회를 뒤흔드는 불순 세력에 지나지 않았던 것입니다.

과연 사도들은 전혀 무익한, 아니 해롭기만 한 불순 무리들이었습니까? 아닙니다. 그들은 명실공히 사도로서 말씀대로 살았을 뿐입니다. 그럼에도 불구하고 당시 종교 지도자들이 말씀의 증인이었을 뿐인 사도들을 불순 세력으로 간주하고 거세하기 위해 안달했다는 것은, 그들 자신들이 하나님의 말씀과는 전혀 동떨어져 있었음을 증명하는 증거에 지나지 않았습니다. 당시 예루살렘 성전을 중심으로 한 유대교 집단과 사도들의 무리를 비교해 본다면, 그 양자 사이에는 조직적으로나 수적으로나 자금면에서나 규모면에서나 도저히 비교 자체가 불가능할 정도의 엄청난 차이가 있었습니다. 적어도 외형적으로만 본다면 거대한 유대 종교 집단이 사회적으로 훨씬 더 큰 영향력을 가져야 마땅했습니다. 그러나 새 역사의 대업은 볼품없던 소수 사도들의 무리에 의하여 전개되었습니다. 그들에 의해 인류의 역사가 새로워진 것입니다. 하나님의 말씀과 동떨어져 있을 때 유대교 집단이 아무리 거대하고, 예루살렘 성전이 아무리 웅장해도 세상을 밝히는 진리의 등불일 수가 없었습니다. 오히려 그것은 세상의 어둠을 가중시키는 흑암의 원천이었을 뿐입니다.

반면에 세상적으로는 비천하기 짝이 없었던 사도들에 의하여 어떻게 새 역사가 전개될 수 있었습니까? 그들은 비록 비천하고 소수였을망정 주님의 말씀대로 살 때, 말씀 되신 주님께서 친히 그들을 도구 삼아 역사하셨기 때문이었습니다. 사도들로서는 도저히 불가능한 일이었지만, 주님으로서는 결코 불가능할 수 없는 일이었습니다. 그렇다면 사도행전이란 실은 무엇입니까? 부족함이 없는 주님의 은혜를 깨달은 사람들이 주님의 말씀대로 살 때, 그들을 통하여 주님께서 이 땅 위에 친히 펼치신 주님의 역사, 곧 '예수행전'인 것입니다. 사도행전을 주님의 영이신 성령님을 일컬어 '성령행전'이라 부르는 이유가 바로 여기에 있습니다.

오늘은 주님의교회 창립 10주년이 되는 주일입니다. 10년이라는 한 시대의 매듭을 짓는 날입니다. 그 동안 우리 교회는 늘 개혁이란 관점에서 한국 교계의 주목을 받아 왔습니다. 마치 개혁의 선봉에 선 교회인 것처럼 인식되어 온 것입니다. 적지 않은 사람들이 우리를 가리켜 소리 없이 혁명을 일으키고 있다는 표현을 하기도 합니다. 그러나 그것은 엄밀한 의미에서 사실이 아닙니다. 우리는 단 한 번도 의도적이거나 인위적으로 개혁 혹은 혁명 그 자체를 우리의 목적으로 삼았던 적이 없었습니다. 단지 우리는 주님의 말씀대로 살려고 애썼을 뿐입니다.

주님께서 인간의 야망과 욕망으로 더럽혀진 예루살렘 성전을 가리켜 강도의 굴혈이라 부르신 반면 주님을 믿고 따르는 사람을 일컬어 교회라 정의해 주셨기에, 우리는 그저 건물에 불과할 뿐인 예배당을 소유하려 하지 않고 교회인 우리 자신들을 그리스도 안에서 바로 세우기에 주력했을 뿐입니다. 옛날 이스라엘 사람들이 바치는 두 번의 십일조 중에서 첫 번째 것은 성전을 위하여 그리고 두 번째 것은 이웃을 위하여 사용하라고 말씀하셨기에, 헌금의 50퍼센트로 이웃과 나눔을 실천해 왔을 뿐입니다. 헌금이란 내게 있는 모든 것이 주님께로부터 왔음을 믿고 고백하는 증표로 드리는 것이라 말씀하셨기에, 주님의 것을 주님께 바르게 바쳐 드리기 위하여 헌금 봉투에서 우리 이름을 삭제했을 뿐입니다. 주님께서는 주님을 믿는 모든 그리스도인들을 가리켜 구별 없이 제사장이라 말씀하셨기에, 주일 낮예배 시간에 안수받지 아니한 서리 집사들까지도 남녀 불문하고 순서대로 대표 기도를 드리고 있을 뿐입니다. 주님께서 '주는 그리스도시요 살아 계신 하나님의 아들이시라' 는 인간의 고백 위에 분명히 '내 교회', 즉 사람의 교회가 아닌 주님의 교회를 세우신다 말씀하셨기에, 어떤 경우에도 우리 자신이 주님의교회를 특정 인간의 교회로 전락시키는 범죄를 부지중에라도 저지르지 않기 위하여 임직자들의 임기를 스스로 정하여 실천하고 있을 뿐입니다.

　이처럼 우리는 지난 10년 간 단지 주님의 말씀대로 살려 했을 뿐인데도, 결과적으로 그것이 사람들에게 개혁과 혁명으로 받아들여졌다면, 그리고 도처에서 여러 교회들이 우리를 본받고자 하고 있다면, 이것이야말로 가슴아프게도 이 땅의 많은 교회들이 주님의 말씀과 멀어져 있음의 반증 아니겠습니까? 다수의 교회들이 주님의 교회로부터 인간의 교회화되었음의 역작용 아니겠습니까? 만약 이것을 부정할 수 없다면, 이 땅 위에 하늘을 향해 솟아 있는 교회들의 십자가가 부지기수임에도 불구하고 이 사회가 새로워지기는커녕, 날이 갈수록 더 부패해지는 이유를 이제야 밝히 알 수 있습니다. 말씀에서 멀어진 교회란 또 하나의 단순한 이해 집단에 지나지 않기에, 이해관계로 얽히고설킨 이 사회의 문제를 해소하기보다는 심화시킬 따름입니다.

그렇다면 또다시 새로운 10년을 맞이하는 문턱에 선 우리는 어떻게 해야 하겠습니까? 참으로 더럽고도 더러운 죄인이었던 우리의 죄값을 친히 십자가 위에서 못 박혀 대신 치러 주심으로 우리에게 새 생명을 주신 예수 그리스도의 부족함이 없는 은혜 속에서, 더더욱 말씀대로 살기 위해 늘 경건의 훈련을 게을리하지 말아야 하지 않겠습니까? 부지중에라도 말씀에 등돌리는 일이 없도록 우리의 심령을 말씀에 동여매어야 하지 않겠습니까? 그때 말씀대로 살고자 하는 우리를 통하여 이 시대를 위한 '예수행전'이 더 눈부시게 전개될 것입니다. 우리는 올해의 표어를, 21세기를 내다보면서 이사야 43장 18~21절에 근거하여 '새 일을 행하리라'로 정한 바 있습니다. 우리 모두가 매사에 철저한 말씀의 증인 되어 역사를 새롭게 하시는 예수행전의 도구 되는 것 외에, 이 세상에 도대체 무슨 새 일이 있겠습니까? 참된 새로움은 유한한 세상이 아니라 오직 영원 속에만 존재합니다.

돌이켜보면, 저 개인적으로도 지난 10년은 주님의 부족함이 없는 은혜의 연속이었습니다. 아무리 생각해도 수치스럽기 짝이 없는 과거의 소유자에 지나지 않는 제가 이 곳에서 목회자로 쓰임 받는 감격을 누렸습니다. 매주일 말씀을 전하면서 성경의 문외한이었던 제가 먼저 말씀의 광맥을 캐어 내는 은총 속에 거하였습니다. 중단 없이 교회가 성장하는 보람도 맛보았습니다. 무엇보다 여러분들과 같은 훌륭한 교우님들과 함께 신앙생활 하는 벅찬 환희를 누렸습니다. 제가 아무리 강단에서 소리쳐 말씀을 외친다 할지라도 여러분들이 말씀을 따라 살려 하지 않았다면, 오늘과 같은 주님의교회는 결코 존재할 수 없었을 것입니다. 여러분들이 말씀 속에서의 변화를 두려워하지 아니하고 오히려 기뻐하였기에, 주님의교회는 명실공히 주님의 교회일 수 있었습니다. 이 모든 것이 주님께서 베풀어 주셨던 은혜였습니다. 그렇기에 교회 학교 학생을 포함한 2,600여 교우 여러분 한 분 한 분은 저를 향한 주님의 부족함이 없는 은혜인 동시에, 주님을 향한 저 자신의 신앙고백이기도 합니다. 여러분들과의 아름다운 만남을 주선해 주시고 주관해 주신 분이 주님이셨던 것입니다. 이 엄청난 은혜를 2,600권의 책엔들 어찌 다 피력해 낼 수가 있겠습니까? 설령 하늘을 두루마리 삼고 바다를 먹물 삼는다 할지라도 불가능할 것입니다.

이제 저는 주님의 이 측량 불가능한 은혜에 보답하기 위하여 10년의 임기를 마치고 약속대로 주님의교회를, 여러분을 떠납니다. 주님을 사랑하고 여러분을 사랑하기에, 이 땅의 모든 교회는 주님이 주인 되시는 주님의 교회이어야 한다는 주님의 말씀을 훼손치 않기 위하여 저는 떠납니다. 10년이란 세월은 한편으로는 짧기도 하지만, 그러나 한 인간의 영상이 깊이 새겨지고 우상화되기에는 충분히 긴 세월입니다.—지금 이 교회의 곳곳에는 주님의 영상보다 이재철의 영상이 더 짙게 새겨져 있습니다. 사람들은 '주님의교회' 하면 주님은 제쳐 놓고 먼저 이재철 목사를 연상합니다. 주님의 교회가 오늘의 모습으로 있게 된 것이 마치 이재철의 역량인 듯, 이재철에게 찬사를 보냅니다. 주님의 역사를 경험하고서는 주님께 감사드리려 하기보다는, 이재철에게 감사하려 합니다. 우리가 지난 10년 간 그토록 애써 왔음에도 불구하고 이와 같은 실정이라면, 우리 교회인들 어찌 조만간 인간의 교회로 전락치 않겠습니까? 삼위일체 되신 하나님의 말씀보다 하찮은 인간에 불과한 이재철의 말을 더 신뢰하려는 불상사가 어찌 일어나지 않겠습니까? 제가 만약 저 자신의 인간적 야망을 성취하기 위하여 교인들을 거짓된 길로 인도하려 한다 할지라도, 절대 다수가 의심 없이 따라오지 않는다는 보장이 어디에 있겠습니까? 저 자신이 주님의 자리에 앉지 않는다고 누가 장담할 수 있겠습니까? 그것은 우리 모두의 불행일 뿐입니다. 인간이 주인 된 교회를 아무리 열심히 다닌다 할지라도 우리가 궁극적으로 만날 곳은 공동묘지 이상일 수는 없습니다. 죽을 수밖에 없는 인간이 어떻게 인간을 공동묘지 너머로 인도해 갈 수가 있겠습니까? 그래서 저는 오늘 기쁨으로 여러분들을 떠납니다. 하찮은 이재철이란 인간의 굴레와 한계로부터 여러분들을 해방시켜 드리기 위하여 떠납니다. 사랑하는 여러분들을 주님에 의한 주님의 사람으로 더욱 든든히 세워 드리기 위하여 저는 떠나갑니다.

  사랑하는 교우 여러분!
  저는 오늘 여러분을 떠나면서 주님을 믿는 한 인간으로서 고해성사하는 심정으로 고백합니다. 지난 10년 동안 주님의교회를 위해, 그리고 여러분들을 위하여 제가 한 것이라고는 단언하거니와 아무것도 없습니다. 만약 제가 제 능력으로 무엇을 하고자 하였더라면, 이 교회는 주님의 교회가 아니라 사람의 교회로 이미 무너지고 말았을 것입니다. 저는 단지 주님을 믿는 그리스도인으로서 주님의 말씀에 따라 있어야 할 곳에 있었을 뿐입니다. 그 때 주님께서 친히 주님의교회를 오늘의 아름다운 모습으로 가꾸어 주셨습니다. 모든 것이 다 주님께서 하신 일입니다. 주님의교회는 100퍼센트 주님의 작품입니다. 이 사실을 가장 잘 알고 있는 사람이 바로 저 자신이기에, 다음 주일부터 임영수 목사님께서 오시게 되었음을 누구보다 기뻐하지 않을 수 없습니다.

 뉴질랜드에 갔을 때 한국에서는 볼 수 없는 별—남십자성이 밤하늘에서 반짝이는 것을 보았습니다. 똑같이 하늘이라 불리지만 한국에서 보는 하늘과 뉴질랜드의 하늘이 동일하지 않았습니다. 그 어느 쪽도 진정한 하늘일 수가 없었습니다. 그것은 모두 하늘의 한 부분이었을 뿐입니다. 따라서 하늘 전체를 알기 위해서는, 내가 지금 보고 알고 있는 하늘이 모두가 아니라는 자기 부인부터 시작하지 않으면 안 됩니다. 따라서 여러분들께서는 이제부터 저를 잊으셔야 합니다. 저를 기억한다는 것은 아무런 도움이 되지 않습니다. 새로운 목사님이 오셨음에도 불구하고 떠나 버린 목사에게 집착한다는 것은, 한국에서 보이는 하늘만을 하늘이라 우기는 것과 같이 어리석은 일일 뿐입니다. 임영수 목사님은 이 시대에 가장 영성이 깊은 목회자입니다. 이제 다음 주일부터 임영수 목사님을 통하여 이제껏까지는 전혀 경험치 못했던 더 크신 주님을 바라보며, 부족함이 없는 더 크신 은혜를 누리십시오. 그리고 주님의 그 크신 은혜에 응답드리면서 매사에 투철한 말씀의 증인이 되십시오. 주님께서는 여러분들을 통해 주님의교회를 21세기를 향한 교회의 표본으로 더 아름답게 빚어 가실 것이요, 주님의교회를 통하여 이 나라의 역사 속에 예수행전—당신의 새 일을 펼쳐 가실 것입니다. 그래서 우리는 웃으며

서로 작별을 고할 수 있습니다. 인간의 헤어짐이 있는 곳에 주님
과의 뜨거운 만남이 있습니다.

> 너희는 이전 일을 기억하지 말며 옛적 일을 생각하지 말라.
> 보라, 내가 새 일을 행하리니 이제 나타낼 것이라.
> (사 43:18~19상)

주님!
지난 10년 동안 한결같은 은혜를 베푸시사 우리 모두
주님의 교회 되는
감격을 맛보게 해 주신 것을 감사드립니다.
앞으로도 주님 오시는 그 날까지 주님의 은총이
늘 이 곳에 함께하여 주시기를 간구드립니다.
저는 지난 10년 동안 주님의 명에 따라
이 곳에서 주님을 가리키는 손가락 역할을 하다가,
이제 주님의 때가 되어 저의 손가락을 거두고 떠납니다.
지금 주님 앞에 머리 숙인 교우님들의 심령 속에,
행여라도 주님보다 주님을 가리킨 제 손가락의 영상이 더
깊이 새겨져 있다면,
이 시간 주님의 보혈로 친히 씻어 주시고 지워 주시기를
바랍니다.
혹 저의 부족함으로 인하여 상처받은 영혼들이 있다면
이 죄인의 허물을 용서하여 주시고,
그분들의 심령을 따뜻하게 위로해 주시기를 간구합니다.
다음 주일부터 말씀을 전하여 주실 임영수 목사님을

통하여 모든 교우님들이,
지난 10년 동안 예기치도 못했던 더 크신 주님,
더 부족함이 없는 주님의 은혜를 체험케 하옵소서.
그 은혜로 인하여 모든 교우님들이 더더욱 말씀의
증인들이 되게 하여 주옵소서.
날마다 말씀을 좇아 사는 교우님들을 인하여,
지난 10년 동안의 주님의교회보다 앞으로의 주님의교회가
더 밝은 진리의 빛을 이 세상을 향해 발할 수 있게
하여 주옵소서.
주님께서 주인 되신 주님의교회가
21세기 새 역사의 문을 여는 열쇠로
쓰임 받게 하여 주옵소서.
10년 동안 부족한 종에게 넉넉한 마음의 형님 되어 주었던
장로님들, 자상한 누님이었던 권사님들,
사랑하는 친구였던 교우님들,
혈육처럼 가까웠던 교역자들,
주님의교회를 위하여 보이지 않는 곳에서
헌신을 마다치 않았던 모든 신실한 주님의 종들,
그리고 오늘 직분을 받는 임직자들이
부족함 없는 주님의 은총 속에서
다 예수행전의 도구들이 되어,
일평생토록 주님의 새 일을 이 땅에 이루어 가는
기쁨 속에서 살아가는 자들이 되게 하여 주시기를
예수님의 이름으로 간절히 기도드립니다. 아멘.